I0039398

# Poetica Agwe

*Essays, Poems and Testimonials on Resistance, Peace, and the Ideal of Being*
*Esè, powèm e temwayaj sou rezistans, lapè e ideyal nanm nou*
*Essais, poèmes et témoignages sur la résistance, la paix et l'idéal d'être*

A trilingual edition / Yon edisyon an twa lang / Une édition trilingue
English, Ayisyen & Français
Author / Otè / Auteur: Tontongi

Trilingual Press

PO Box 391206
Cambridge, MA 02139
Tel. 617-331-2269
Email: trilingualpress@tanbou.com

Graphic design / Desen ak konpozisyon / Dessin et composition:
David Henry, www.davidphenry.com

Untitled painting by / Penti san tit pa / Peinture sans titre par:
Gérard Richard, 1980 (private collection of / collection privée de / koleksyon
prive de: John & Josiane Hudicourt Barnes)

Editing support / Sipò koreksyon / Support correctif:
Jill Netchinsky, Lauree F. Keith

ISBN 13: 978-0-9745821-3-9
ISBN 10: 0-9745821-3-1

Library of Congress Control Number: 2006902434
Printed in the United States
First edition / Premye edisyon / Première édition:
November / Novanm / Novembre 2010

# Poetica Agwe

**Essays, Poems and Testimonials on
Resistance, Peace, and the Ideal of Being**

**Esè, powèm e temwayaj sou rezistans,
lapè e ideyal nanm nou**

**Essais, poèmes et témoignages sur la
résistance, la paix et l'idéal d'être**

## Tontongi

A trilingual edition / Yon edisyon an twa lang / Une édition trilingue
English, Ayisyen & Français

Trilingual Press, Boston, Massachusetts (USA)

**Other books by the same author / Lòt liv pibliye pa menm otè a / Autres livres du même auteur:**

*Critique de la francophonie haïtienne* (essais en français et en haïtien, éd. l'Harmattan, Paris 2007).

*The Vodou Gods' Joy/Rejwisans lwa yo* (epic, bilingual poems English-Ayisyen, ed. Tambour, Boston 1997).

*The Dream of Being* (poems in English co-authored with Gary Hicks; ed. New Strategy Book, Boston 1991).

*La présidence d'Aristide : Entre le défi et l'espoir* (français et ayisyen, éd. New Strategy Books, Boston 1990).

*Cri de rêve* (poèmes en français et en ayisyen, éd. New Strategy Book, Boston 1986).

Books edited or co-edited by the author / Liv ki edite oubyen ko-edite pa otè a / Ouvrages édités ou co-édités par l'auteur:

*Voices of the Sun: The Anthology of Haitian Writers Published in the Review Tanbou / Vwa Solèy pale : Antoloji ekriven ayisyen ki pibliye nan revi Tanbou / Les Voix du Soleil : Anthologie des écrivains haïtiens publiés dans la revue Tanbou* (TP, Boston 2009).

*Poets Against the Killing Fields,* poems in English (TP, Boston 2007).

## Thanks / remèsiman / remerciements

Our heartfelt thanks go to David Henry for the donation of his excellent design talents and invaluable help; to Lauree F. Keith for her generosity in providing patient copy-editing; to Jill Netchinsky for unflinching support and advice; to Franck Laraque for continued support and encouragement.

My thanks go as well to Jean Adam, to Idi Jawarakim and to Gérald Paul for their final reading of the French and Haitian essays.

Finally I thank all of my friends and acquaintances who, either by their sayings, either by their writings, or simply by the interest shown to my work, have contributed to the hatching of the present book.

********

Nou voye grap remèsiman sot nan fon kè nou bay David Henry pou kado li fè nou de ekselan talan konpozisyon grafik ansanm ak tout bèl kalite èd li ban nou ; Lauree F. Keith pou jenerozite li ak bèl travay editè li ban nou ; Jill Netchinsky pou sipò san fay li ansanm ak bon konsèy, e Franck Laraque pou sipò ak ankourajman li pa janm bouke ban nou.

Mwen voye yon grap remèsiman tou pou Jean Adam, pou Idi Jawarakim ak pou Gérald Paul pou lekti final yo fè de esè fransè ak esè ayisyen yo.

Finalman mwen remèsye tout zanmi m ak konesans mwen yo ki, ouswa pa pawòl yo, ouswa pa ekriti yo oubyen senpleman pa santiman yo pou zèv mwen, kontribye nan jèminasyon liv sila a.

********

Nous envoyons nos plus profonds remerciements à David Henry pour le don de son excellent talent de compositeur graphique et pour sa précieuse assistance ; à Lauree F. Keith pour sa générosité et pour son patient travail d'éditrice ; à Jill Netchinsky pour son inébranlable soutien et ses conseils ; à Franck Laraque pour son inépuisable soutien et ses encouragements.

Mes remerciements vont également à Jean Adam, à Idi Jawarakim et à Gérald Paul pour leur lecture finale des essais français et haïtiens.

Je remercie finalement tous les amis et connaissances qui, soit par leurs paroles, soit par leurs écrits ou simplement par leur intérêt à mon œuvre, ont contribué à l'éclosion du présent livre.

# Table of Contents / Tablo Kontni
# Table des Matières

# English

# Introduction

I have grappled in this book with the notions of resistance and peace in a dialectical rapport where one doesn't exist without the other, and where both reach beyond their respective temptation to reductionism. Without the unrelenting, vigilant presence of resistance, peace is just the imposition of the winner's—or the dominant class's—order. But without peace as existential objective, resistance is no different from an instinctual confrontation, all the more pernicious since it has no bearing on reality.

There is a slogan in mass demonstrations in the United States that says: "No Justice! No Peace!" That's essentially the creed of this book: Peace is together resistance against evil, establishment of justice and affirmation of the right to a decent life. No justice, no peace, but also no resistance, no peace. For without resistance as salvation of the ideal of being, the notion of peace is impossible.

## Three languages, one thematic

I have made the challenge of writing a book in two parts and in three different languages. The first part of the book consists of seven short essays which have corresponding, literal translation in all three languages. The second part consists of essays and poems that are not translated from one language to the others (except four or five percent of the latter). While pursuing the same themes—resistance, peace, finitude, love and the thriving toward the dream of being—the poems exist by themselves in their respective languages, confronting each other in their legitimate, parallel autonomy. Furthermore, the book is construed in a way that a monolingual speaker of any of these three languages will have a substantial reading regardless of his/her understanding of the other languages.

I have always been fascinated by the magic of the words, and being able to write in three languages is a great source of pleasure. My relation to each of the three languages is a function of the special history I have lived with one or the other. I learned French in school as together language of instruction and subject of study, but except for the babbling heard on the radio, in the movies, on television, and a short sojourn in France, my everyday language of communication is rather Haitian—generally also known as Creole or Haitian Creole—but it has been throughout my boyhood and my youth a disdained language, made to live as inferior in Haiti's power relations[1]. As for the English, with the exception of elementary lessons learned in high school, I have adopted it when I already reached my twenties, and this after a long resistance against the very fact of learning it, which I had considered as a capitulation to its cultural hegemonism. And since, due to my long immersion in its midst, I have learned to love it.

A language is a universal legacy humans share and live together, and since writing in a language—be it native or adoptive language—is a reinvention of that language, I feel privileged today for having at my disposal these three linguistic tools that enable me to participate in the construction of a new language.

## Reversing the anthropology

Having lived most of my adult life in exile in the North, my essays and poems are both anthropological data and lyrical testimonials. Only, this time the anthropology is *reversed;* instead of the colonizer looking at the colonized as object, it is the colonized who is now looking at the colonizer or the heritor of the colonizer, perhaps not as object but as anthropological interest. For once the North is being scrutinized by a gaze that is, as Frantz Fanon would say, "a conscience of itself," and not a reflection of its own megalomania.

The notion of a Reverse Anthropology breaks new ground in that, for the first time in recent intellectual history, since perhaps the Négritude movement and the Fanonian affirmation of the Other as subject, the Western paradigm of valorization is challenged by an "Outsider" who questions everything, including not only the unjust nature of the ambient power relations, but also the intellectual justification they propose. That's essentially an intellectual and paradigmatic inquiry which *reverses,* displaces, returns the one-sided gaze of Eurocentrism, and its frame of reference, from the North to the South, by what Fanon called "the gaze of the Other," questioning its normality-producing cultural outlook posed as universal prototype. The *observer* is now being observed, the *seer* seen.

The evocation of *Agwe,* the Vodou god of the sea and travel, in the title of the book is tantamount to a sort of endorsement of its spirit by this *loa*[2] whose mission is to return the soul of the dead African—originally the enslaved African *transplanted* to the so-called New World—to Mother Africa where it all began and will end. In this case, it symbolizes together my exile from my country, the painful experience of alienation in foreign lands, the joy of encounter with other peoples, countries and races, and the dream of building a better tomorrow.

## Ideology and Poetry

The political radicalism of my poetry is a factor of the sociopolitical abuses and environmental traumatisms I have observed and encountered throughout my life. It's the by-product of an empirical experience. Unlike my ideology which is pretty much a straightforward indictment of class structure in society, my poetry is in a way ambivalent, in that it is an effort at transcendence. For me, to be is to resist, resist not only the socioeconomic oppression caused by greed and egoism of others, but also, equally, the intellectual mind-frame and justification that comes along with it and which generates zombification and self-hatred on the part of the oppressed.

While I advocate for the elimination of all systems of exploitation and exclusion, giving way to a humanist, egalitarian, socialist society, I wouldn't want to see any real human being physically harmed or cold-bloodedly eliminated for that to happen. Although I understand that oppressed people have the rights to choose their own means of resistance when their brothers, fathers, women and children are being slaughtered by powerful occupying armies, and that the moral condemnation should go both ways, I believe the end should not justify the means. As I said in an editorial about the September-11 attacks, "How humanely you treat the enemy is part of the humanist finality of the struggle. (...) Killing in self-defense or to win a struggle for self-determination is acceptable under the Geneva conventions on armed conflicts. (...) But anti-civilian terror and mayhem should never be made appropriate and acceptable means of dissent. Armed struggle is the option of last resort, not a carnival of fear or celebration of death."

My poetry becomes my ideology when there is no room for compromise and the ideal of being must define the parameter of life—and not the other way around. At this juncture, the ideology is no longer a finite point of reference or departure, but a dialectical process of rejection and immersion with the goal of reaching total freedom. Freedom being the state when the conscience frees itself from all kinds of social conditioning and pressures, responding candidly to the ultimate question of what is right or wrong, which is not really so difficult to discern, despite the confusional imbroglio created by the joint action of institutional social conformity and mass media's distraction. The poetry is when the individual soul challenges, often at the price of social marginality or even death, the powerful forces of alienation.

Of all the other genres of communicative expressions, poetry is perhaps the one that captures the most the essence of life as a continuum process of creation and re-creation. What *is* becomes what *was* and what *will* and *can be* all assembled in a kind of a-temporal linearity. What I have lived and observed in the United States is not only about me, the individual, autonomous human being apprehending freedom—both in subjective and objective terms. My apprehension also touches others or relates to others' own experiences, if only as shared initiation on how it is like to live in the USA, which can only be a positive thing as far as it promotes understanding, communal solidarity, human empathy. My poetry, ultimately, is a poetics of liberation, for liberation.

## Poetry to change life

Almost all of my poems are about real people, real feelings and real life. I try to make a scandal of all scandalous things I have observed and deplored everywhere I have lived. Although I had known poverty in Haiti, I was scandalized in seeing it in France and, later, in the United States. I soon realized these countries, along with Haiti, needed a revolution. Revolution at both the level of the socio-infrastructural construct and superstructural thought process. For example, while most people in the United States see homelessness as a normal part of life and of the capitalist functioning, for me it is totally unacceptable; I always see it as an aberration since the United States has immense resources capable of eradicating it.

"Hell is the others," proclaimed a character in Sartrian theatre, in the sense that the little everyday hardships, the anxieties, the horror of not knowing when your next meal would come, in brief, mental and existential instability, are determined by empirical action of our fellow humans, our brothers and sisters, our government leaders and those from the ruling classes. Hell is the decision by the allocation sub-committee to terminate the subvention of your quota of food and clothes; the lacking or the cutting of medical insurance coverage to the sick; the laid-off worker or the unemployed to whom they refuse the means to pay their rent; the loneliness in facing life's hardships.

If there are two lessons I would like the reader to retain from the book, first of all is that peace, far from being a transcendental ideal, is the reflection of the rapport of civility and justice that human communities establish among themselves. Secondly, that peace very often is not up to the people who are targets of aggression from domineering military powers which, as Carl von Clausewitz said, launch war for essentially political ends.

Very fortunately wars, adversities, economic difficulties, situational despairs of the moment are not signs of irreversible existential perdition. Our men and women still have the power to change life—if that is what they wish.

In the end, as we follow the passage of time, the questions will remain the same as they were first stated: How as a society or as a nation do we sustain the adventure of living with as much fairness as possible? How do we live and let live? How do we structure society and international relations in a way that makes certain each one's freedom is a guarantee of every one's freedom? How could we prevent the jackals from destroying the eco-system knowing it's the minimum, *sine qua non* condition of surviving for everyone? How as autonomous beings do we create justice, peace and beauty on this Earth of ours? These are the questions.

## Notes

1. Read on that issue my book, *Critique de la francophonie haïtienne,* ed. l'Harmattan, Paris, 2008.

2. Loa = Vodou god or spirit in Haitian.

# Propaganda and the great distortion of reality

We knew that the invasion of Iraq in March 2003 was the materialization of a political option and objectives specifically articulated years earlier by neo-conservative intellectuals and later adopted by the US National Security Agency as part of its overall doctrine. The demonization of Saddam Hussein and the exaggeration of his supposed arsenal of weapons of mass destruction were merely pretexts to justify the United States' well defined goals of *restructuring* the entire Middle East in ways so that its power and control will never be challenged—and if they were, the threat would be met with extreme, decisive actions. How, therefore, did the US political and intellectual establishment let that happen? Self-interest? Greed? Intellectual laziness? Self-myopia and self-censorship? Micromanagerial control by corporations that have interest in the war?

In his book *Imperial Ambitions,* Noam Chomsky has noted that the first use of propaganda as official policy took place in Britain during the First World War, the stated goal was "to direct the thought of most of the world." Set up by the Ministry of Information, the main goal and target of the propaganda apparatus was to push and induce the United States to join the war. They succeeded brilliantly. President Woodrow Wilson not only joined the European war, he set his own Committee on Public Information, "already Orwellian," said Chomsky.

Regarding Iraq in particular, Chomsky mentioned the case of the marine "who kind of lost it in the middle of combat and killed a wounded Iraqi." The media hyped it up, making it a major news event. In fact, said Chomsky, it was a minor incident, "We blow it up as a way of suppressing the real crimes" committed by the US offensives, "just as people did with My Lai," a Vietnamese village where in 1968 US soldiers killed as many as 500 Vietnamese civilians in a rampage. "My Lai was a minor footnote to the war in Vietnam," said Chomsky, "it was part of a major military operation—Operation Wheeler—which was directed by guys just like us, in ties and jackets, sitting in air-conditioned offices and targeting B-52 raids on villages."

Chomsky likened the US offensive on Fallujah, Iraq, in November 2004 to that of the Russians on Grozny in Chechnya in December 1994. But to read the newspapers or watch TV briefs one had the impression it was an ordinary military operation involving well-armed warring groups, and not systematic killings of thousands of civilians. Many human rights experts talked of war crimes and violations of the Geneva Conventions by the United States, specifically when the military returned fleeing Fallujah refugees to the war zone to be killed, or when they occupied Fallujah General Hospital, which they accused it of being a "center of propaganda against allied forces" that was producing "inflated civilian casualty figures." "The Russian assault on Grozny was considered a major war crime, rightly so. But when we do the same thing to Fallujah, it's liberation. The embedded journalists [were] talking about the suffering of the marines, who are so hot and are being fired on all the time.[1]"

It's interesting to see how closely the reported November 2005 US marines' killings of civilians in Haditha, Iraq, followed the My Lai script. In a five-hour sweep following the death of Lance Corporal Miguel Terrazas, a marine, by a roadside bomb, a detachment of marines killed 24 Iraqi civilians, including women and children, many of them shot execution-style. Although known at the time, it took the US media months to propagate the massacre and the US military as much to acknowledge it. Again, the blame was put squarely on the "handful of marines maniacs" who pulled the trigger, not military or civilian commands who devised the strategy of the "sweeping raids" to combat the insurgents. The *New York Times* quoted a Corporal Michael Miller as saying, "In Iraq, everything you do has to be cleared with a commanding officer. You just can't go clearing houses without the permission of higher-ups.[2]"

Indeed, this "clearing house" was going on all around Iraq, especially in the known "insurgents' strongholds." My Lai again came to many commentators' minds. Looking at the atrocities committed by the United States in the Vietnam and Iraq wars, Chomsky was somewhat surprised to see how contrasting their standards of criminalization and responsibility are in relation to the Nuremberg Trials: "In Nuremberg, the prosecution didn't go after the soldiers in the field; it went after the civilian commanders."

Ten years into the new millennium, the Western powers have still not learned lessons from past imperialist adventures that turned into tragedy. The old problematic, *resultant* from the might-makes-right's paradigm, remains unchanged.

Wouldn't it have been better for Napoleon Bonaparte to talk to Toussaint Louverture instead of sending 32,000 troops to crush the liberty aspirations of the formerly enslaved Africans? Even after the invasion, Toussaint was willing to talk, agreeing to meet with a high envoy of Napoleon in a secret place. As they arrived, Toussaint and his aids were surrounded, tied and kidnapped. They placed Toussaint on a boat and sent him to a horrible prison, the Fort de Joux, located in

the Jura mountains, near the Swiss border with France. He died from
pneumonia a year later, on April 7, 1803.

Toussaint's abduction and death had the immediate effect of making the rebellious Afro-Creoles more angry, emboldening their radical impulse toward total independence from France. Toussaint's lieutenant, Jean-Jacques Dessalines, more revolutionary in many respects than Toussaint, took the helm after his removal and led a successful independence war against France. The insurgents declared Haiti's independence on January 1st, 1804.

## Notes

1. Cf. Noam Chomsky, *Imperial Ambitions: Conversations on the Post-9/11 World*, Henry Holt and Company, New York, N.Y., 2005.

2. See the *New York Times* of May 30, 2006. On June 17, 2008, a US military judge acquitted the highest graded officer, Colonel Jeffrey Chessani, accused of this crime. Four years after the crime, charges against the implicated persons are still unresolved.

# Hope in the United States*

History is often, despite many adversities, a gathering of little victories by the oppressed against the machinations of the oppressors. A leaping of fresh air in the desert of illusion; a bright light in the tunnel of horrors; a little road toward wonders in the face of insurmountable perdition; a little road taken in small steps, but often skimmed through in great leaps of energy and determination to help steer the struggle toward the affirmation of the Other.

For French philosopher Jean-Paul Sartre, one's being is affirmed when the individual—or the collectivity—defies the determinism of sociopolitical structures and the reductionism of schematic analyses by the universities (or by the talking heads from the medias) to show the existence of the autonomous human being, motivated not by pre-determined faith, but by faith in the possibilities life offers, faith in the authenticity of being, encouraging judicious use of necessary political praxis to found and materialize revolutionary change.

I observed in the US presidential election of November 2008 a collective effort by a multiplicity of committed people coming from different milieus and backgrounds, to make the election of a black president the expression of their demands for respect of the dignity of being. Following a series of elections fraudulently won by the Republicans thanks to the use of disinformation and media manipulations, the US-American people had had enough of being fooled. We saw this determination reflected in the consistence of the polls of voters' intentions. We saw a sort of bet on the authenticity of being as opposed to the factitiousness of appearing. The will to affirm the political force of alterity, that is the autonomous existence of another human being, which can be *exercised* and experienced—despite the history of repressions and ostracism—by any one of the building blocks of the United States' multiracial, multiethnic and multicultural mosaic.

In an op-ed article in the October 8, 2008, issue of the *New York Times,* Robert Reich, Bill Clinton's former secretary of labor, noted that a proportion of one percent of the US population has appropriated twenty percent of the total income of the country in recent years. Before that, and until Ronald Reagan's ascendancy to the presidency in 1980, this proportion was around eight percent (8%) of the total revenue. Reich further observed that the last time one percent of the population appropriated twenty percent of the country's revenue was in 1928, that is the year preceding the "Big Crash" of 1929...

This parallel shows not only that there's no change in the degree of cupidity of the ruling classes from both periods, but equally the ineluctable correlation between perverse wealth accumulation by a small social minority and the pauperization, no less perverse, of the huge majority of the population, including the middle classes.

It is not a random fact that the augmentation of appropriation of national wealth by one percent of the population took place during the Reagan-Bush administration, which adopted the *laissez-faire* economics promoted by Milton Friedman (conferred the Nobel Prize by the intellectual magisterium—the superstructure), that discouraged any regulations of Wall Street by the State. The successive administrations that followed Reagan, including the Democrat Bill Clinton, more or less continued that policy. George W. Bush, with his unabashed alliance with the wealthy classes and the corporations, will consolidate this tendency close to caricature, putting openly the prestige of the US presidency to the exclusive use of private interests.

## The country with its follies and its dreams

One hundred and forty-five years after the end of the Civil War, one of whose major stakes was the abolition of slavery, the country remains basically a country together brand-new and engulfed, as it always happened in the emergence of each new generation, in doubts and confusions. All along its history, these doubts and confusions contributed, now and then, to great leaps toward what it believes is its dream: freedom, existential freedom as well as freedom compressed in institutional conformity. Fortunately, the United States is also a dynamic country, altogether a microcosm of the world, its rejection and an integral part of its follies and its dreams.

Obama was elected in a moment particularly troubling and demanding in the history of the country. The economy was experiencing one of the most terrible of recessions; rampant unemployment, people were worried, some of them in despair. There was a joke that said the whites had decided to give the country to a black man only when its economic and political conditions were deteriorating in order to blame him for its failure.

That was certainly a joke, for the United States is also known as a country of impossible realizations, the land of miracles and of great effusions. The country which had put black Africans in slavery but which gave an organ to Frederick Douglas to denounce its injustice; the country that executed John Brown, assassinated Malcolm X, Medgar Evers and Martin Luther King, but which voted for the Civil

Rights Act that supported the civil rights of blacks; the country whose bombs, missiles and tanks incinerated Vietnam, the country which has unconditionally supported the Israeli occupation at the expense of Palestinians' liberty, the country which has invaded Iraq and destroyed its institutions and vital environment, as well as massacred its people, but it's also the country that opened relations with Mao, invented jazz and voted Obama for president.

## A great victory and an irreversible historical gain

It was pleasant to see—despite daily news of rising tolls from layoffs, countless foreclosures due to mortgage defaults, rising numbers of homeless people, etc.—the optimistic mood of the country, taking the horrors of the economic crisis with a kind of reassuring stoicism. It was remarkable to see in play this dialectic of the bad and the hoped-for, this transcendence of hard life by an active act of will to hope for a better life.

It's indeed a great victory and an irreversible historical gain the fact that Obama has been elected president of the United States. Certainly a symbolic victory, but as I said elsewhere, sometimes in history symbolic victories are as important as practical victories. In any case, this election constitutes an important breach in the pernicious ideology of white domination represented in the maintenance of the practice of seating a white man in the function of president—the greatest honor of the Republic—in a country where more than half of the population is non-Caucasian.

There is a story that will remain forever engraved in the memory of humanity: that of a son of African immigrant, who has conquered the hearts of US-Americans from all walks of life, to the point of being elected the first black president of the country in an election which lined up a plethora of excellent white candidates. Drawing from the best souls of the political establishment, he carried out the best-organized political campaign of the country's history without giving in to demagoguery, nor to defamation of character.

One of Obama's greatest merits will have been to resist taking the easy road in a political culture which privileges media gimmicks, personal attacks and mundane finalities as opposed to the quest of what is true, the quest for beauty, for authenticity. His campaign for the presidency has stirred the pride of the people from the Third World as well as those from the First World, who acclaimed him as antidote to the nightmarish experience of Bush the little 1. Kenya, the native country of Obama's father, decreed official holidays the three days that followed his election.

Of all my life I never had seen such a good disposition, quasi-universal, from almost all over the world, toward the United States.

Since Karl Marx who predicted that the first socialist revolution would take place in the United States, never before had such great hope been entrusted to the potential, revolutionary ingenuity of the country. The entire world wanted to be ready to welcome the reentry of the United States among the normality of civilized countries, applauding its achievements, admiring its manner of setting into dizzy whirlwind, truths, lies and uncertainties together.

Seen in this angle, the exploits of Obama are already in the extraordinary order, a huge call for change which resonates everywhere, and most of all a positive example of a discipline of character which defies the existing political reality. I remember my disappointment with his refusal to fight back against Hilary Clinton's venomous disdains toward him, calling him basically a "home invader," to use the metaphor of sociologist Orlando Patterson. He maintained his cool, and his success has proved him right. In naming him the "Man of the Year 2008," *Time* magazine has pointed to "his exceptional ability to reading the imperatives and possibilities of each moment and joining together with others to anticipate change and translate it into opportunity."

I will say of my life that I have lived the accession to power of the first democratically-elected president of Haiti, Jean-Bertrand Aristide, and of the first black president of the United States, Barack Obama. This observation doesn't intend to make a historical parallel between the two. One should note, however, that Toussaint Louverture was too a laudatory superlative: the First of the Blacks, the Black Spartacus, the Black Napoleon, the breaker, the opener of impossible roads. He ended up imprisoned in a sub-human dungeon. Aristide was kidnapped and exiled in South Africa. What will they do to Obama? What will he do to himself?

## Note

1. Allusion to Victor Hugo calling Napoleon III, *"Napoléon le petit."*

\* This text is extracted from a larger essay on the "Obama phenomenon" written in French "Barack Obama et la revanche de l'altérité" ("B.O. and the Revenge of Alterity"), first published in the journals *Tanbou* and *Haïti Liberté* of October 2008 and January 2009.

# The France-US coup d'état in Haiti: Neo-Colonialist Intent

In Haiti, precisely on the night of February 28–29, 2004, the colonialist relation between *grand-blanc* and *petit-nègre* that was the normal occurrence during slavery time, was replayed with unusual vigor when the United States and France intervened militarily in the Haitian crisis, under the pretext of preventing mass killing and saving democracy.

The France-US cooperation with the anti-Aristide coup helped France kill several birds with one stone: Pay back Jean-Bertrand Aristide for the embarrassment he caused in demanding France's restitution of the 21 billions of today's dollars it had forced Haiti to pay between 1825 and 1947 in order to recognize its independence; humiliate a country of formerly enslaved Africans that had sparked off the parting shot against colonialism and the French empire; and also reconcile with the United States after the rupture over the Iraq war.

Indeed, France's opposition to the war against Iraq brought it mostly misfortunes (US hostility, loss of influences and of profitable contracts in Iraq, etc.). With the US's supremacy as the unique superpower enabled to do whatever it wanted in any case, France's strategy, at least since the launching of the war, was to mend fences with the United States. The Haitian crisis provided the golden opportunity.

The vehemence of France's criticisms against George W. Bush's Iraq venture led people to forget that the two governments, both conservative and interventionist, had in common more points of convergence than divergence. Their *rapprochement* will thus be made on Haiti's back.

This was not the first time France and the United States cooperated on a joint approach regarding Haiti. In February 1986, facing the rising violence and revolutionary insurgency of the people against the autocratic-fascist regime of Baby Doc, François Mitterrand and Ronald Reagan maneuvered a smooth and sweet exit for Baby Doc and his regime, making sure that the real power remained in the hands of the regime's satraps, thus saving it from a possible people's revolution.

In 2001 Jacques Chirac's government supported, without batting an eyelid, the embargo on aid decreed against Haiti by the newly inaugurated administration of George W. Bush, thus blocking crucial funding that had been negotiated and agreed upon between the Inter-American Development Bank and the newly-elected government of Aristide. France moreover used its influence to discourage all possibility of aid to Aristide by the European Union.

Indeed, France has never forgiven Haiti for the loss of not only its most profitable colony—named then Saint-Domingue—but also for the loss of Louisiana, which Napoleon's defeat in Saint-Domingue compelled him to sell to the United States in order to finance the war against Britain. Far from being grateful to Haiti for facilitating the acquisition of the double of its then territories, the United States saw it rather as further evidence of the "bad example" Haiti represented as a nation of formerly enslaved Africans—therefore the negation of its own slavery system, which was still blossoming at home. It thus took the United States fifty-eight years (1804–1862) to recognize Haiti's independence, under the administration of Abraham Lincoln who was pursuing his own war against the southern secessionists, supporters of the slavery system in United States.

In this light, the France-US coup against Aristide is part of the will of the two Western powers to impose their neo-colonialist conception on a country of the so-called "periphery"—one that they consider as a client-state falling within their sphere of influence.

The France-US intervention in Haiti's February-2004 political crisis and their overthrow of Aristide constitute two illegal actions that cannot be a posteriori justified or legitimized despite the possibility they may have aborted a bloody battle between the armed rebels and pro-governmental forces. In any case, the probability of a power-grab by the rebels was very remote, given the fact they had merely two hundred troops, while Port-au-Prince abounded in armed groups, regular and non-regular, many of them Aristide partisans ready to resist all eventual offensives by the rebels on Port-au-Prince. Ultimately, the power that defeated Aristide was the interventionist *coup d'état* by French and US military units which manipulated the security forces (from the US) that provided security to Aristide. One cannot help but think of the astuteness used in the abduction of Toussaint two centuries before.

What is undeniable, however, it's that more people were killed, more houses were looted, more damages, physical and emotional, were caused after the kidnapping and the exile of Aristide than during the entire period of the final phase of the crisis, which began on February 5, 2004, when Gonaïves fell to the rebels.

The intervention has profoundly subverted Haiti's constitutional process and imposed a unilateral decision establishing the preponderance of France's and the United States' imperialist interests (Canada and Brazil playing the supporting role), regardless of what their Samaritan propaganda has insinuated. It's a classical case of the imposition of mighty powers' interests on international laws of the moment, as is shown in

Afghanistan, in Iraq or in Ivory Coast. In their rush to intervene in Haiti, neither France nor the United States cared to ask the authorization of the government of the sovereign state, even though Aristide himself seemed to invite George W. Bush to intervene—in his favor, of course—in his CNN interview two days before the invasion.

This illegal action didn't reflect positively on France's and the United States' pretence at civilizing. The image that was projected throughout the world was that of Conquering White Men imposing their will on a sovereign country. An image not really different from Napoleon's onslaught in Haiti two hundred years before, or Mussolini's massacres in Ethiopia or Israeli incursions in the occupied territories—notwithstanding the "humanitarian" intent evoked as justification for the coup.

Another phenomenon of propagandist hypnosis that was in evidence, but which was presented as otherwise in the Haitian crisis, was the selling of the notion that the France-US invasion was a good thing for Haiti. It is a distortion that has particularly affected the European left (contrary to the US left, who knew better). It is a weird logic, one that suggests if you invade my country, destroy my institutions, create chaos in my society, kill and humiliate my people, all of that is to be OK as long as your intention is good!

In the course of the two years that de facto regime lasted following the France-US intervention in Haiti, the economic, political, and security situations worsened multifold, making the Aristide era look like a peaceful oasis in comparison (the situation of total horror has somewhat improved after René Préval's election in March 2006). It is not our intention here of choosing one evil over another. Ours is the wish of surpassing, transcending their limit, their confining horizons, and, instead, reposing new questions, in terms of Haiti's radical liberation from oppression, poverty, foreign domination and *petit-bourgeois* opportunism.

Despite the structures of oppression that mold it a certain way, the Haitian crisis, then and now, is not a *structural* crisis per se; it is essentially a struggle for power between protagonists within the same political class, which comprises elements of the ruling *bourgeoisie,* the latifundist land owners, and the *petit-bourgeois* intellectuals of the so-called "middle class."

Truly, the opportunism of the petit-bourgeois and the malfeasance of the Empire were not the only elements responsible for the defeat of the Lavalas government in February 2004. Aristide's populist antics and autocratic exercise of power, the traditional cronyism and corruption in a society versed in survivalism, personal profit-seeking as political finality pursued by many, including some of his supporters, which the opposition blamed him for not doing much to stop, all of that contributed a great deal to the failure of the Lavalas government and, by extension, the popular movement.

Of course Haiti is only a small factor in the global problem of domination by the West, although what happens in Haiti informs on the general orientation of neo-imperialist goals and impulses in the global geo-political context. With the invasion of Haiti in 2004, the Bush administration wanted to send several messages at once, especially during this first year of the Iraq occupation, which had already started to look problematic. The Haiti invasion was meant to show US resolve and the continued control of its own hemispheric flank, while helping the administration's right-wing zealots get rid of their nemesis Aristide, pleasing their friends from the Haitian elite in the process.

It was somewhat of a surprise to hear the former US ambassador to Haiti, Brian Dean Curran, explicitly acknowledge and condemn a White House policy he himself helped implement 1. He did it certainly, at least in part, to distance himself from a governmental action whose disastrous consequences had become more and more evident (putting the blame on Stanley Lucas, the local *homme de main,* who had been in charge of overseeing the Republican National Institute's dirty work in the country). As Georges Clemenceau once said, successes have many fathers, while failure is orphaned.

Just like in the invasion of Iraq in March 2003, the preliminary conditioning of people's intellectual apprehension had very well succeeded in Haiti's case. The "red priest" had become so undesirable to French and US-American reactionaries that his overthrow was shown to be inevitable. As we shall have seen in the election of Hamas in Gaza in January 2006, oftentimes one doesn't need the pretext of democracy to justify hostility toward the people's resistance.

## The present, post-earthquake times

For now, that is in the last quarter of the year 2010, and after two years of the de facto regime and more than four years of governing by the second Préval presidency, and a devastating earthquake, the country is still facing a political, economic and ecological crisis from which it is not near to recover. Hope is permitted, however: The resilience and combativeness of the people, together with a genuine international (and inter-popular) solidarity can accomplish miracles of revolutionary proportions.

This book was already in production when the campaign for the Haitian presidential election, scheduled for November 28, 2010, was gaining momentum due to the candidacy of hip-hop superstar Wyclef

Jean. Naturally the same sensationalist glamour which has made of Jean an immediate mediatic event, has also directed attention to his non-qualification to this high function of State. Eventually the officials of the CEP (Provisory Electoral Council) finally concluded to what was already obvious to everyone: Wyclef Jean has simply not met the necessary residence requirement stipulated in the Constitution.

Some have said of Wyclef that he represents the people and the youth and that his elimination from the presidential race is also the elimination of the people and the youth. This is a fantasized, marvelously mediatized vision of the reality. As much as we admire Wyclef's continued involvement with his native Haiti by way of his humanitarian foundation, *Yele Haiti* (he could have, like many others, simply forgot about Haiti, staying hooked uniquely on Hollywood's glamour), he is most of all a show-business artist who approaches politics with the same theatrical detachment as that of an action movie. If his candidacy were to persist, despite his obvious disqualification, he would have been a distraction which takes attention away from the serious problems that the country faces.

In fact, in the light of the tremendous challenges faced by Haiti before and after the tragic earthquake of January 12, 2010, the most important thing is not the election to the presidency of any of the declared candidates but rather the constitution of a large coalition around a government of national salvation which would put itself at work exclusively for the reconstruction of the country on sounder grounds than those of the pre-earthquake period.

We shall erect with, against or on the side of the constitutional government a rallying of Haitian social forces on a basis that would be different from André Apaid's «société civile» whose main function was to overthrow Aristide and open the country to increased foreign control, but rather an engaging coalition which would devote itself to together the reconstruction of the country and to the defense of the democratic, humanist and socialist values capable of sustaining the benefits of such reconstruction.

In the bilingual text "Utopia as Possibility: Haiti and The Universal Human Project/ Itopi tankou posiblite: Ayiti e pwojè imen inivèsèl la", I salute the international solidarity Haiti has been the object during the earthquake, expressing the wish that would qualitatively continue along with time. I've forgot to add, however, that Haiti's destiny is before all a Haitian imperative that Haitians have firstly the responsibility and the prerogative to honor and execute. Within the terms of the values of national self-determination, there is the national element which may not be fundamental, in the last analysis, but which is nevertheless a *marker,* an indication of the degree of progress human societies have reached, particularly in terms of solidarity among nations, of tolerance and respect toward the Other, toward the others.

To summarize, the most percussive of actions, in the Haitian case, would be to constitute, with a vision toward the future and a conscience of the present, an assembly of men and women who seriously want—not for the super-ego or for money—to help put into place solid infrastructural, institutional and functional structures in the interest of the country's reconstruction as materialized in food and housing for its hungry and homeless, schools and hospitals for its youth and sick, work and responsibilities for its unemployed and its excluded, and respect for the dignity and cultural identity of its people. That's essentially what national liberation is all about.

## Note

1. For more details, read the article of Walt Bogdanich, "Mixed U.S. Signals Helped Tilt Haiti Toward Chaos" in the *New York Times* of January 29, 2006. See also Allan Nairn's "Our Payroll, Haitian Hit," in *The Nation* of October 9, 1995.

# A war that cannot be ignored

For a large number of US-Americans, the invasion of Afghanistan in 2001 was highly justified: there was an undeniable, complicit link between Al Qaeda, the Taliban and the massacres of September 11th. Besides, the Taliban were-very much hated for their anti-women and anti-culture extremisms. From then on, indeed for years, this guiding sophism remained unchallenged and very few asked questions about the wisdom of the war. Until June 2008, that is when US monthly casualties from the Afghanistan war surpassed those from the Iraq war—23 against 22.

Indeed, Afghan and US-NATO casualties were constantly mounting in Afghanistan, but they became front-page news after the Iraq comparison and after the milestone of 500 US deaths had been reached[1]. In July 2009, US casualties reached 44 for only that month; in October 2009, in turn, the toll broke all the previous months' records: 55 deaths. On March 1st, 2010, the total of US deaths reached 1,000. In June, 80 US-NATO troops were killed, making it the deadliest since the war was launched. And the count goes on, not including of course the many thousands of deaths among the Afghan people.

All credible observers and reports revealed that the presidential election of August 20, 2009, had been tainted and fraudulently won by the US-NATO's puppet government of Hamid Karzai. A run-off was imposed by the occupying powers. Eventually, the main opposition candidate, Dr. Abdullah Abdullah, decided to drop out of the run-off election, deducing that he had no chance of winning in a system so entrenched in corruptible politics,—not without denouncing the government of corruption and electoral fraud.

Noam Chomsky, always an excellent critic of the US's hegemonic wars, finds troubling "the unprecedented authority just granted General Stanley McChrystal—a special forces assassin—to head the operations. Petraeus's own counter-insurgency adviser in Iraq, David Kilcullen, describes the Obama-Petraeus-McChrystal policies as a fundamental 'strategic error,' which may lead to 'the collapse of the Pakistani state,' a calamity that would 'dwarf' other current crises.[2]" Naturally the administration hawks, the Republicans and the Neocons applauded Obama.

A year later, in June 2010, Obama missed an excellent opportunity to redress the error of that appointment and revamp his entire losing Afghan strategy when *The Rolling Stone* magazine published an article containing highly disrespectful remarks by McChrystal and his aids toward the president and his administration, painting him as a wimp and deriding the vice-president's name, Joe Biden, as "Joe Bite-Me.[3]" Obama was compelled to fire McChrystal, but he replaced him by no other than David Petraeus, McChrystal's boss and mentor!

A very war-mongering company to be part of, as shown by the "residual force" Obama has anticipated after the supposed withdrawal of US troops from Iraq, that is the adoption of subterfuge by way of an euphemism to prolong the occupation of the country. A "residual force" strong enough (they advanced the number of 50,000 troops!) to be able to kill with ease, locally, by way of special forces or drones airplanes, strategically placed anywhere in the sky. Drone airplanes do the job with less cost, and are so greatly efficient and emotionless that they are autopiloted or non-humanly piloted. In brief, they kill with the same remorseless distance kids do when playing Nintendo.

Barack Obama was able to seduce the electorate thanks primarily to his opposition to the Iraq war; many of the voters were tired of seeing their countrymen and women killed in a war that was at the very least unnecessary. After seven years of Bush and Cheney's militaristic, civil rights-repressive and pro-corporate policies, people wanted to hear some fresh thinking, and Obama provided it with his relative youth and his willingness to question certain racial stereotypes, from whites and blacks alike.

Soon, however, as the presidential campaign reached its peak, one started to notice a *nuance* in Obama's war thinking: He's saying now the US troops should be withdrawn from Iraq *and* deployed to Afghanistan, for him a more justifiable, a more winnable war. A strange logic from an anti-war candidate whose own political creed expounds that the United States should talk to its enemies, not just bomb them. But this conflict, despite thousands of Afghan and US-NATO troops' deaths, has been lived on such an abstract-consciousness level that Obama was able to advocate its escalation while still perceived as being anti-war. In a December 1st, 2009, address to the nation, Obama achieved the feast of ordering the deployment of 30,000 additional troops to Afghanistan while trying to please the anti-war constituencies by announcing a dubious exit date.

NATO's former commander in Afghanistan, General Dan McNeil, estimates that a successful occupation of Afghanistan would require the commitment of 400,000 troops—compared to the current (summer 2010) 120,000 US-NATO troops. And more troops and people would also die on both sides, just for the objective of momentarily precluding the inevitable, as Alexander the Great, British and Soviet occupants had learnt before. Some analysts believe Afghanistan has no real meaning in terms of the war against terrorism: the 9/11 plotters spent more preparatory time in Hamburg and Florida than in Kabul...[4]

A *bona fide* product of the US political system, how could we not have predicted a president Obama would also need to have villains? Although the Obama presidency has brought tremendous symbolic change to a political culture habituated to seeing a white man in this ultimate seat of power, in many respects his pro-Afghanistan war rhetoric and his pursuance of the war has ended up looking like the Iraq quagmire. There's a lesson to learn from Vietnam War history when, partly to placate the anti-communist war-mongers, both John F. Kennedy and his successor, Lyndon Johnson, ended up escalating the war, with the consequences that we know so well. A similar fate will have awaited Barrack Obama's Afghanistan fixation if he fails to use his wisdom to find a way out.

## Notes

1. See the *New York Times* "500: Deadly Milestone in Afghan War," of Thursday August 7, 2008.

2. Noam Chomsky "Crisis and Hope: Theirs and ours" in the *Boston Review* of September-October 2009.

3. Michael Hastings "The Runaway General" in *The Rolling Stone,* June 22, 2010.

4. See the *New York Times* "The Wrong Force for the 'Right War'" by Bartle Breese Bull, August 14, 2008.

# Peace with the enemy

Wouldn't it be better for Israel to talk to Hamas instead of repeating the vicious circle of violence? Wouldn't' it be better for the United States to talk to all Iraqi insurgents, Sunnites, Shiites, Saddamists, or to negotiate with the Iranian government instead of continuing the gunboat strategy? Should the US talk to the Taliban? Should the US talk to Al Qaeda? If the latter questions sound far-fetched that's because you're already being conditioned to think like the war-mongers want you think, forgetting that one makes peace with his or her harmful enemies, not with harmless friends.

The wars in Afghanistan and in Iraq launched by the George Bush administration respectively in 2001 and 2003, its overthrow of a legally elected government in Haiti in 2004, its negligence toward the tragedy of Hurricane Katrina in 2005, all have shown that elements of the tragic, the absurd and the malevolent are inter-linked in a global sphere of destructuration and restructuration that mold and modulate life in ways that are not always beneficial. In all four cases, Bush's White House redefined the debate in terms of United States security. The Empire's action is seen as motivated by a righteous Manichaeism: the defense of world peace against weapons of mass destruction; democracy against tyranny; free world against terrorism; prideful technological know-how versus weakness of empathy; true Americans versus threatening immigrants; perception versus substance (as seen in Bush's many visits to New-Orleans after Katrina to conjure the very empirical effect of governmental negligence).

The West's declared "war on terrorism" will never come to satisfactory conclusion because peace is not part of the mission. In the months preceding the Iraq war, there was an ad in the *New York Times* that showed Osama Bin Laden, bearing Uncle Sam's posture, pointing his index to an imaginary interlocutor and saying with a wince of satisfaction on his face: "I want you to invade Iraq!" This anti-war ad implied that the planned attack on Iraq will only embolden the terrorists, swelling their rank and their resolve; it eventually proved to be premonitory.

The way conflicts of this new millennium are resolved will play a large role in its characteristics and promises. If war of civilizations is the best jewel we can offer, the word "civilization" itself needs a reevaluation. Bush's Manichean interpretation of international conflicts is dangerous because it takes away the possibility of their resolution through diplomacy, negotiation or any other peaceful means, since each camp's conditions of victory imply the negation of the other (through subjugation or annihilation).Barack Obama seems to have the right intuition, but his actual policies don't differ much from that of the Bush administration, at least in foreign policy, although he has a more tolerant tendency. As "the unique superpower," the United States should call for a Great Bargaining Conference where all cards and grievances would be put on the table, including the principle of the multi-polar world where different centers of power will coexist and interact peacefully together and balance one another.

Talking with the enemy is inherent to the principle of peace-making. After all the Israelis have been conducting peace talks with the Palestinians (before and after the parenthesis of hostility caused by the victory of Hamas in the legislative elections of January 2006). Indeed the Western powers have recently been very cozy with Colonel Mohammad Kadhafi himself, whom they had for decades designated as the personification of terrorism—thus this coziness seems to have cooled off following Kadhafi's celebratory welcome to Lockerbie's bomber, Ali Mohmed Al Megrahi, in 2008. Even North Korea's Kim Jong Il, one of the three countries George W. Bush designated as members of an "axis of evil," has finally agreed to negotiate with the United States, offering the inactivation of his nuclear arms in exchange for aid and security guarantees by the United States. These advances will eventually coalesce to a serious peace process between the two countries.

Saddam Hussein and Osama Bin Laden are only the latest addition to a long list of Western-powers-hated figures that started perhaps with Gengis Khân, the founder of the Mongol empire in the medieval period, who had a reputation for cruelty toward the peoples he conquered; the list continues with the Native American leaders in the Americas like Caonabo, Geronimo or Crazy Horse, up to Mahmoud Ahmadinejad, passing through Maximilien Robespierre, Toussaint Louverture, Jean-Jacques Dessalines, Simon Bolivar, Vladimir Lenin, Joseph Stalin, Mao Tse-Tung, Ho Chi Minh, Pol Pot, Fidel Castro, Idi Amin Dada, Gamal Abdel Nasser, Ramírez Sánchez (a.k.a. "Carlos the Jackal"), Yasser Arafat, Mohammad Kadhafi, Manuel Noriega, Jean-Bertrand Aristide, Hugo Chavez, etc.

Ironically, despite the magnitude of his crimes, Adolf Hitler is not listed among the figures hated by the West. He was one of them, at least from the same stock. They had appeased and tolerated him for a while, until the conscience (and affected interests) could no longer take it. Many of those hated figures are often former Western allies-turned Western haters like Toussaint Louverture, Manuel Noriega, Saddam Hussein, and Osama Ben Laden, who fell out of favor when their interests diverged from Western interests.

The culture of killing is a direct by-product of wars of conquest and domination since the beginning of history. Some peoples and species killed for surviving imperatives, but our so-called "modern" times have seen a prevalence of killings and mayhem for reasons that often looked gratuitous. Of course, wars can bring tangible benefits to the conquering nations or groups, except that often those benefits—land, water, natural resources, access to the sea, etc.—could be acquired or shared through pacifistic means.

We have for many millennia devised different socio-political systems with the hope of sustaining a stable, functioning and just societal order, at least at the conceptual level. Unfortunately, the most powerful among us make it a point of honor and their goal to perpetuate oppression and inequality in the name of tradition continuation—or simply for greed. Ending this reflex is a major challenge for our present time. This is the ultimate existential question that transcends epochs, times and national boundaries: How to preserve and share together the natural space while tending to human needs and honoring our worthiness and finality of freedom?

At the end, as the body is departing from the soul, following its natural trajectory; as evanescence creeps in and the end is near, when the will is still there but the movement is absent; at this moment of truth when all you want is a last healthy breath, a last good meal, a last smile, that moment when nothing else matters except the people you know, the people you love and respect, the human drama and dream are reviewed with new insight: the acknowledgment of the common destiny of us all.

# Poems in English

## Poems For Resistance and for Peace

## The Bugs of Babylon

They lurk around streets corners
vampires from the torture chamber
to instill fear and mental disorder
and preserve the order.

They appear in various color shades
in different seasonal shapes
anytime and anywhere
to manufacture pain
and rupture the quiet of your mood.

They use high-tech monitoring radar
to track the spirals of the soul
locate the inner sanctuary
the meaning of the non-said.

They know how to induce bankruptcy
on bills that are not paid on time
they use mathematical data-base
to pinpoint the journey of the fugitive
unveil what is not even yet there
prevent the inconceivable
penetrate the mystery of things.

They level to the ground a jazz club
and build across its long neglected road
a police headquarters to contain movement
halt the traffic of human praxis
redirect the libido's free course.

They engineer cyber super highways
inside all that is part of life
they invent new manage care concepts
to help the dying die on time
they make love through the Internet
for lack of empty space on Earth
they punch on computer keyboards
how one's destiny will unfold
they are God with greater aims.

They kill with no obvious weapons
through the invisibility of laser

through the magical lore of quantum
they are the demiurges of our time.

They change governments
peoples and neighborhoods
in small committees
from remote enclosure
they hire and fire
and downsize at will
they are in charge
they meet their goals.

They know how to transcend Bad-Life
they donate tax money to the cause
enjoy their returns like noblesse oblige
shrink the oxygen from the eco-system
build their vacation homes in heaven
happy in pollution free zone.

They close parties without warning
expel life from Ivy League colleges
compel the peasant to emigrate
to a world of concrete and glamour
they killed Rimbaud by boredom
destroyed Verlaine with dementia
killed Malcolm X to prove a prophecy
until he became a Hollywood icon
they glorified Rambo as a new messiah
sanctified Martin Luther King as a king
only when he became a corpse
vilify Farrakhan as an Anti-Moses
but will surely anoint him in due time
they sell effigies of Marx and Che
and Malcolm to happy rich tourists
they detain in death row Mumia Abu Jamal
and elevate him as leader of the Radical chic
they sent Toussaint to die in solitude
on the Fort de Joux cold mountain
and called him Savior of the Good Master.

The bugs of Babylon are real and virtualized
they operate in air,
space, blood, penetrate

the subconscious state
as well as the material being;
just like the scorpion's sting
they infuse in our veins a venom:
expectant fathers killed expectant wives
to collect lucrative insurance policy
mother kills two beautiful toddlers
to share with her boyfriend new freedoms
madman stores human flesh in the fridge
to achieve communion by default
despairing for losing his money on trading
angry man machine-gunned dozens of his consorts
after killing his own wife and their two progenies
a way of confirming money indeed matters
angry father injects HIV virus in son's veins
to lessen his child-support high cost.

The bugs of Babylon kill poetry
the lyrics is replaced by extra-sensorial codes
all is function, auction, impulse, sensation
ingrained in mortification
invading our most inner sanctum
with no loopholes in the desert-like hell.

Boys killed classmates in cold blood
just to exit the traps of the non-exit world
one had killed his parents with great care
just before he blew his classmates' brains
to spare them the agony of his memory
he had seen his heroes of army generals
blow up whole villages and peoples
in far away lands fittingly magnified
under the glare of exciting media
and destiny was made by an act of folly
purity was the goal
the ultimate unction.

The bugs of Babylon
will defeat all attempts at remedial ideals
won't allow any disinfectant to succeed
in stopping their running of the game
their only Achilles' heel being their human source.

The bugs of Babylon
refuse entry to the refugee
deport the undesirable wretched
for being a believer too much
make Viagra for pleasure illegal
capital punishment for ganja possession
no place for the hormones
nor for family dysfunction
no essence for the being
just some charm
and some doctored image
that's a new millennium.

(Boston, 1999)

## Hymns to Justice

*(dedicated to Gary Hicks)*

Without a home
justice will not prevail
without some food
justice will die of hunger
without some heat
justice will die in the cold;
without oxygen and water
and clean air and people
justice will be thirsty,
exclusive privilege of the rich.

Without a conscience
justice is a ritual
conferring majesty to our fear;
without a dream for life
justice is a nightmare
global withering of the soul;
without an ideal for being
justice is an imponderable
nothingness of absence,
waste, abandonment of hope.

Without freedom
justice is a catechism
for self-imprisonment

in bullshit dogmas;
without fun and joy
justice is just a bore;
without a compass
justice is a road to nowhere.

Without a communal embrace
justice is capitalist paradise
engulfed in the pursuit
of matter dominance
and greenback collection;
without a human touch
justice is a flaming torch
amidst a torrid sad forest.

Without a smile
justice is an angry revenge
for failure to be true;
without you and I
joining the struggle for life
justice is a dead-end enclave;
without people trapped
in man-made curses and tears
justice would not be needed;
without injustice
justice has no meaning,
without justice
there would never be peace.

(April 12, 1997)


## Enemies' Symphony

*(dedicated to the "gang" at the Thirsty Scholar)*

The unbelievable feast
the unreal happenstance
putative enemies
dancing in make-shift dance-hall
a river of smile
replacing a river of blood
replacing different spades of skins
same blood
but look like two different species

the enemy is everywhere
in a river of blood
on a road to nowhere.

Wait until you cross the Rubicon
even for a less dramatic cause than Caesar's;
wait until you join the enemy
in his quest for the redeemed question
and sing along together the last song
and ask for the news from the front;
the limbs destroyed and dreams deferred
beauty in fugitive, furtive encounters
building continuance in absence.

I have enjoyed the dance
the community in the soul
the donated space for transcendence
people in communion
I have enjoyed the dance
and the soul-searching.

An asymmetric boxing duel
transubstantiation in evildoing
the alterity of the instant
changing the carnival
from good to bad
or bad to good
and bad good as US democratic alternance.

Baseball as an excuse
boxing as metaphor
but real harm is being done
still we are singing along
adversities connect
instead of being a hindrance
to the devilish tone and goal;
we are dancing along
because there is only one life
mine and yours all the same.

Putative enemies
yet the heartbeat is the same
the blood all the same red
human fate in action.

Ours was the ether world
offspring of the old time
we were children in rebellion
we longed for something in between
between total madness
and total rejection;
we longed for the human touch
the state of no non-sense.

One said the blacks were all bad
and the whites not too far off
another said the jury is still out
one called the girl demonic temptation
another made her a beautiful saint
we had different points of view
but we knew war is to maim and kill
even when beautiful lyrics enhance its appeal.

Putative enemies
and companions in madness
still dreamers for a time of illusions
and ideals made everyday miracles;
we shall build our own temple,
glory for beauty on earth.

(March 2006, first published in journal *Tanbou–Tambour* and
*Auscultations*)


## Baghdad Soleil*
*(dedicated to Jill)*

And when the tears were stopped, dried,
and the bombs silenced, the shots unheard
the Horror was already immersed in forgetfulness;
the specter of the dead, voices of the night,
had become pages of history, patriotic gadgets.
Life's decency had fled to the Unknown, while
the Dream of Being, intrusive nuisance,
was being desubstantiated of his attractiveness.
For, despite its horrors
and after thousands of deaths,
millions of bloody hearts
the whole thing remained a carnival,

sublime ecstasy of a people ashamed
of being so cruelly exposed to their bad faith.

Like the happiness quest for a time perverted,
relegated to the hidden slums, nearer Chaos,
all becomes mirage, technocalculations,
finitude of a strange animality revisited
by Death. Hundreds of thousands dead. And dying.

Boom! Boom! Boom! Huge celebratory fireworks,
universal codification to normalize our minds
appear as a magic show on our TV screens
(the dead were for now forgotten),
soon the game was declared ended
in order to lend grace to the movie.
High technology at the use of Evil!
Evil with fire, lights, laser, smart bombs
but idiot as a turtle faced with its own shadow,
seeks to confine our souls to the malign Darkness,
oppression of the mind, darkening of the heart.
And the art of killing had become chemistry,
mortuary osmosis between Beauty and Hell,
state of the art kind of zombification!

Flashy yellow ribbons like an epidemic
sprung on the immensity of the entire land;
but if you would look deeply in the subway,
behind the rolling faces, lost in damnation
you'd find a sad winter, a human cadaver
who lives its depression as a routine of being:
the principle of reality has firmly taken hold.

Then we had overslept one night, witty night
when we reviewed the whole nightmarish comedy
and found ourselves ready to break the confines;
and if for you, my dear, that is indeed the case
you're now being called upon to break the horizon,
to help forge a poem with blood and common sense,
for we are all of us despite our false candor
silent accomplices of Iraq's destruction
and of the thousand villages, children, orange-trees
that had fallen victims as "collateral damage."

The Kurds? What Kurds?
Are they these poor depraved humans
you have subjugated, humiliated, massacred since
Caesar and Charlemagne and Alexander the Great?
Now you tell me with clamor and with grace
and a splendid smile oiled in crocodile tears
that they are your angels and your enlightenment!

With silent stupor and a sad sense of loss
I've seen nobody cry during the entire war,
the only ones who did did it for the imperial flag,
flag of honor! And we forgot the mess!
What an America the Beautiful in a vast hecatomb!
Fuck you! Wake up, you, you poor depraved human!
Tell your story, shake up your insomnia,
give up the false comfort for your awakening!
Say Hell to war! Viva the Dream of Being!
Don't foul your own conscience to satisfy your greed!
Return! Return to Earth and live it as a love story.

This bunch of exploiters, racist by vocation
that had claimed victory on an immense desert,
desert of broken bones and of dispirited souls
are your worst enemies despite the toast to drink
to Pax Americana and the liberation of Kuwait:
you're a loser who lost even his sense of loss!

Between the dehydration wrought upon Iraq
and the valley of ruins, death and solitude
forced on the people, a woman and a man
call upon love itself to comprehend the mess;
and all of a sudden in a magical rebirth
the world of horror becomes a seed to life,
the sun of Baghdad in an act of revolt
rebrightens our soul to challenge our conscience,
a new dimension of being, echo of the cry of dream
resurfaces from the ashes of the degenerate shit;
selfish America, vast land of pains and hatred
realizes that its fate depends upon others;
the evil principle, voice of alienation,
will have been gone, gone to the abyss
of our infantile stage along with our imprisoned minds;
and the freedom rose has regained upper hand,

life will have won the fight for Beauty. Vive la vie!
Baghdad soleil is brightening again: o splendor!

* First published in *Dream of Being,* 1991

## Fallujah and Najaf
*(or the new killing fields)*

Death trap
telelaunched
meteorized
across the Pacific
and played out
in the heart of Arabia.

Thirteen hundred years of agony
and resistance by the hour
thirteen hundred years of revelation
human imagination at its speak!

The invaders made no accounting
no way to know where, when or who
or what was killed by whom,
parents, brothers, sisters, sons or daughters
old friends
new friends
false friends
perished even those who had sung their glory.

And the people regained hope;
they remembered the Greeks,
the Persians, the Romans, the Franco-British
and the US-Europe Alliance;
they remembered democracy was not really a choice
they remembered hell made national policy
they remembered the cry of the baby who died
because the clinic had no lab
and the soil too depleted to grow seeds
"There will be nothing left
of Fallujah by the time they finish,"
said a witness of horror.

"They fought, major Johnson said,
better than the ones we've seen,"

they defended their city
just like Guernica once had,
but all week was raining hell
raising blood, raising tears.
"By Thursday, the ones that had been
reduced to a wasteland of rubble rotting corps,
broken sewer lines and feral dogs...
That part of Fallujah was the worst I've seen,"
major Johnson said: "There were bodies
and body parts everywhere."*

How would those who had left and returned
react upon seeing their ghostly birthplace?
How would the survivors go on living
and surviving horrors?
How would a new day be?

Fallujah will have fought until
the last or just before the last spit of blood
is spilled on the rubble pavement.

The people will return
on a brighten, stellar night
the tale will be told
of the battles of Fallujah
battles fought and won and lost
and won again and lost again
but the people's spirit
the people's dignity
the vow to be free, with
free land for a free people
remained unbreakable,
that's Fallujah,
always Fallujah.

Roads paved of cadavers
moon carved as a half-melon
splendid but bloomy in sadness,
its illumination aimed to redeem
and the fighters who fought for freedom
and those deceived by hurry warriors.

The invaders found no WMD
no angels of destruction

and left rivers of blood
blood of Ahmed, of Sofia, of Mohamed,
blood of the youth from Baltimore
died on the day of his birth,
blood of the youth from London
whose first ever trip was for Anbar,
blood of Specialist Casey Sheehan
spilled by Nero with smart bombs
and cohorts of warriors from afar,
still the body-bags were from the 'hoods,
from the 'hoods to Baghdad, to Sadr City,
to Fallujah and Najaf,
death trap in Arabia
dreams lost in madness
yet still longing for peace
torments with no end in sight
Empire's demands are too high
and the blood flow too profuse already.

Fallujah is Arabia
even in the presence of the invaders
the West has lost its innocence
on the altar of its oily greed,
once again after the past conquests
Fallujah is the city of new dreams.

Fallujah the besieged
city of the sacrificed
city of the brave
city of lost dreams
city of those who have not returned
even when all is done and gone
Fallujah will remain in our memory
the city of the unsung hero
city of the recovered beauty
in the midst of tragedy,
city of what should be.

The Empire is nude
capitalism at its best!

The war is rape
of conscience

of decency
the rape of a people
rape of beauty by horror
Halliburton at its best!

As the tears have gotten dry
and the blood flowing
why should chaos define
the infinity of being?
unhappy objects of destiny.

* The lines in quotation marks are from an article from the *New York Times* of
November 19, 2004

## What Would Old Breda Say?

*(Dedicated to Toussaint Louverture in commemoration of the 200th
anniversary of his martyrdom)*

He had sworn seven times
since life past in his ancestral Ginen
to the dark dungeon in Jura's Fort de Joux
through Napoleon's in-law's court
for liberty's roots to stay alive
even on the road to nowhere.

Old Breda would want the island's brave
penetrate memory since the original agony
and find solutions to the warring curse
within a family string-pulled at will.
Old Breda would have wished
for the plantation's offspring to aim high
even when Suckingall wants discord
among all of those who sing hope.

Old Breda didn't cry
even when cheated and deceived as he was
by Hédouville's play of Rigaud's aims;
Old Breda would have been pained
to trade dawn for nightfall
and for the demise of respect and fairness
of people for people
and country for country and people
even when Uncle Sam's wrath obliges.

Old Breda would call
for Jean Dominique's death to be avenged
for Noriega to be released with an apology
for food to eat on Easter Sunday
for justice for Sandino's heading to his death
through colonist deceit be made an epiphany
of people's rights and beauty and human dignity.

Old Breda would demand
reparation for Charlemagne Péralte's death
and for the island's fate centuries past Leclerc
that had brought imperial might for right
be made a testimony to glory.

Old Breda would not want
Iraq to be made a pretext or a saint
nor for the museum library bombarded
under raining missiles in Arabia
be made an imperial glory to cherish.

In Jura's dungeon
Old Breda swore for his star to brighten
and for constellations in dark alleys
to become the lightning rod
and for liberty's praises be loud
he swore for all of that had passed
would not come back to haunt justice's quest
Old Breda would call for peace.

What would Old Breda say
if two hundred years have not brought
a flowering oasis of multiple wonders
in the heart of the plantation's ills?
What would he say if the sun turns dark
if the nightingale has not sung at sunrise?

What would Old Breda say
if the people lose hope
faced with Bonaparte's double
faced with the stubbornness of fresh feeling
for old ills and fresh blood for burnt past?
What would Old Breda say
if Antoine Nan Gome is made pope
on a Baghdad square

Poetica Agwe

live on CNN in open air?
What would he say if our cry for help
fell on closed hearts?
What would Old Breda say
if "boat-people" thrown out
return to the island
and build something grand?
What would he say
if Port-au-Prince is blocked
by liquidators with smile?
What would he say
if the lost memory were to come back
and Haiti were again our pride?

What would Old Breda say
if Maswife doesn't climb the pole on January 1st?
if basilica can't destroy evil curses?
What would Old Breda say
if the roots are withered and depleted of nutrients?
How happy would Old Breda be
if we break open a new dawn?

(2003)


## Similitude*

*(a poem for peace)*

As its shadow
in its inner sanctum
casts its last pall
the sun retreats to the beyond.

Still it's the same time,
you know, on the other side
even in different shades
the same time in Baghdad
the same time on Park Avenue
the same time in the slums
same madness and same hope.

It's the same blood,
you know, like the other soul,
the same artery in Shia

the same on the Sunni side
the same on the Christian side
the same in Haifa and in Qana
the same in Gaza and in Ramallah
the same in Philly and in the Bronx
the same in Port-au-Prince and in Kabul
the same even with the Infidels.

It's the same pain,
you know, just like other mothers
the same sleepless nights
the same hope of waking up
to a less awful truth.

It's the same dream,
you know, like any other hopeful spirit
the same trepidation in opening the letter
the same hope that beauty never fades.

It's the same time
the same blood
the same pain
the same creed
the same family
the same madness
the same dream
the same illusion.

(First published in *Auscultations,* 2007)


## Gaza, Haifa and Qana

*(dedicated to the victims of the hegemonic war of summer 2006 in the Middle-East)*

Never in my century
did I think one day
today here and anywhere
I would become so closely
an eyewitness to horror.

My own tyrant, that's a long time
Hitler was engulfed under the rubble
the cremations were verified
and exposed as evil deed.

The Olympic in reverse
untenable deterrence
a fist punch
I would cut your arm
if you dare shoot a slingshot
I would spray you with my brand-new Uzi
if you ever use a Qualiskosov
my armored tanks would spit a thunder
a rocket, that's another story
your destruction must be complete
soil uprooted and city leveled
frescoes extirpated straight from hell
pain and suffering objectified.
Worse than a concept
it's the reality of Qana
the people were mourning
in distress and in stress.
Worse than a tragedy
it's the desolation of glory
Nasrallah has become the hero
the new Saladin
assaulted conscience
and denatured humanity
regained dignity
or cemetery peace.

Worse than a big loss
it's the misery of the dream of being
the malaise of the West
reigning emptiness of the soul
Revolution as aspirin.

And the tears, the tears
the deep sorrow, effusion destroyer
the missiles that kill for a long time
we'll make of the odyssey a lesson
a great wisdom to live well
the glory of being.

Yet, they still live, the peoples
even after the disaster
the roses will redeploy their charm
another kid will smile with joy.

They were unhappy
combatants immersed in madness
they knew their glory was illusory
they were also happy, they said
their loss being the price paid for being.

The raped girl, misunderstood angel
still maintains her grace
her kidnappers still hold her
but she sets the infinite horizon
the great cry of conscience.

Lassitude of Gaza
fatigue of empathy
in front of the red blood
in Haifa guilty or innocent
we all die for the crimes of others.

We kill for fear and hatred
for anxiety facing a breathless morning
for the upholding of reality
wisdom in order, in comfort;
we have been conditioned, misjudged animals
to appropriate the land
and live as neurosis
we kill
by boredom
by laziness and blindness
to survive infinity
to drink the impossible wind
and fuck off the sacred monster.

We kill
because we have the means to
Air Force as metaphor
of God who destroys and consoles;
we are the masters of the land
and have total control of the soul
and of the Stock Exchange
and of the happiness producers
happiness nuclear or whatever.
We are the judges
and the accomplices to crime

the thief who saves authenticity
Gaza, Haifa and Qana and Tyre
dream and vitality for a better tomorrow
victory of the peoples in struggle
suffering is universal
global day of reckoning, we are
unhappy objects of destiny.

You will survive, o Lebanon
just like you survived millenaries
before Charlemagne, Alexander,
Napoleon, Ottoman Empire and Sharon;
you will survive together the missiles
and the distorted reality
and the conscience adjusted to fear
the absurd presented as our life
the emptiness of being.

You will survive, Haifa
because you lived worse tragedies
than dupery of small war mongering committees
you had lived lots of horrible hardships
like humiliated Gaza, Gaza mistreated, squashed
judoka from loss who regains her breath, you are
always the *amoroso* of hope.

(August 2006, Boston)

**Author's note:** This poem is the second title of a trilogy on the USA-Iraq conflict that started with "Baghdad Soleil," first published in 1992 in my poetry book *The Dream of Being.* The third poem of the trilogy, "As Baghdad Burns" is published in Tanbou.com and in the anthology *Poets Against the Killing Fields,* in 2007.

# A Bolero For My Dead

(A Joyful Elegy)

## Siblings and Friends' Passing

What is there today
will evaporate forever if it's not
for what must and should be.

Tomorrow will not be the same
if parts of life are reified in absence
and if the glory and the plastic aura
are made laws for unholy living.
Tomorrow is today, my friend.

I remember Sergo's death
street-smart saga of purgatory essence
yet his smiles between two happy front teeth
enlivened us with joy;
they were offerings
to celebrate life in Côtes-Plage
—and sacrifice all that were in the way;
after circling the earth he reappeared
in sunny Florida with an indomitable glide
and still attracted to terrestrial lust,
o pardon! to woman beauty!

When I landed in Brooklyn
my soul clouded in absence
he knocked on my door one morning
as if it was again the good old times
he said he deserted Haiti to re-conquer
time lost and dreams deferred
he knew it was also to desert himself
and the void
and the absence
Boston was never his dada
he missed his adopted Brooklyn
his children
his boyhood

Sergo was hit by a truck
on a Florida street

he became a new body
a new name
a new identity.
Yet still I remember you, my friend,
when you swallowed the words
trying hard to stay in tunes
even though you knew you couldn't sing!

O Anaïka! I am seeing you still,
singing our ancestors' lore
your voice resonating like a storm
Anacaona of melodious wonders
singing for the harvest of the soil
for the brave hands to hold the fight
exhorting the beauty that must be
to spread all around the land.

I am seeing you still, Anaïka,
singing for the boat-people to stay put
and for the jackals to *foutre le camp!*
my blood quivers and flows in the river
of joy while my whole body and soul
rejuvenate from the abyss;
you changed life's mean face
to enduring meaning
transformed meaning
to completeness of being
it's a beautiful day, you know.

What which had always been
in this soul that nourished deep roots
of friendship and giving
will continue to be.

I remember Manno
crossing the Canadian border
his silhouette brightened the pathway
he paints as a witness to eternity
or to the fugitive moment that must last
he is a memorial to the essentials;
I am seeing you still
claiming the reign of beauty
on a devastated land!

I am seeing you still, my dear siblings
dead as serial assembly-line products
I remember you all,
Tako witnessing the demise of Michel
his own life petrified in absence;
I remember Kodo changing adversity
to source of renewal
Ernst died in crying
before he could see his brother
Harry passed in solitude
Fifi suffered a lot
but had her revenge on fate
Noëlia, my little goddess
her cemetery plot felt like providential neglect
Marie-Carmelle would follow suit
she had dreamed like a queen
and died in high stress;
Ernst was happy in Pòtay Leogane.

I remember Max
when he came with Suki
his canine companion
on a beautiful summer night
waiting for the meeting to start
his dreams of a community of people
joining hands and hopes
reaffirmed the everyday beauty
elemental beauty of being
and sharing together destinies
making of his moment in life
a battle against the unbeatable
his vision for what should be
and the eternal quest for what can be.

Death is not about what that is gone
but what has been and should be;
death is Eliphèt playing soccer with style
and never to be seen again with a ball
it's grandma sewing garments made
of thousands small pieces of fabrics
just to have one more day of blessing.
Death is Kodo challenging social selection odds

living life in grand exaltation
even within the confines of the tunnel
even after the jackals have devastated the land.

Death is Mildred's last words saying
she loved it all
the whole thing
the bullshit and the humiliation
were only bumps enlivening the wonders
all matters or not matter at the end
souls letting go in freedom.

Death is not about the tears
nor the loss in de-occupied space
nor the disappearance in the nebulae
nor celestial conception for our delight
nor earthly fulfillment.

Death is not about the ash
nor the evanescence of the matter;
it's Gillian's embrace of life's flow
even in moments of torment;
her deep thought for the homeless' feeling
feel for the emigrant's lost in Northern jungle;
she fought for Haitians' rights in D.C.
nor a saint or angel
she chose life's transcendence.

The reinsertion is what will be
the return of the spring
the day of the birth delivery
the first cry
the infinite transcendence.

Today is a day of glory
celebration of a soil well nourished,
and deep roots.
Today is a day to let go the pain
and the artifice of the flesh
and reveal with clamor
the eternity of who you were
and still are in your imperfect
and yet admirable legacy.

Life is Fifi's defiance of societal gravity
her holding of wretchedness as a celebration;
she would make an *action de grace* for Dante
and Dantò to impel the blessing
cleansing the sullying
freshness
sublimity!

## Three Mothers' deaths or the Beauty of a Changing Body

### *1. My mother waiting for death to happen*

Years before it succumbed
to evanescence's lore
Haiti's sun nourished my mother's body
immersing in its stoic fiber
carnival of senses
or corporal grandeur.
She loved the Côtes-Plage's fresh fish
the Congo beans and the Artibonite rice;
she cooked for him again
the son presumed dead overseas
happy reunion
a resurrection.

Still the horror remained real
slow death in the Waneys
the almond threes revivifying
tender joys of past years.

I saw there the river
down the roadside's end;
she was there
the future dead
yet I saw beauty
among the rocks
in the street-selling survival.

I saw beauty in the frailty
of what was left of the flesh.
I reminded her I was made
the spirit of the place
Ogoun and Erzulie and Legba united.

The incidence is immaterial
if it were not your own body;
the artist paints for the viewer
in no man's land hell of a place!

What a destiny reserved to us all!
She was happy seeing me there
at point Z of her calvary
the final moment
the mother I never knew
yet I penetrated her soul.

I saw poverty in the Waneys
Anne-Marie saw transcendence in hell
I saw sorrow
she saw the day's radiance
fading along the path of infinity.

Are we a dream or a curse
depression until final demise
or renewal toward infinite recovery?
Are we an end
or a process?

Port-au-Prince, Queens, Brooklyn
bodies reaching their finitude
yet foundation for what shall be;
all three mothers shared life's zest
dreams and love of Chinese food,
Martini, Sele-Bride and rice n' beans
a shameful, furtive smoke
perhaps sexual follies!

Succumbed and yet elevated in the Waneys
mother was joined by the other mothers
on the long boulevard to Ephemera
and still reached the eternity of beauty
they all died with dignity;
their ideals redeemed even in evanescence
reinventing what could be;
one conquered Haiti and her fate
and her own cursed end-game; another
heroine of a *Mille-et-une-nuit* story
Andrea became Queen of Funeral Street
the other changed Brooklyn forever,
its landscape
its identity.

Before the last, final instant
I wanted to photograph her
her march toward death
preserving her odyssey for posterity,
"Would you want me to be seen this way?"
she said, weak, defenseless in life's ending slope
I stopped and became her defender.

Death is not always the decay
nor the irreversible path to nothingness;
it's grandmother's passing on a sunny day
my first grasping of its principle
its law of rejuvenating sadness
its horrors
and elation
and the next day
full of joy
yet touched forever
I made my peace with it.

## 2. My godmother's death

My godmother's passing
at a death camp in Queens
was announced on her face
just like my mother's death
was lurking around her eyelid
awaiting any time the moment;
she said through her gaze
"Listen, let's say good bye by now,
the horror will have one day to stop."
I said "I understand"
and sneaked away.

Godmother served me food
between two exploded bombs
Port-au-Prince in flames;
my mother picked me up hurriedly,
panicked citizenry
Port-au-Prince in perennial crisis.

### 3. *La Communista in Brooklyn Heights*

"Her star has fallen"
said the spirit in my dream;
the star was Rhoda's body
still her dreams reached the cosmos.

She was not yet dead
but death was the sacred unsaid
she loved life
a life to establish the truth
to launch the old-fashion fight
for what is right
not what might rights.

Choosing life through colors
She said "W. Bush is up to no good,
he uses terrorism for his own end."
She paints beyond social consensus
cosmic world through colors
a night in jail protesting Reagan
and the contras and the crooks
living in Brooklyn all her life
yet escaping toward infinite horizons!

The "Blue Moon" stylish pub
as sleazy could be
tired office workers
escaping out for a night
poets traveling for family affairs
businessmen and women letting off steam
were attracted to her gate
an evening in no non-sense land
an embrace with the people
lost in the meaninglessness of destiny
and those who're still searching clarity.
"This place will be closed on May 30, '05."
We all cry our dead
that's our cosmic pursuit.

Are we our progenitors' natural legacy?
Are we the dead-end of the road
or the beginning of a long journey?
Are we zombies in a peaceful cemetery
or rebellious souls in the State prison walls?

The offspring may throw away
in the river of predictable fate
just like we devour
—unknowingly, alas!—
our parents' vital cells
junks testifying of a long life pursuit.
Perhaps our dead are our exchange-value
the price we pay for living in real time.

Going down the pavement
along the Hicks Street road
cloud over the city
the Promenade still sunny.

Going down the pavement
until Atlantic Avenue
Rhoda was there
at the hospital
or was it a colors-play
in a Rhoda's painting
a metaphor
old ladies leading the battle
Lala and Rhoda
Henry Street will never be the same.

Unique she was the movement girl
nemesis of hypocrisy
compañera of thousands struggles
calling for what is real.

Sisters in pain
the body must let go
to save the soul from pain
quality of living versus hope
the elegant exit toward eternity
versus another chance
to triumph over death.

Flowers in pain
death at midday
the sun still rising
the spirit stayed alive
even against sustained pain.

Rhoda had lived life
with the freedom ceaselessly coveted
dreams pursued until the end
horizons awaiting to be explored.

Daughters saw the signs
cosmic clues amalgamed in stress
lights and colors united
sang in unison
to free death from absence;
dutiful daughter always
she chose the road to life
even when death was the only option
two dutiful sisters united
in both sides of the truth.

She fought for the masses
and for her right to be
she stayed tuned to her dreams
even when the body had failed.
A painter of stone
liberated spirit
a painter of dreams.

## For you J.T.

Misty morning
filtering through a grey veil
on the quiet street
where I kissed you with love;
you are part of my inner cemetery
also the most beautiful éclaircie
in my purgatory
I miss you dearly my friend.

(January 30, 2002)

# Poems of Existential Questioning and of Love

# Elegy to Innocence

*(written in the voice of and dedicated to six-year-old Elian Gonzalez who, in November 1999, fleeing Cuba on a small boat, survived a raftwreck on high seas where ten people died, including his own mother)*

The party and the happy faces
singing Guajira Guantanamera
turned suddenly to grim sky;
nice old Jorge was the first to go,
he left behind his harmonica
on the dry corner of the raft.

Mama held me tight but her grip
was feeling as feeble as my feet
which I had to keep together
to resist the sea's cold wind.

And the storm got angrier
Isabella and Marioletta,
Antonio and Gaspar were plunged
in deep water by a sudden whirlwind.

Mama kissed me with a long embrace
as she hid her face from my view
I didn't know it was her last kiss,
I thought she was playing a game.

Mama said "Stay awake and well"
just before the huge water flow
took her last hair away;
I thought she went to get a pump
to aspire the water from the boat.

Then everyone was gone
except for Mario and Tonyo
who were battling the storm
I was floating alone on the inner tube
Mama had laid me on before she went away.

Then I felt asleep and woke up the next day
in a grand brouhaha of all sort of people
speaking a funny language I could not understand,
some told me: "You are a good, a very good boy."

Some strangers took me to their house
and told me they loved me,
but I just wanted to see my Mama,
I just wanted to talk to my Papa.

My new relatives bought me
sweet chocolate cake and candies
and very nice smart toys I never saw before
they took me to an eerie place
which was made of all toys and nice games.

People held carnival in front of my house,
they held signs with my name in large letters;
but I just wanted to see my Mama,
I just wanted to talk to Papa.

I wanted my papa to tell me what happened,
I wanted all the noise to just go away,
I didn't know what to think or to feel,
I just missed my Mama
I just wanted to talk with Papa.

(February, 2000)

# O.J. and Me: The Take of the Poet

First, a warning: The following poem was composed before the not-guilty verdict concluding the criminal trial of O.J. Simpson. Naturally that verdict ruined the poem, since its credibility and authenticity rested on the firm assumption that O.J. was guilty as charged, conformingly to the circumstances presented and alleged during the trial, and taken at face value. Therefore the O.J. here discussed is a fictional O.J., reinvented by my subjective hypothesis of what the truth is, independently of the legal judgment or of the *real* truth of the matter.

Second, while the subsequent verdict by the civil court ruling Simpson's "responsibility" in the death of Nicole Brown and Ronald Goldman has somewhat reinstated the credibility of my guilt assumption in the poem, it also left me angry by the realization that *justice*—as search for the truth and correction of wrongdoings—was being perverted by people's emotions and perceptions, and by the Machiavellianism of the arcane justice system. The death of Brown and Goldman was not really properly adjudicated per se at the end, neither, possibly, were the perpetrator or perpetrators irrefutably proven and punished.

In any case, as with the Von Bulow or the Rodney King cases—and regardless of its application in instances that pleased our ideological bias—a justice system which needs two trials (with two opposite outcomes and two sets of standards) to establish justice, must be a system of injustice. Whatever our empathy for the stricken families of the dead and our admiration for a father's strong-mindedness in single-handedly seeking justice for the death of his son, amidst tremendous odds; and however captivating was the theatrics of the drama or demeaning was the process, the Simpson's trials have demonstrated, if anything, that the US justice system remains a Janus, with two faces: One for the poor and one for the rich; one for Black and one for White; one for men and one for women; one for the politically connected and one for the excluded. A justice system unduly influenced by the multiple relations of power in the socio-economic sphere of human interaction, creating a general climate of mystification and untrustworthiness, thus disproving US society's ideals of itself as a nurturing unit in the pursuit of life's splendors.

Despite our fundamental differences in wealth and material acquisition, O.J. and I have a lot in common. He is Black and male, so am I. He is an athlete, I am a poet: We both deal with elements, space, time, contingency, hazard, dreams, and speed. Speed?... Rather *mistrust* of the fast lane-life, for my part.

When I first heard the news of the murders, I cried for this one more romance turned hellish and nightmarish. I cried for Nicole, this beautiful woman—who was once an innocent and angelic girl—when she faced her assailant, with his look of perdition, destruction, full of mortuary passion. Her sudden life's ending let me with a bitter feeling of a life stopped by un-necessary, un-needed and arbitrary situation. Had she woken up on another day, in different circumstances, his gaze could have been one of joy, beauty, inspiring trust, pleasure, a sense of showering in the sun and caressed by the wind, wind and hands of her man, handsome man, charnel creature who would tell her: "I love you." I also cried for that young and innocent man, Ronald Goldman, who was apparently put, by the contingency of a mere chance encounter (or unbeknownst to us all, by other mysterious causality), between the crossfire of passion and destruction.

I also cried, of course, for O.J., that man who suffers in silence, in the deepness of his soul and heart; a man who has lost everything that is really dear to him, including his own connection to himself. Despite my assumption of his guilt of the monstrous crime, I empathize with his terrible loss, for this man is the most miserable one among all the tragedy's protagonists. Faced with his own conscience, probable exclusive receptacle of the ultimate truth, he becomes the undesirable hero of an unwanted drama that transcends his own apprehension of the unfolding events. He becomes an object, passive figurant in a worldwide absurd theater. A fallen hero.

Of course, a fallen hero doesn't a fallen destiny make. As the philosopher Jean-Paul Sartre said, one can always *make something different*—by mere will power, by a claim of freedom or a sense of drama,—of what is prescribed by the existential and social determinism of the existing social order. O.J. was sociologically destined, both by the structural construct of this order, and within the historical confine of the time, to be at best a hustler, possibly a resigned poor man, but certainly not a hero. His short-cutting foray into becoming a celebrated sport hero didn't erase the fact that his success only illustrates the rules of the game: The chances are not every single Black man in the United States would become a sport hero, even though they'd want to. In any case, sport is a safe category that doesn't need much soul searching. It's a spectator's pleasure activity for which the personal odyssey of the athlete is totally irrelevant, much less his political or historical context.

As was the case for most famous black athletes, notably Muhammad Ali and Nascimento Pele among them, the Establishment's acclaim for the black athletic hero is always lived as a phenomenal, exceptional, even accidental occurrence, which together satisfies its phantasms of glory and its need of a contented self-conscience. Interestingly enough O.J. Simpson and Malcolm X come from, basically, the same historical, ethnic and social background, but while one was celebrated by the so-called mainstream Establishment, the other was perceived as its worst nemesis. While one has inoculated his soul with the fast lane splendor of the American dream, the other launched himself into the unknowns of political rebellion to force justice on the land and freedom for his people. Both are, however, survivors of the same dysfunctional, socio-economic reality from two different angles.

That one was killed as a martyr and the other vilified as a villain, says a good deal of the US spectacle culture. Make no mistake, however: their common blackness is just a small part, a referential epithet in the overall signification of the drama. The fact is that most down-trodden men and women of this society—be they black or white or yellow—share the fundamental alienation of these two men's destinies by the constant tick-tack of validation between success and failure, representativity and exclusion, acknowledgement and oblivion, celebrity and invisibility, poverty and *wealthiness,* necessity and contingency, plenitude and *imcomplétude,* being and nothingness.

Neither the old-time chivalry of the noble classic era, nor the chic of the Post-modernist nihilistic dogma of today, has a remedy for the soul. Killing for *my* love is no different from killing for *my* property or killing for *my* glory and *my* image: the well-being of the soul is despondent of the nutrients with which it has been fed. Emptiness creates artificiality which in turn creates alienation and heartlessness.

Ironically, independently of his ultimate guilt or innocence, we make O.J. hold the key to our understanding of what occurred that fateful night: but he can also foul us by claiming either innocence or guilt. The sadness of the situation is that whatever the truth behind the dual verdict will prove to be, O.J. will always have to deal with his losses: the loss of a woman he loved, the loss of his children's trust, the loss of his status of hero. Hero or villain O.J. will never again live in peace.

Naturally, in this matrix of virtuality and reality interceded in a symbiotic madness of wealth, power, sexuality, racism and plasticity, love ceases being a simple joy of being in the company (or the memory) of the beloved Other, be they a sister, a cousin, a friend, a lover, or a spouse; it ceases being the joy of experiencing a moment of transcendental elation with any beautiful human being who brings to your personal existence a little human warmth.

In the end, stripped of its cosmic element, unrepresented in the high drama, love's "got nothing to do with it," as the Tina Turner song goes. It becomes an expression of a narcissistic game, a manipulated pawn in a relation of power—as if love the tender, the sweet honey, love the subliminal splendor, love the erotic trance, happiness translated in a feeling of actual well-being, had created a kind of alternated malicious sublimity, a transubstantiated eroticism made of human negations. That deviated love would kill on a certain day when it is faced with its reflection of existential boredom, its lacking of purpose, its emptiness, its *imcomplétude* of being. It will kill because it finds itself far away from the soul, penetrated by terrestrial impulses, taken by a huge force of total destruction. Alienated.

Alienated by a cosmic and social epistemology within the confines of political expediency, for which fundamental issues like life and death, suffering, happiness and human destiny are de-validated, relegated to fantasy category, dismissed as doctrinal orthodoxy coming from obscure preachers lacking the right credentials. While, of course, humans are being marketed as computer data, stupid consumers for whom no manipulation technique is absurd enough to demerit their monies—and their souls.

Today we are already being designated for mass human cloning. Perhaps we will need no mother's mound, her uterus, her nourishing breast, nor the father's sperm or parental wisdom, to make us grow and prosper. Can we break away from such a nightmare and build a new human perspective based on the assumption that we can recreate our lives conformingly to our liberational aspirations? That is the question.

Very fortunately, the human spirit always reaches a certain breaking point where it cannot take it anymore, and acts to change the mess—be it in a decade, a century or a millennium. Human cloning, human marketing and human devaluation may be the most trendy achievement that is offered to us today, but we also know that the concept of human redemption—cherished by the religions—is the same as the notion of liberation cherished by the revolutionary movements: a stage of *humanization of life,* which together encompasses and reformulates all adventures, misfortunes and aspirations of the human soul toward the realization of the dream of being.

We shall not return to the Stone Age because we invented High Technology; we must use High-Tech to help realize the dreams of the Stone Age. After all, why would we want to clone a multiplicity of the same when the sample is in such a state of dismay and decay? It's sad that the Simpson story was such a compelling story of our time. This world of ours would be a much better world if we had devoted the same

amount of attention and concern to the plight of the homeless as we had
devoted to the problematic of O.J.'s guilt and innocence. The troubles of
the factory worker who has no future in a system of structural exploita-
tion; the confusion of the teen-age mother denounced as a sinner in a
society of pseudo-parental virtue; the nightmare of the homosexual
deprived of a nurturing space; the ghetto girl and boy excluded from the
American Dream; the immigrant lost in a virtual and multilateral reality
that devaluates his or her sense of being; the proud woman trapped in
the male-dominated world of so-called penis envy and pussy reification,
would be better off if the O.J. story were just a story. By default of a more
nurturing and humanized cosmos tending to real human happiness, we
made of the O.J. story our story, while, in fact, it is just the illustration
of our nothingness. There must be another way.

## Elegies to the Simpson Madness

He killed her one hundred times before
when he told her he loved her as a bird
lost in the wonderment and madness of being.
Adventurer in hell trapped by his own ego,
he descended into the pavement, his soul
had forgotten the path to the infinite space,
to the vast cosmos—celestial transcendence.

He killed because his heart was petrified
by the nostalgia coming from the time passed;
time of love under the pine trees, in open sky,
sensual and sweet moment of ultimate pleasure
when the unity of being and the grace of her flesh
were in enamoring trance with the sun.
—He killed when he was no longer just a dream.

He killed because killing has then become
the purest expression of the male's power trip,
ero-sacrificial ritual for the fucked-up lovers
bent on destroying the pleasure principle
just to place their unhappiness in a museum.
He killed when beauty was an ideal no more,
when his heart changed suddenly to stone.

He killed when he became a prisoner
restricted in the confines of a miniature cell,
narrow road on a too fast a lane to nowhere,
to the infinite finitude of a morbidity

escaping the artificiality of the naked matter.
His endurance had conquered the magic
only to let it sleep under a zombie spell.

He killed when his love told him in disgust
that all will from now on be a disaster,
dreams changed to nightmare; hailed freedom
for a regained dignity of an oppressed soul,
would end at the tunnel of the Impossible.
O! Valorous courage to attain transcendence
within the nothingness of a dead-end corner!

While the elixir of the Simpson's drama
was instilled in our veins of spectator guinea-pigs,
soon as the spotlight was on, fixated on the scripts
of myopia and self-hate hailed as entertainment,
you and I were reduced to primal contingence,
ideal consumers for marketing scheme
—happy recipients of soap-opera epics.

While we were dazed off by the Simpson's pills
zealous legislators were deciding in silence
of our fate and virtues for the next millennium;
innocent men were found guilty as charged
because of their profiles of terrorist bandits;
groups of tenants ended up on the streets
due to downsizing of Wall Street's junk bonds.

Mortuaries of broken bones, dry tears,
children killed in absence, their dreams depleted,
betrayed within the bureaucratic grandiosity.
Teen-aged mothers were made the enemies
to scapegoat scandalous bilking of the civic trust
by those who take our world as their own domain.
This was a time when suffering was made a crime.

In this diabolical mess smiles changed to swears
while love was reduced to mundane etiquette,
the ideal family was thrown trough the window
for mass consumption and anthropophagy
of a public conditioned to applauding bad-taste
—Magnificence of mediatic happiness,
defiance, defeat and death of a sad romance.

This had begun a long time ego, since the time
when the proud profiteers were made the saviors
of the exotic land—aiming for spatial conquest
and redemptive prayer for life's degradation
in usurped lands and souls, death in the desert,
amid laments of despair of whole communities
whose souls were eaten by hunger and pain.

It began when we killed the dream and installed
in its stead a computer center to quantify progress
and dis-qualify whatever emotional in-put
or humanly feeling which distracts production.
After they had killed the ideal and the dream,
the law of the jungle became the mainstream,
global madness, false ecstasy in a hellish Nirvana.

Hatred for the self and the Other's self, eternal
purgatory in Bad-life—and killing will follow,
for we are being told that is the only way, the way
of a soul so distraught that it needs to destroy.
The cops might have been happy, adrenalin risen,
to have hero-figure O.J. feed their prejudices
and keep peace on the land without a fanfare.

O.J. has reincarnated what he was made to be
from the start in a hatred-dominated world,
world of losers who kill wives and girlfriends,
deviants who make love under a freezing sea
beyond the frontiers of Apartheidized lives
and who kiss and yell and dream and cry,
living in constant displacement and defiance.

World of teen-age mothers giving birth
in vast cemeteries paved with grey boredom;
metamorphosis of a boy in an asshole killer
or a pimp who uses charm to collect his dues
and terror if love failed to impose blindness;
surreal manipulator with majestic prestige,
athletic hero edge from Hollywood canon
—phantasms of a universe with no dream.

Celebrate all the protagonists' histories,
but leave in peace the dead and the living
who share the emptiness of common fate.

The O.J.'s tale is not our history—it is
the lost memory of our depravation;
the mountain's cloud hiding the beauty.
Who will sing the song of the awakened dead?
Who will throw the first stone at O.J.?

(Boston, 1995–1997)

## Pécheresse of Freedom (Desire)

My mind wandering aimlessly
on the podium, and the poetry, the clamor
nagging the prudence of my hot desire,
*amour,* I thought of you—smiling beauty.
My anxiety changed into *rêverie,*
desert into forest—Spring renewal,
eden remade for the fulfillment
sacred fulfillment of the naked fresh,
irradiant *soleil* in the winter's grip.
Return! Return to the spirit, my dear,
erotic, flamboyant *pécheresse* of freedom!

(Cambridge, January 22, 1997)

## The Tide and Tayitae's Smile*

As the clouds spread
engulfing the horizon's view
the constellation lost in total eclipse
rainstorm flooding the nurturing space
dead spirits all around the *vèvè*
decay in Michelangelo frescoes
twilight to the midnight hour
the sun pierces through invisible holes
penetrates deep into the inner soil
to bring new nutrients to the trees' roots
all becomes possible
carnival in the town square
dreams revived by beauty's spell
the nightingale is singing again
on the open and verdant plain
food to the hungry
peace to the land

liberated spirits
renewing life's cycle
the spring has come
with a beautiful smile.

(July 1998)

*First published in the magazine *Auscultations,* 2008.


## My Son Jonah

He was born with a tooth
ready to vanquish the whales
and enjoy the quiet of the sun
tasting the deep soil of the earth.

(May 6, 1995)


## The Urban Singing Bird

He sings early in the morning
when the night's tranquil sleep
crosses paths with the opening day;
he sings the same song in three tones
the kulukulytutulutytukutulitukuly
in the masterly rendering of a pro.
Often other musician birds would join him
in disparate, arbitrary intervals
to complete the morning symphony.
He sings it seems just for the joy
to welcome the dawn at the gate.

He sings in many other places
at different time of the day
I heard him the other day in the brush
near the Cambridge Hospital's parking lot
serenading in his unique famed melody
its tonality covered by the urban foggy noise.

He sings to go along
with the flow of the time
continuity, movement, cadence
and rhythm of the passing instant.
He sings early in the morning
when nobody seems to care.

(June 2010)

# The Last Poem

*(dedicated to Aldo Tambellini)*

I shall write a poem that will tell it all,
sing the nightingale's nightly song,
penetrate the labyrinth deep inside,
unveil its mystery's inner soul.

I shall turn on the light
and open up the doors and the ceilings
to the immense oversight of infinitude;
I will tell Cedye's story
his slow pace to the martyrdom's state
where his spirits were lost to Aganman.
I will tell how Marie Lagone was defeated
and ceded to the worms never again
to regain her glory in our world.

My poem will revisit Ti-Gerard painting
the belly of the Beast with beautiful colors;
I shall make it a Pantheon from Hell,
the twist in the depth of quiet indifference
toward a destiny made to cry alone
yet screaming to help the baby from dying.

I will tell the travails of Magdalena, proud Amazon
losing her universe on a flip of a dice, here and there
there were losses because no one was there to help
reinvent our cosmos anew;
there was suffering all over.

When Hell governs the celestial values
our empty frailties are gone to the abyss;
I will tell what it was that went wrong,
reenact the primal nurturance of the land
before Good-Feet killed himself on a binge;
I shall tell what should never be told.

My poem will tell my story
both my glories and my pain;
I will tell my nocturnal wonderments
my lonely rêveries at the Saint André Park
behind the eerie colossal shadow
of the Reims Cathedral;

I will tell my love for Christina
the beauty once lived before Armageddon;
I shall tell of my youth consumed by my dreams.
My poem must reveal the horrifying
degeneration of life toward irrelevance;
I shall tell why all looks so normal
in so dimmed everyday life's nightmare;
I will tell the loss by my country
of its nutrients, eroded from its roots;
I will sing and curse all the same
the serial death of my brothers and sisters
sacrificed to the altar of natural selection,
murdered by Haiti's murderous poverty;
I shall tell the unfairness of their fate.

I shall write the ultimate poem
the silent cry of the Zebra's complaints,
the trap of the vast multitude
within the infernal coercion of exploitation;
I will tell the alienation of the policeman
whose gun is a curse dreaded by his own conscience,
perishing in the Great Void of Contingency;
I will sing a song,
a simple melody for the no man's land.

My poem will be made of tears
for those who have no more left to shed;
I will tell what happened to Michel
crossing his entire youth's path from
running to running for his life
until he was found dead at midday
no one ever knew what his story was.

I shall tell of my purgatory
just like Mumia Abu Jamal told of his sojourn in hell;
I shall tell of the police brutality victims suddenly
transformed to Atilla the Hun to cover the mayhem.
I shall tell of the banning of poetry in state affairs;
I shall tell The Amadiou Diallo's story
the Louima's and Dorismond's stories,
I will tell it all in one verse.

My poem must expurgate my manhood
unveil the animality of the best of my being,
reveal both the monster behind the friendly smile
and the humanity of my most evil deeds;
I shall undress the species to its pure nudity,
relegate our vanity to the dustbin of time;
I shall tell a new story.

I shall write a poem that will destroy it all
the beauty as well as the ugliness
the love as well as the hate;
my poem will start from the scratch
from the point where nothing is cursed or blessed
from the point of total innocence.

I shall write a poem that incites a global destruction,
a new Big Bang giving way to a new nothingness,
an original feast where all splendors are there,
there, at easy reach to the human frailties.
I shall write a poem anti-poem
a poem that will not be read to the king,
a poem for all that is not there and should be.

I will write a poem to cry,
cry the waste, the losses and the non-sense;
I will write a poem to tell you I was there
in blood and in flesh witnessing both the calvary
and the great potentials for a work of beauty;
I shall write a poem for happiness
the kind only kindred spirits have experienced;
I shall write a poem just to be.

I shall write a poem for only the pleasure
I extract from my state of total freedom,
for the ecstasy in conquering evanescence;
I will write a poem for the glory
from the smile of a beautiful child;
I will write a poem to celebrate the cerebral,
and yet subliminal cadence of the sexy gal
crossing the street with celestial wisdom
mixed with sweat, blood, contemplative sins.

I will sing the freshness of the dawn,
the sun's majestic and ever peaceful sleep,

Poetica Agwe

the pubertal elegance of the spring roses,
I will sing the beauty that is already there.

The poem I will write
will be hurting inside and boasting outside
just like my life has been;
it will radiate of the multiple splendors of the spleens,
turning the drought to a generous spring
and the desert of hell to a fertile Eden;
my poem will embrace the Grand Canyon,
recompense the artist's inner pace,
and plant flowers along the lonely road.

I shall write a poem that will end it all,
all that contributes to the engine of hell;
I shall write a poem just to say nothing,
simply to be there.
I shall write a poem to destroy poetry
and put in its stead a big proclamation:

No more unnecessary death
No more anti-woman testosterone
No more Wall Street speculation
No more bosses that boss people around
No more bastards who hate life
No more rich people that live off poor people
No more whites that kill blacks
No more blacks that kill whites
No more schools that produce dummies
No more idiots with a license to be idiot
No more superwomen that become hyperbitch
No more misogynous heroes
paternalist monsters
libido destroyers
No more abusers of children
No more people who choose death over life
No more zombies aiding zombie-makers
No more innocent people in death row
No more refugees dead in high seas.

I will write a last poem
a poem of love
a poem for you to read

a poem that will tell who we are
I will write a poem
to incite multiple impulses
a Big Boom of creative happenings,
a renaissance since the primal vision.

(November 2000)

## Poetica Agwe in Cambridge

Reminiscing Cambridge and its treasures
along with its police headquarters
its Ivy League schools and its cool
I thought of you, o immortals who survive
slaughters of those who don't comply!

Agwe crosses immense water expanse
and lands in his pre-purgatory Ogatwa
asking questions for those who don't talk
and pitying those who miss the River Festival,
the parade and peace songs on Memorial Drive.

I thought of Lia and Kathy in Washington DC
and of their genial kids who already knew
of Palestinian odysseys in lost land;
we all protested the Beirut invasion
by Neo-Centurions from vengeful Tel-Aviv.

I thought of PIH in this close office space
before it was embraced by Clintonian charm.
I reminisced of my secret desire
to liberate the caged bird made prisoner
on a third floor right by the elevator;
I liberated her many times in my mind
quietly opening her prison, her smile radiating
inner peace that alleviated my conscience
and giving to my sense of freedom
a challenge to creating new species
an invigorating soul for the struggle for life
a renewed osmosis between what I wanted
and what was needed to be done.

We tried to transcend the Reagan years
HIV-AIDS was then in its calamity premiere.

I thought of the beautiful youths
joining us to find grace in horror's place
yet we had conquered hope, celestial pace
even amid the killing fields and the theatrics.

Prof. Gates's Ware Street in Harvard sanctuary
even as reddish royalty near the Charles
is not the only place with visitation honor
by righteous Cambridge cops alarmed and horrified
by seeing emancipated Negroes invade the temple;
I saw them in the 'hoods and in the Area 4th
in Auburn Street amid the Central Square
conquered territories for zealous enforcers
oblivious of lives they have nonchalantly ruined.
I saw the Old Cambridge Baptist Church
a beaming and precious loving stone
being given to a pimp-like specter and watcher
placed next door named the INN in Harvard Square
a nice little hotel for rich students' parents.
Gentrification is now poverty free-zoning.

Harvard had known many other sorrows
Summers dissing unceremoniously Cornell West
as well as the rogue-like ubiquitous Advocate
television star in High Definition rendering
asking for all Palestinians to be thrown
to the River Jordan, given to the Red Sea's sharks;
Von Bülow was not his only amiable rich client.

I had seen Abel the Harvard drop-out
becoming the clown drowned in insanity
from lost paradise and lost innocence;
I saw him years later seeming depleted
like a middle-aged zombie, a revenant
still waiting for Godot but with no illusion.

In Harvard Square I just walked along
the streets following their leads
and their dead-ends and routines
and yet flabbergasted by their histories.
I saw W.E.B. Dubois's house on Flagg Street
reminder of a time of bravura resistance
I revived my living in Cambridgeport

the everyday danger to be taken away
to unknown life's end cave of horror
I revived my dreams to conquer contingence.

I visited dreadful University Road
where the Boston Strangler, high
but given to his most bestial urge
cut short beautiful Beverly Samans's life.
I reimagined her horrors and terrors
yet also her beloved survivors' dream
to keep on sounding the alarms to save lives
even amid the epic battles of the last Hurrah!

In Central Square I saw Marie Lagone
gone *belle lurette* to the Unknown
the place of daily internal anxieties
and huge leaps to total absence
and rejection of a world that kills
and lets others die in silence
a world of happiness appearance
of compartmentalization in small slices
in small social conformity's cage
tight enclosure for non-exit exis;
I saw her in her effort to evade
the mundane evanescence crocking
her deeper throat since R. Georges's death
survive the sudden void
the sudden importation of Hell
survive the big whole.

The Bee Gee's song "Staying Alive"
playing in People's Republik
digs deep inside the memory
of my first year in Cambridge
this lost infant town of the USA
Cambridge the Haiti's small town
with MIT and Harvard and Novartis
this grandly Institute for Bio-Medical Dig
the Digital Revolution's dawn
Knowledge, Money, Power, Phantasm
power relations in Big Void.

I have seen many things there
eyes could see along the geography
of rebellion and marks of horrors
and dictate from the king and those
who care and die for their dreams
bourgeois lives by the sea on the line.

The two Americas within America
split along absence and silence
between penury, waste and loss
between Tory's land in the West
and the Portugalo-Bresilan No Man's Land
between the White House and the Big House
factories replacing plantations
homelessness replacing marooning
unemployment imitating fiesta-like laziness.

The two Americas within America
I saw them in many Cambridge streets
in the pavement along Massachusetts Avenue
the human humming hardly heard
among the vibrant squares, urban vitality
high existential aims for celestial glories
glory for absolute *enjoyment* of the Other Being
be they Cedye, Rockefeller or the carpenter.

The two Americas within America's Cambridge
the two separate dualist odds I saw them like
comfortableness becoming ideals of and for being
lost conscience as panacea to changing the world
I too had endeared life's essence
until I met and heard of the most horrible beings
those who never felt the beauty of what could be
those souls lost in immanent non-sense.

Agwe is from Gonaïves or Jacmel
or from Jeremy or Brooklyn, even the Diaspora
Agwe is the refugee perished in high seas,
existential maddening of the boat-people
sailing toward external answer to inner chaos
Agwe is what is left after the deluge had passed.

On my solitary nightly walks
along the sleeping Cambridge's streets

dear city together the sinner
and the soulless rebel
I reminisced of past thrills
and of those who are no longer there
their holograms yet still haunting
in the midnight's darkness
my inner cemetery they are
even in the memory of orgasmic Eden.

I reminisced of the loves and the doves
and the turmoil in the inner entrails
the long combats and the nice smiles of friends
who have since gone to ethereal Nowhere.

I reminisced of Agwe Tawoyo
launching Imamour Boat to high waves
to return the Ginens' souls
to Mother Africa's wound
heightened fight of memory versus non-sense
perhaps the last cosmic face-off—except
that the children will have to once more lit
their own torch to revive the corpse.

I am reliving the joy
and the pain from the lost lore
I am imagining the place's antiquity
and its future read on a tea leaf;
I am remembering the bohemians
they seemed so much part of the land
the musicians and the mimes and the poets
where have they gone since yesterday?

I saw in Cambridge solidarity for hope
along cynicisms to let perish the species
yet I saw drive to erect beauty as universal value
and that was its little secret to let be and let live.

(Cambridge, October 2009)

# Second Part

## The Ideal of Being

# Foreword

A good part of this book of reflections and poems was composed in a moment particularly distressful for both my individual existence and that of my country, Haiti. I am referring more precisely to the period that goes from the years 1986 to 1991, a period enflamed by feverish hope, but also shattered by huge tribulations, by disillusionment, and, sometimes, even by discouragement.

Just like my country, I have experienced long moments alternating between cries of thrashing whip, cries of sorrow, cries of tears shed in silence, cries when my impossible loves made me despairing of life, of trust in women, in humans, in the existential fetishisms, and also cries of questioning in face of the ambient cynicisms, cries of wonders, of reconquest, moments when I realized that everything is possible, that I possessed the Earth, the Heavens, the Universe, and that God and I are in confidence and in complicity.

Indeed, following the great popular uprising of February 7, 1986, which led to the overthrow of the Duvalierist Tonton-Macoute dictatorship, the Haitian people had great hope to be able finally to enjoy, not the theatrical pilgrimages of candidates for president going back and forth to Haiti-Diaspora-Haiti, and giving sempiternal lectures on "democracy," as I deplored in my poetry book, *Cri de rêves* ("Cry of Dreams"), but the accession to power of a government authentically revolutionary which fulfills its most fundamental demands, that is, its right to nourishment, to housing, to education, to health, and to dignity.

This, of course, was far from being the case with the succession to power of the clique of Mafiosi with names like Henry Namphy, Leslie Manigat, Prosper Avril, who only made the situation worse, according to the social law of continual degradation, which shows that a bad situation will continue to worsen if an adversarial, radical action of change doesn't counteract it. Is this adversarial action of change today possible and imminent in Haiti? Yes, I definitely think so. Maybe not imminent in the sense that a providential paradise will take place in Haiti overnight, but in the fact that the Haitian people will remain mobilized—if only sporadically—until the total satisfaction of their demands.

I understand that the reader may feel disconcerted by the trilingual interlacing of Haitian Creole, French, and English that is done in this book. And I am sorry for that. The reason is, I wanted to touch altogether the Haitianophone, Francophone and Anglophone readers without writing three different books, and without resorting to the traditional technique of literal translation of one poem to the other, while at the same time reproducing the *fundamental spirit* of one book in the three languages.

Although I try to render the translation of most of the essays and the poems as close as possible to each other in all three languages, for the poems (of which only 5% are translated) I also use what I call an "organic translation," which is writing the same poem in two or three different languages without resorting to a mechanical, literal translation (or to the contrary, using mechanical literal translation to write an all "new" poem). At least, this technique (whose contradictory components I use here and there) helps avoid the inevitable violence that is done to a poem when it is translated to another language.

May the reader also forgive me for having used a certain, unorthodox language, certain figures of style, and certain Haitianisms. I just wanted to preserve a certain *authentic* character to the book, part of the resistance against conformity. The reader will tell if I have succeeded.

—*Tontongi, June 2010*

# Testimonials and reminiscences

## I. Iraq, Katrina, Cindy Sheehan: The Tragic as Routine

The hurricane Katrina which devastated the southern coast of the United States, destroying a big part of New Orleans in August-September, 2005, revealed what everyone had felt but didn't want to say: under the Neocons' controlled political regime, busy at projecting the United States' global power overseas, the country's economico-strategic capacities have considerably diminished.

Indeed, for over several, consecutive weeks the entire world had seen unrolling the lamentable image of a superpower acting as an incompetent, corrupt, and developing country, with a whiff of racism and indifference toward the fate of its own citizens. As Condoleezza Rice, the Secretary of State, was spotted shopping for shoes for a Broadway show in a wealthy New York store, her native state, Alabama, was fighting the horrors of the hurricane, while George W. Bush himself, a president who had campaigned under the slogan of compassion, was having a siesta at his ranch in Crawford, Texas. Louisiana weighed little in his concerns. Beside, these poor negroes, of libidinal repute, were not a species worth saving at all cost. I call this attitude the manifestation of unconscious genocidal impulse.

A populating colony renamed in honor of King Louis XIV from the Bourbon-Orleans dynasty, Louisiana was an important French possession before being sold off to the United States by Napoleon in 1803. In the hope of quelling the anti-slavery rebellion in his blooming Saint-Domingue colony, Napoleon dispatched in 1801 an impressive armada of 32,000 troops, composed of elite forces of the French army. Commanded by his own brother-in-law Charles Leclerc, the invasion succeeded at kidnapping, through a diplomatic trickery, the leader of the anti-slavery revolution, Toussaint Louverture. But this action had only enraged the anti-slavery rebels, who were in the majority formerly enslaved themselves. After making many sacrifices and enduring much cruelty, the rebels, under the valorous leadership of Jean-Jacques Dessalines, eventually defeated the Napoleonic forces, declaring independence on January 1st, 1804 (they renamed on the same day the new country Haiti or *Ayiti,* after the original name given by the native Indians before their genocide and which means "mountainous island").

Many historians have pointed out the great debt the United States at least should have acknowledged toward Haiti for having facilitated the acquisition of more than the double of its territory of the time, by forcing Napoleon to sell it Louisiana in order to finance the wars he was fighting against Saint-Domingue's anti-slavery revolutionaries and against England at the time.

Indeed, the *enlisement* of Napoleon at Saint-Domingue first of all had kept him from going to Louisiana to reestablish France's authority vis-à-vis the annexationist aims of Thomas Jefferson, the US president at the time. And then, because of the loss of the money that was given to France by the rich colony, directly affected by the anti-slavery rebellion, Napoleon was put in an untenable situation at a moment when he needed a lot of money for his imperialist aims. This little digression in history has great importance, for one to apprehend well the rapport of colonialist connectiveness that exists between Iraq, Cindy Sheehan, Huricane Katrina, la Nouvelle-Orleans, and also Haiti.

Cindy Sheehan, a mother who has lost her only son, 24-year old Specialist Casey Sheehan, in the Iraq war, traveled from California to George W. Bush's retreat in Crawford, Texas, on August 12, 2005, and demanded to have an explanation from him. She was particularly upset that day, having heard on the news that 14 US marines had died in Iraq the previous day in bloody ambushes and battles. Bush refused to meet her. She refused to leave. She set up a camp-out she called "Camp Casey," after the name of her dead son, vowing to expose the scandal of young men and women who continued to die for a lie. She captured the sympathies of many people on that day.

A month later—around the end of August and the beginning of September, 2005—Hurricanes Katrina and Rita will have proved the structural correlation existing between war and racism and poverty. I have used the term "genocidal subconscious" to comprehend the total neglect and indifference to human suffering that characterized the initial response from the federal and state authorities in face of the huge tragedy that fell upon the states of Mississippi, Georgia and Louisiana that summer.

Like 9/11, the wars in Afghanistan and Iraq, and the Tsunami in East Asia, Hurricane Katrina had brought death on a massive scale; but there was something else in motion in the Katrina tragedy. There was the sense that the suffering of a certain group of people was not worth priority consideration, simply because they were considered as colored and poor, therefore unrepresented and irrelevant in the power structure. Although a black man, Ray Nagin, was the mayor of New Orleans, it took him the use of colorful profanity on national television to have the federal government engaged in a serious rescue mission; even then, one felt the national urgency was not there.

Poetica Agwe

The genocidal subconscious racism at play in Louisiana was of course not perceptible and palpable at first glance; it was manifested through the end result, not in the intentional design. "If they would all be gone, that would not be too bad after all," seemed to be the operating reflex. This is the genocidal subconscious. The good conscience of the *genocider* can be saved, since, technically, the genocider has not caused the genocide; nature has.

We learned that 3,700 Louisiana national guards and 3,000 Mississippi national guards were serving in Iraq when Katrina burst in and broke the New Orleans levees. They brought along to Iraq their transport and water-purifying machines and other rescuing tools that would have been crucial for the evacuation and safety system indispensable to stand and survive the hugely devastating hurricanes.

Looking at the unfolding of the tragedy, I noticed first of all that the more wealthier, ethnically white part of New Orleans was almost untouched by the hurricane; they built their houses on the elevated, uphill sanctuary, having heeded the predictions of the experts regarding the vulnerability of the New Orleans shores.

During the initial hours, many of the influential mass media concentrated their attention on the lootings, the shootings on survivors and the attacks on police stations that were taking place here and there. Certainly an unusual and regrettable development that needed attention; but there were also other urgent situations that needed special attention: hundreds of people who were dying in plain view, which led me to deduce that property and material interest can be more compelling reasons to act than human life and security from harm; the first orders given by the police were to protect properties, not lives. The rationale presented: the rescue plan cannot work if criminals control the streets and the waters. The logic makes sense, except that the perception that criminals were taking over the city was a huge fabrication to justify the focalization on properties' defense. Opportunists and criminals had undoubtedly taken advantage of the situation of chaos and despair created by the hurricane's onslaught; still it was also evident that even amid chaos and despair, issues of race and class and étiquette never disappeared from the equation.

In fact, given the scarcity of goods and the contingent feeling of precariousness brought about by the hurricane, many people resorted to taking matters into their own hands, including of course, especially among the poorest of them, taking food and other goods that they didn't pay for, with the intent to survive the tragedy. Was that stealing? In any case, those behaviors were criminalized by the police, and many poor men and women were thus arrested for trying to survive a catastrophic situation in which they were left to fend for themselves.

I further noticed that, just like the hurricanes' victims, the huge majority of the reported two thousand (and counting) US soldiers who died in the Iraq war were young, poor blacks and Latinos from the 'hoods, and poor whites from everywhere, who had joined the Army not in search of adventure, or motivated by the hatred of the putative enemies, but in search of opportunities, in search of a job, in search of scholarship to attend college, an option that was becoming more and more remote, inaccessible; in search of a better world, a better life, because life as they knew it in this USA of their dream was looking more and more like a nightmare. For many of them the choice was between exclusion, joblessness, homelessness, jail, poverty or Iraq.

They didn't know much about Saddam Hussein, nor of his presumed weapons of mass destruction, let alone that these supposed weapons and weapons programs were already dismantled by the very UN weapons inspectors hired by the Western powers to do just that! This detail, of course, was lost on the unrelenting propaganda campaign for war; it was not important. *Deception* politics. Just like they would later do in Haiti, from then on, the accent would be put on democracy, after the pretexts of WMD, terrorism prevention and avenging the UN's honor will have proven ineffective. In reality, it was the maneuvering Jürgen Habermas calls "a great distortion of reality" that was put in full motion to justify the continuation of the war, after all its supposed determinants and justifications had evaporated.

Soon after Katrina had struck New Orleans, I couldn't help reminisce about my visit there three years earlier. As the taxicab we took from the airport to our hotel in the French Quarters slowly cruised on the expressway, I noticed, in a glimpse, something peculiar, strange even: two cemeteries facing each other along the expressway in what looked like two diametrically different worlds. In one cemetery, there was a nice verdure, an oasis of green, plants, trees, flowers, handsome, erected gravestones, and a feeling of calm, resting peace. In the other cemetery, the gravestones were in dilapidated, denuded conditions, fallen crosses, total absence of verdure, a sense of hell on earth, this time hell incarnated in boredom, pathetic solitude.

After a few days in New Orleans, my family and I took a taxi ride to the famous coastline. I noticed again the two cemeteries, this second observation confirmed what I thought all along: even in death the apartheidized conditions of living are reproduced with physical, observable, inescapable frankness. The two different conditions of burial were the by-product of a dualistic, dichotomist habituation of living in a society separated along racial, social, ethnic, economic lines that don't generally coexist without tension; a differentiated reality resulting from a long historical process of exclusion, exploitation and inferiorization.

Many observers couldn't help allude, often with lament, to the third world imageries the United States was projecting for the world consumption. At one point, I was asking myself: Which is worse for the United States, the judgment of incompetence, indifference or third-world identification? If anything, the response to the hurricane exposed either the United States' continued institutional racism, or its bluff as to its real superpower capabilities or blatant governmental incompetence (or all of the above). The only good thing emanated from the tragedy was, however, the many showings of solidarity and deep empathy and willingness to help by many people in the region and from afar, including the victims of the hurricanes' onslaught. This was the only good thing from the hurricane. Iraq? That's another story.

## 2. Contingence, bad faith and seriality

Unfortunately the negative deeds and their consequences were many, plethoric. What also I observed, through media reportage and testimony of people who had witnessed the horrors, was the application on a grand scale of Jean-Paul Sartre's concepts of *bad faith* and *seriality*. Faced with a huge natural and human calamity, the federal authorities in charge of rescue (FEMA), showed what looked like an unusual apathy toward their own compatriots' ordeal, apparently because they were minorities and poor.

The added fact that most of the equipment and the professional human labor needed for the rescue mission were in use in an illegal war in Iraq, with no inkling from the federal government of bringing them back to help save lives, suggested a deliberate failure to their paramount duty of providing assistance to persons in danger—the quintessence of bad faith.

As for the *seriality*, I saw it in the docile, resigned, fatalist, almost defeatist way many of the disaster's victims accepted their fate, in certain circumstances executing compliantly the authorities' orders, even when those orders could have been foreseen to have effects contrary to the imperatives of the situation, for example the acceptation, in fact and for many weeks, of the conditions of living in the Superdome (except for a militant minority that was contesting it). The volleys of criticisms and indignations from the media and the population toward the clumsiness shown by the authorities didn't match the sheer size of the tragedy, and given the colossal failure, the reaction in general was rather measured. If one except certain cases of individual courage, and certain attempts at counter-power—many unfortunately of criminal nature—there were no contesting actions on a grand scale, like mass protests in the streets, not even a congressional demand of impeachment of the president (knowing that Bill Clinton was impeached for a semi-liaison with an intern!)

Another favorite Sartrian concept that was also at play in the disaster was the *contingence;* it was everywhere. Contingence and also fear, fear of scarcity, fear of the fury of the elements. This ambient, debilitating fear took precedence vis-à-vis the imperative of fundamental change that the situation offered; change both in society's non-solidarity, individualistic and racist reflexes (notwithstanding courageous acts by many) and the existing socio-political structures that were sustaining them.

## Anti-Poetic of the Social

### Thanksgiving 1994

People assembling over clamor and laughter,
Over the dreadful map of macabre USA.
Cadavers mounted around Thanksgiving tables
In the agitation of happiness, joyful reunions,
While the decor was surreal, grandly sustained,
Immersed in the infinite of contingence.

The news and the menu intertwined
Rebounded from time to time at a glimpse
Through the kitchen table and the rolling TV:
200,000 dead from the war fronts
Balkans, Palestinians from Hebron
Israelis on a bus perished in a flash instant.
Holocausted Jews returning from the dead
On top of the ones from the military might
Thousands are wiped out by the tempest Gordon.

Millions of children, innocence perverted by horror
Go through life as an ephemeral morning dream;
They die the next day along the streets. Forgotten.

The news rebounded with vitality around the tables,
Filtered through the waste of the mortal turkey:
Rwandans perished in sportive machetting
Dead in nothingness. Away from the bankers,
Far away from the simple taste of a quiet life. Away.

The news bombed the air waves but failed to detonate
A huge cry of rebellion to break the conforming paradise
Of a dead universe of terror—poisonous space.
The news rebounded, channeled by its grandiloquence
To establish symphonic cohesion of the faith
Between immolated homeless and artists of bad faith!

The news more and more had become exorcism
To mask women who are killed by love's tenderness,
People suffering in the very joy of life's survival roulette.
Children are mistreated
Sacrificed
Decapitated
Put down
In their innocence to invent a more human madness.
The children are gone
To economize energy
To save time.
The news rebounded, invading our privacy and right:
The teen-age mothers will be sterilized. Stripped of sins.
"Three strikes and you're out"
Purified of imperfection.
Out to hell
To the frigid ash of your animality!
And the teens would silently join the corner street gang
Out of despair
And need for renewal.

The news rebounded with sensational charm:
Mothers kill their offspring by boredom;
Fathers have deserted the family's land.
And become fugitive.
They want to save their sanity to regain hope in life.
Schoolchildren bomb teachers, principals and pupils,
They shoot at the moon to ignite poetic creativity,
They burn archives and libraries to save memories.

The news came with shock, surprise and fear:
The sharks will no longer be there to kill,
I won't miss their piquant killer's flair,
I'll be spared one more deep sea massacre!
I'll renew the spirit of life's palpitation!
Adieu, dear sharks, I don't miss your killer's flair.

(1994)

Poetica Agwe

## Ballads For The Killing of Diallo

*(Of War and Love and Peace/ Dedicated to Amadou Diallo who was
fatally hit nineteen times by forty-one bullets shot by four New York
City cops)*

Diallo died at the frontal
of his house a certain night
his smile survived intact
amidst pierced arteries
body showered in blood
but peaceful as a yoga siesta.
The four policemen were blown
in an ecstasy of bang! bang!
claiming masculinity in terror;
the beauty of their guns
the perfection of the fire power
the gymnastic glory of their move,
quick, precise, mathematical
enhanced by the poetry of the night
had avenged all that was lost
but thrived to be regained;
regained was the purity of the race,
calm security, trust, and repos d'esprit.

Diallo died one night
for the salvation of the land
for the grace of the Stock Exchange
but his village was mourning
his passing on a distant universe
they shed tears for his going away
from his mother's matrices
and his premature return to ashes.
The goods he sold were his mantra,
forced entry by sacrificial means
in the sanctum of all-market USA;
he was an angel of delusion
a real brother from the Bronx.

Had they known each other
Diallo would tell Abner Louima:
brother in blood and cry
the non-sense has a sense

eternal purgatory
of an ever-unreachable Promised Land
heading to a fake heavenly splendor
the guns won't stop
but all will still be there.

Had the killed met his killers
instead on the somber New York street
in a carnival in Rio or in Port-au-Prince rara
together virile and deflated
burst by the Ogoun's fervor
joyful in carnal delirium
blessed and bathed in the animal sweat
Thanatos and Eros in fusion
living last rites to life
they would surely be friends.
They would say to each other,
co-bacchanals in before-death ecstasy:
"we are all pawns in a global madness—
let's celebrate the fugitive moment."

And the violence of the lost time
gave way to a new day of light,
spleen, stress, blues, nightmare,
white fear and black distress
were relocated to Nothingness' trashes
the village cried one last time
its conscience was now its only respite.

On the first day of the trial
as a last sacrificial offering
the people had demanded the hanging
for mayhem of the four vicious policemen
the rich cried their loss of safety net
and the poor the continuing hell.
But the jury handed to the Diallo's killers
the medal of valor for their sense of danger.
Diallo's death saved the day,
sad day.

(Boston, February 1999)

# The Killing of Patrick Dorismond

On the night of his death
Patrick didn't have a chance
the words were already well spread:
"It was open season
on wallet-carrying darker faces,
open season
on party-goers without a limo;
open season
on all drug-dealers-look-alike
which could be anyone.

Open season
on all youthful looks
presumed offenders
who dare walk on the streets;
open season
on whomever had a soul
or a non-white skin the mayor may dislike.

The village cried one more time
surely not the last time
any night
a new killing will be held as a victory
victory of purity over darkness
the state will regain its *raison d'être*
the suburbs will retain their splendor
the city is a lost cause
pursuit of happiness
law and order
without the niggers
without the artists
without the defiant-marijuana smokers
without the poet who doesn't have a day job.

Pursuit of happiness
security for all
except for the deviants
and the free-thinkers;
security for all
except for the white-kids-rap-lovers
who should have known better;

security for all
except for the ones who breath in its infinity
the freedom. O expensive freedom!

Security for all
in a huge cemetery
in a nice police state
a state of ultimate happiness;
beauty in hell.

(Spring 2000)

## Ayibobo* for Brother Mumia Abu-Jamal

It's a great day to hope
well into the row's nightmare
in the darkness of pain
and tears through the body's pores
betrayed by the sun and light
confined in the solitary hole of silence
away from into and under
society's spell and living in hell
deprived of the aroma of food
and spirit and spices and sweetness
and salty joyfulness of sexual goodness
all gone to the abyss of the row's madness!

Oh! Today is a great day to hope
that this forestial man of nowhere
last blood of the deep Congolese line
that this voice of nowhere
voice of the *desperados* voiceless
voice from the madness of being
voice of Mumia our comrade
will penetrate our abused conscience!

Mumia's metamorphosis from hell kid
to coldly cop killer and hero in death row
was already being plotted for fateful demise
since the beginning of the trap to harm hope
harm its element of fire
until *l'enfant terrible* jumped back to yell!
Yell his innocence by virtue of cosmic truth!

Whomever may this scourged soul be
that took Officer Faulkner's life on that day
in full boastful *viva* while blood paved the ways
is now lost somewhere in despair
part of the pathology of collective killing!
Whether you kill or let this Mumia live
his specter will continue to haunt
haunt our memory our space our peace:
"I still sojourn in hell"
said he dreadfully the day of the stay.

It's a great day to hope, hope indeed
that the delirium nausea of horror
and the street-level holocaust of our dream
in that morbid day on a Philadelphia street
where souls that fight
children that dream
birds that fly
and MOVE people reclaiming humanity **
were calcined in great indifference
gone in flames
and blown away in words of beauty
words of the beatified soul of death
words of what is said and is done
words of media enlightened hatred
will cease their strangulation of destiny!

It's a great day to hope
that Sacco and Vanzetti will rejoice
and reclaim death's greatness
in their graves and their *nanm* ***
and reshape the ideals of being.

It's a great day to hope and demand
that we stop the slaughter of life, stop
the dismantlement of energy, light, horizon!
A good day to banish sorrow
or life in death row or any society's row:
Hopeful is the day of Abu-Jamal's freedom!

(August 1995)

## Notes

\* *Ayibobo* is an expression in the Haitian Vodou rituals that means literally: "Hail to the spirits."

\*\* MOVE, a radical Black politico-spiritual movement whose headquarters were bombed and burnt to the ground by the Philadelphia police department in 1985; 11 people were killed, including children, 53 houses destroyed and 265 people made homeless by the blasts.

\*\*\* *Nanm* is a Haitian word meaning together soul, spirit, consciousness, intelligence.

## Haiti the Beautiful (Ayiti bèl fanm)

*(dedicated to Kwitoya)*

Haiti the beautiful
queen of the distraught islands
with your tender heart and smile,
you remain a miracle of fire,
tremor and storm unleashed!

Haiti the beautiful
lovely charming rebel
for a liberated world
you inspire hope in pain,
by breaking our torpor.

O, Ayiti bèl fanm
mother of children lost
in hellish oppression,
universe of despair
you keep the dice rolling!

Haiti the beautiful
you save life by your aim
to live it in fighting;
your costly history
brightens our people's fate.

Ayiti bèl fanm
magic of the Unknown
and witness to the Real
your curse is a blessing
along the path to being.

## My Christmas

My Christmas
is the slain Christ lying
on the cross defying
the jackals of the time.

My Christmas
is the Jew in a Warsaw's ghetto
waving a last kiss to her newborn
en route to the pogrom's madness.

My Christmas
is the caged bird escaping away
toward the unknown of infinity
simply to taste a day of freedom.

My Christmas
is the Palestinian from Gaza
dreaming of regaining his lost land,
growing his vegetables in the sun.

My Christmas
is the smile on the homeless' face
conquering the surrounding horror,
genial impostor of impossibility!

My Christmas
is the youth from the ghost cities,
tender spirits circling the desert
seeking encounter with the wonders.
They sustain the balance of Earth
and renew the season of life's dream;
they spirale into the deep firmament
jumping and yelling and asking for space,
light in the labyrinth of nowhere.

My Christmas
is the refugee from the wretched shore
reinventing a map for enchantment
and saving the essence of the species.

My Christmas
is the other face of the deal,

the requiem for those lost fights
for a more humane fate.

My Christmas
is the rebirth of the dead souls,
the rebellion of the dormant spring
against the rampage of the fallen leaves.

My Christmas causes no harm
and no broken hearts and spirits;
my Christmas is the joy of the day
the beauty of the passing instant;
My Christmas
is your smile
your tenderness
our follies.

(December 1997)


## Pseudo-Haikus For Immigrants Haters

*(dedicated to millions in the United States who mobilized in March–April 2006*
*to demand equal rights for US immigrants and immigration-originated families*
*that have been the mainstay of US's society since the beginning)*

Lou Dobbs, major-Jon in his CNN perk
immolates his own people's spirit
in a time of lament and fits.

The Mayflower's descent in wretchedness
found in the new land a respite
the same Columbus acquired.

Germany's "guest workers" and the like
few years after the Final Solution
convey lessons in bashing absolution.

The *Mexicans* have come back home,
would you think since this land was taken
a day the Rio Grande was in blood and mayhem.

You say "Go Home!" I say "Go Home Too!"
We all come from a nether space of despair;
I say "Let's All Together Come Home!"

Ranting may well protect your stuffs
other peoples exist in our world
Cosmos turns around and conscience still molds.

Racism degrades the eternal meaning
the cross-germination of recreated beauties
you may want to return to time passed.

Time when the liberation dream of being
even in the absence of genuine love rituals
regained the right to question and to hope.

(March–April 2006)

## The Saviors From the Cold
*(dedicated to the people of Iraq and to world peace)*

They will come tomorrow
or today or anytime now
they are all powerful
and that is not even the question.
They will come tomorrow
because they have already massed
in martial posture along the beaches
and along the borders
in the desert's sands
and on the mountains' top
on a night of cold
and that's not even the question.

They will come tomorrow
because they have the means to come
and destroy millennia of wonderment
and keep hope entwined with despair
and love from entering life's sphere
and the adrenaline in stupor and awe.

They will come tomorrow
because their well-suited angel of madness
had opened the door with his own topping.
Will they see where the bombs land
the torsos pierced on a sunny morning?
Will they hear the voices
from the old and new coasts

resonating the craving for world peace?
Will they hear the children cry
amid the smoke on torched balconies?
Will they hear justice cry?

They will come tomorrow
because they must grease the machine
which programs them to come
and affirm the nobility right of the Empire.
They will come tomorrow
regardless of the number of dead
the aim is not to let it be.

They will come tomorrow
and ours will be defiant cries
calling for the re-conquest of liberated space;
we must stop them before the vultures
from the sky could claw whole villages
we must stop them before the end.

I've seen the oppression of tyranny
I've seen the desert Bedouin's crimes
I've also heard the war roars
the tumbling of the tanks
the missiles and the technologies
the cleanly degrading from afar
of peoples' parts and universal right;
I've heard the bulldozing of the bamboo stems
which stood in dissent on the road to conquest.
I've heard the painful moans
from the loss of the dearest ones
from the hurt of the last lost war
many distances away from the hometown.

I still mourn the passing of Gerry The Jovial
who joined the "beautiful adventure" life offers
in Air Force just to flee the neighborhood's curse
and eat on time in friendly macho posse
and pay on time his lofty college cost
only to return in a bag with a flag
after being made enemy for a cause
that was not even his from the start.

I've seen young crops lost
wasted like my deceased siblings
in subtler societal war madness
denuded of war lyrics in dejected horizon
they will have died before the time
nature had offered for their use
after the long lines at emergency wards
amidst losses and pains amidst the penury
the stomachs full of the emptiness of being
complication from surgical targeting
Belgrade in flames
Kabul in ruins
Baghdad depleted under uranium shells
the cries of bored children
countries succumbed to the Bully's charm
burnt oil fields
increased malnutrition
and infant mortality
and dropout dumbs
inflational gas price
kids killing kids
laid-off minimum wages workers
welfare to work to mouth
glory of the angry white men
and nights without super
mornings without breakfast
nights without sleep
souls without space
blood on the sands
tears everywhere
is that the war your want?
your war
O beautiful war!

The killing fields have many faces
the fearful Republican Guards decapitated
by earth-tremoring missiles as well as
First private Suarez or noble Sergeant Gutie
along Second Grader Shad and they all died
in huge sandstorm of mortal furry
incited by the fire power of the enemy;
some died before the new fatherland

had made them its full sons or before
new sons had met their new fathers' faces.

They will come tomorrow
at the dawn of hope's birth
they will come with engines of death
high-tech at the uses of delusional claims
and oil envy with planetary grain.
They will come
and that much is now sure
but we shall block their trajectory's burst
and spare the abolishment of human pride.

They will come tomorrow
and we will be millions strong
in New York to regain the memory of our death
in Paris to make sense of chaos
in Conakry to redeem the ancestral soul
in London to keep Russell alive
in Cairo to pity the sold-out princes
in Santiago to avenge Allende
in Mexico to purge the affront to Castro
in Port-au-Prince to save what is still left.

They will come tomorrow
and we will be there to sing hope
and ask for new constellations;
they will come tomorrow
and we will be there to claim peace
expand daily beauty without the non-sense
they will come to sow and shed blood
and we will be there to open new roads
they will come tomorrow
and we will be there
to demand justice
and the joy of being.

(Boston, March–April 2003)

# Tomorrow The Dream

## Memories and Tributes: Ideals Under Boots

*(dedicated to my friends, the former counselors at B.A.S., a shelter for teenagers)*

Soldiers of human kindness
they were there to only let live,
to help the dream follow its course
or to simply smile in wildness.

The boyz in the 'hoods, tragic characters,
along with angelic girls of the suburbs,
congregated around the hoods' shelter;
even the beautiful birds of the hostile cosmos
would come here to give birth, the eggs securely
sheltered on the house's back porch.

Idealists of a new way of being but also
genuinely confronting their own ego's impulses,
inhabitants of all walks of life's deserted lands,
they joined in unison to sing our world's sonnets:
they cried, they laughed, they dreamed, they were.

They were there, when Reagan was killing the dream;
there when Bush was annihilating the land,
a land occupied by big bucks, by intolerance
and by the zombifying glamour of Hollywood chic;
land of desubstantiated souls, of happy yuppies,
where crap is valued as social charity;
they were there, my friends, to rebuild hope.

Vivid examples of our societies' wrongs,
the children shared with the graceful workers
a communal destiny against the system's grip,
they shared the victimization along with the hope
on a huge empty map peopled by bureaucrats.

Preston X would fly through the whole universe
to find a girl he would love and pursue;
he is Stendhal's antihero in love with love,
never mind he's more beautiful when *chilling*;
he chills to let go, to let the mind blow,
simply to see which way things would go.

Henri IV, his roommate, was a monk at fifteen
who mastered a system of musical control
that rejected the pretense of the holy Solfège;
they joined Keith VI the Italian, shocked and proud,
to create a rap symphony of eternal wisdom,
whose violence barely hid the cry for tenderness.

My first day at work was with Julian the *Griot*,
taciturn, calm, permeated by a profound knowledge
of the ways and prehistory of the entire place,
he taught me how one survived tragedy on Earth.
Julian never spoke a word without deep thinking,
he seemed to be torn between indifference and fate.
For now, on my first day, he said "Hello" gently.

Queen Daniela, rebellious like the ancestral goddess,
would shake things in a feast of total destruction
to make the simple point that she was a human being!
Sole inheritor of her fate, she chose the dramatic exit,
before returning to a new assault made of a single smile.

Through the shelter's windows, through its doors,
the world reverberates with its sense of despair,
but we refuse to cry because all is never lost,
there's always a new way to reclaim our lives.
The celestial flame of people's resistance
continues its pursuit of regeneration.

Nobody should be hurt for being an innocent kid,
nobody should be hurt for being there to let live;
the projection of power by the system's horrors
should not target people who are there to help:
I protest the constant trampling of human ideals!

Shelters can be a depository of Hell;
my friends the counselors made ours a home
where human empathy is shared with great courage.
They sensed that our world needs a shake-up of souls
or a quiet place where the torrent will rest. Torrent!

Lost in pain, deserted by all in apathetic hypocrisy,
there suddenly brightens, looms as a purgatory oasis,
a respite altogether bad, good and naive,
to the children of hope looking for new spaces;
our humane presence was our only weapon.

In the end and despite the infinite misery
that surrounded their lives, despite the horror,
these kids were the most beautiful of beings
ever engendered on a huge empty land;
they projected and reflected a calmness in turmoil,
a vast richness of supreme transcendence in shit
that make them a challenge even to the Creator.
Some of them ceased to *boom* in the hostile 'hoods
and chose to *boom* instead with candid good faith;
they joined the shelter and the staff in defiance,
defiance to save what still could be saved.

Without a home, without a bath, without a friend;
without rights, justice, freedom or dignity,
humans are rejected, degraded in the elements.
Without a companion's smile, without a human face,
we would lose the reason for us to be alive to fight.
In the end, small mercies like ours must join the torrent
to yell a loud cry for justice, for love, made of beauty
in the dream of being every day celebrated.

(1993)

## Three Young Lives

*(in memory of Maleina, Trowy and Saiddy, and dedicated to the DARE Roxbury Staff)*

They lived only an instant
and they died the next day
atrophied in their elemental current,
destroyed at mid-way
pulverized either by gun powder
or by self-annihilation
or simply by mere desolation.

Maleina's death was a purgatory:
she fought and laughed and suffered and died
one day when the sun was gone, worked down;
a day she was feeling lonely within the multitude,
suspended between absence and a world torn apart,
world disconnected from the center of natural living;
universe dispersed in a thousand parts, blown away,
world of you my neighbor and my friend,

zombies of nowhere
regimented by the Order of Things
where peoples' travails in life
are played as a comedy to lighten its madness,
madness of children killed by malnourishment
and in return who kill by existential boredom.
Life of pain,
promise to be
extinguished in a dry river.

The day of her death, renewed of vigor
in an impelling ultimate energy to live life,
Maleina went downtown and bought for herself
a garland of roses and a pair of white nylons;
her bed was remade and brightened in colors;
she filled her dresser with laundered linens,
donned her Liz Taylor sleeper,
tuned on the radio to FM classicals
and other tasty songs by Snoop Doggy Dog,
Sarah Vaughn, Charlie Parker and the Halleluiah;
drank to life a last glass of Vermouth
and said, angelic: "I'll have lived life with love."
Maleina in despair and protest was gone,
she refused to live swollen days of pain
playing by the rules of a dreadful system;
she instead chose to play death against life
in hope of attaining her original splendor,
fugitive instant lost in wilderness...

Whole villages of people horrified
and numbed by the celestial remembrance
came to say a requiem with no words:
and the sun turned to fog.

Trowy's shrine was a scandal on the block,
wild and artificial flowers exposed beatific
alongside wet love lyrics watered by tears;
images of divine saints and specters of hell
brightened the street side-walk with meaning.
The notes from his infant daughter
sounded like an invitation to reflect,
to redeem a moment of lasting transcendence,
moment to recreate space

moment to reconquer time
and invent a new way of being there alive!
Alive!

Trowy was killed by a soul-mate brother
alienated by the dead-end games of life,
of fallen dreams tearing from the inside.
A couple of Bang! Bang! and destiny was made:
one was there lying dead in blood
the other relegated to the judiciary abyss,
destinies made and wasted in a moment's folly.

More magical was this moment of truth
more poignant was Trowy's mother's pain,
anguished by the loss of her only son.
But noble soul of a long lost tribe
immersed in dolour but fortified by hope
she gained on that last embracement
with Trowy, illuminated of a passing beauty,
intense in commotion, a vital and brilliant
and ultimate osmosis with our finality.
She refused to punish her son's murderer
believing that his fate had already been set
by the concrete jungle of life in the ghettoes.
Said she, showing me a picture of Trowy
embraced in innocence by his joyful daughter:
"I hope that his death will be used
to enlighten the ideal of being.
I would like his memory to serve
as a reminder for what is left
and hope in what can be done:
I want the fortune for jailing the killer
be spent in strengthening his soul."

Her sense of punishment for crime
her sense of compensation for loss
was geared toward a radical atonement
where her own suffering was an offering
of her dead loving son to the spirits,
the spirits in light, laughter, beauty in living,
blessing in the streets, justice in every day life.
The fallen son was made a testimony to destiny

Poetica Agwe

by a mother saddened by an inexorable fate
but who still believes that life can be decent.

On my encounter with Saiddy that summer
when the leaves were cross-colored
half way between fading youth
and worse wintering time in waiting,
he was alive! Alive and well and joyous
for one more day of postponed death;
he looked at me straight, his eyes elated
and said, his voice singing: "I am fine."
The day of his death
on his way to school one morning,
purified from his sins, *chilling,*
his killer was waiting on the block,
his gun loaded with bad-life:
Bang! Bang! Bang! Bang! Bang!
My man ran right through the traffic,
his head bleeding in pain and terror
toward a MBTA bus on its first fatal crash;
and all was done in this cosmic moment:
Saiddy was dead—suspended at mid-way.
And the village remained the same:
just one more lost soul.

Born or living or dying in hell
all is connected on the Internet
of what is said or given or done
in the name of celestial species.
We have lost our merits
for letting our children die in loneliness
while we glamorize hype and money
stolen from the sweats and imbecility
of those who despaired and cried and died
within a universe of absence—of no smile.

All death has a context in its infinity
even when un-golden is its burial coffin;
a system whose credo is Suburban myopia
and which targets the poor as society's woes,
which blames all teenagers, single moms,
the homeless and the AIDS sufferers
as the re-incarnation of Moloch the Sucker;

a system which gives guns to kill
and drugs and hatred to inhale
while refusing to people a living
is a system of macabre virtue.

When your jails are made to jail
when you live by suppressing one's life
when you kill by boredom and despair
when you love for lack of hope
surely your offspring will follow the path
and we will all end up lost
or a farce.

When you refuse to the youth a future
and block their craving for cosmic elation;
when you take away by your deed
the bread from the mouth
the body from the bed
the soul from the movement
the meaning from the word
the effort from the hope
the care from the medically un-insured
and the roof from whole communities,
you end up destroying real people:
Today it is our son our daughter our friend,
tomorrow will be yours,
your future,
your false peace of the mind:
No justice! No peace!

The dusky sad drought of the last day
shall no longer stop the new day's dawn.
While the killing is on a global scale
craving for beauty is served piece-meal;
you and I glorifying the unglorified
and alive to tell our tales from nowhere
—cadavers in a sub-conscious state.

Whatever in life your mission may be
make it a personal dream to save lives.
Whenever a human being is dead
an uncle, a mother, a father or cousin
died in their souls with that death.

The whole village will need to join
in the vast struggle to save lives
or simply for the right to a smile.

(December 1995)

## A Genuine Disgrace

*(dedicated to Juan)*

He was a true rebel
my fifteen year old lion,
robust just like a storm
and calm like the death
he wanted to join in disgust
for a life of pain—non-sense
coming all around his cage.

His heart was bleeding
with chagrin for living
in an elliptic world
confined fugitive
within contingence
and absence;
his youth has repelled death
for life was so much part of him.

Red blood on a dark cloth
even his depression was a passion
to challenge the end-game—a vow
to reaping what is left from nothing.
He knew his power was a mirage
and his mother the reigning regent
who left him the burden to lead Rome
without a compass for guidance.

He knew life was an absurdity
to which his madness gave meaning;
he refused to be the sacrificial lamb
for values that were not his wanting.
When he said he did not want to live
I told him that he had no other choice
—he despised my logic
although he liked my gut.

He said, man, no more school for me
I said, man, I will surely call the cops,
when he said, go for it make my day
I said, well, let's find another way,
he replied that there is no other way
I said, you don't look for one yet—
and his look conveyed his incredulity.

When he said, nobody cares for me
I said, you are just one of them;
when he made of suicide a relief
I said, your life is still a miracle;
he said, please let me go to my fate,
I said, your dreams are also your fate
but your mom will forever be pained,
he retorted, my life is mine to die for.

One teacher once told him
that I am a disgrace to mankind
for not being her ideal bureaucrat
he retorted in kind: "My man is genuine."
He was taught to hate even his own soul
I told him he could blow the bullshit.
He wanted to go to the darkness of death,
giving up to his damned spirit—I said:
Wait, brother, for the little instant of beauty.

(Cambridge, 1997)


## The Vodou Gods' Joy* (fragments)

Between the age of three to six I lived right within the walls of a vodou
perestil. The houngan of the perestil was my uncle, Kamelo, who took
the helm from his mother, the powerful mambo of the oumfò, who was
my mother's paternal aunt. (...) This was a real enchanted world, with
its mixture of magic, transcendance and mundane reality. It was also
pure theater from the standpoint of the young child that I was. (...) My
family left me on my own to comprehend the complexities of the vodou
world, its rituals, its modalities, its finality and meaning.

The poem *The Vodou Gods' Joy/Rejwisans Lwa Vodou Yo,* is part of
my reminiscences from that period, part inventions, part reproduced
dreams...

Here are some fragments:

## I. Reminiscences and Vision

Erzulie the coquette, charming soul,
shining beauty with a terrible spell
is the goddess of love, smiling power.
Dragon saint of all sexual prowess
defender of women's mysterious glory
guardian and mother of the land
she covets tenderness, celestial fulfillment
in a life of tears and betrayed desires.
She is my mother and lover and wonder
the sun from the darkened horizon
the light through the tunnel of pain
she is Erzulie my sweet compañera
the transcendental link between horror
and Bad-life perturbed in non-sense;
—Erzulie the coquette, charming soul
has filtered the air with powerful magic.

Ogoun-Feray the cosmic warrior
thrives on conflicts that disturb his rest
—like a Nero with destructive follies
he sets afire the village to only play the fool
or just to convey the message of valor,
power of the loas to recoup and regroup
the last lost song from the lost spirits.

..............................................................

Meanwhile Gede-Nibo would join
with all his perverted and noble majesty
along with Legba, Agasou and Shango
to explode vibration—storm open
the inner mystery of the compact universe,
reveal the orgasmic Nirvàna of Agasou's aims
or just dance and dance and sing and laugh
to celebrate the spirit of life in bare mortality.

..............................................................

Ti-Jean Dantò conquered Long Island
from my sister's animated basement
in a suburb numbed in self-serving distress;
he manifested himself insolent as always

by defying the law of human gravity
—just like any drunkard loa happy in ectasy.
He made my sister drink rum through her ears
until she became a born-again Christian
who rebelled and demanded a sanctified exit
to rejoin the safe gods servitors of Jesus
—she wanted just a simple peace of mind.

On any rainy day on the Caribbean shore
or near River Sous-Pyant of repulsive smell
Simbi planted a flag and solicited people
to come along and live a life of adventure
free soul and free will of maroons in search
of authenticity in a world full of joy—
they would never be seen again on Earth.
In their supreme madness the gods of Yoruba
had called on Providence and gave her
a last chance for a redeemed kingdom.

..............................................................

the death celebrations while dreadful in style
were not always dark and somber and sad
even in the midst of half-alive beings
agonizing in dead-end purgatory—
all was not lost in mortal and total emptiness.
Uncle Kamelo's death was a resurrection
accomplished in weeks of secret masses
to re-link his soul with his gwobonnanj.
Ason in left hand and lasso in right hand
the houngan exhorted the hounsi to action
all were invited to play the huge drum
placed on the top of my uncle's bare chest
Tom!Tom! Uncle remained alive among us
long after the decrepitude of his death.

..............................................................

During the season of yam and the bright sun
Kouzen mounted his hounsi around the vèvè,
amidst casseroles of yam, dried fish and incense
—he brought nourishment to a village united
in the grace of living the splendor of the land.

After decades of being dead in absence
Zombi was resurrected in total forgetfulness,
the salt was diluted in reality's nightmare.

..............................................................

My country is a vast land of hope and despair
immersed in the infinity of survival instincts;
I refuse to adore the gods of the West
who claim humanity for their own deliverance.
My country is the land of Cedye and Maryam,
land of the cries and pain and joy of a people
trapped in a pursuit with mystic remembrance.

..............................................................

Baka was the clown of the shrine
unpredictable sorcerer with a vengeance
and with a disarmingly cute baby smile
he made his victims pass a terrible time
in tragicomic plays of amazing fear
just to give to himself a good laugh.

On a full-moon night all over the firmament
within the no man's land of social misery
Erzulie-Red-Eyes was dreaming in silence
her eyes fixated on the goal of freedom.

..............................................................

Our loas rejoiced and let go all the pain
from the last frontier of cursed hope
Ayiti had become their temple of refuge
as they vowed their wonga would heal all
the millenia of dead souls and lost beings
—vast horizon renewed of vital energy!

And Zaka re-emerged innocent and happy
from the maldyòk of the new plantations
Devil's deeds assembled all over his Ginen
and the peasants came en masse to witness
the marriage of Petro and Rada and Samba
in a constellation of light and beauty all over
the cosmic Pantheon of the Yoruba gods
joining hands with their long exiled kin.
Those were the soul and nanm and joy
of a land of torment craving liberation.

## II. Trance of the Sun

The trance ascension was created
in anvalou rhythm and a bash of deodorant,
voice, sweat and the howl of the loas
moved by the pulsing tom-tom of Asòtò.
Ayibobo! Ayibobo! Shan Ago! Shan Ago!
Hail to the Spirits! Peace to the land!
yelled back the hounsi with white robes
and white veils—gaze vested in infinitude.

Then in a brisk move with exalted élan
absolute incarnation of immateriality,
in a cadence and mixture of water from tears
water from blood and flood and hangover vomit
and rum aroma sprayed through the mouth,
her saliva sending fire all around the poto-mitan
Mistrès the Mambo in holy majesty
executed point by point the service.
Sister Altagras was already made the horse
when she spiraled around and jumped legs spaced
all along the vèvè with gesticulating fervor.
She grabbed the jar of the hot chili pikliz
and mixed it with the rum and cried: Ayibobo!
and massaged the potion on her vaginal arteries
and they became red—red skin and red cloth,
red pepper and red blood, Ayibobo! Ayibobo!
the loa had come in vital amazement.

..............................................................

The magic had materialized and become
an unexpected recurrence of poetry everyday;
people laughed and danced and rejoiced
the candor of the divine moment—
the loas had come and gone for good
toward the immensity of life's finality
calling for their ancestors' redemption.

..............................................................

Lenglensou! Oh he came with nothing
"Do not on my spirits call for redemption
if your soul is not impure of human sins;
do not blaspheme Sister Rada's elation
by humanizing her loas in pretty pettiness."

Within the impossibility of peoples' dreams
and drama and trauma of all deceased souls,
I reunited a single moment of revelation
with a walk all through the mountain's soil.
And I ran playfully along the sea-side curb
just for the pleasure and leisure of Dantò
—the Yoruba gods are full of joy.

(1997)

* This poem was first published as a bilingual (English–Haitian) collection in 1997.

## Glossary of Vodou Words and Expressions

- **Agasou:** From the African prince, Agasu, supposed ancestor of all Dahomeans; loa or spirit with no definite attribute; has a reputation for meanness.

- **Agoe or Agwe:** Loa or spirit (or "mystery") of the sea, travel, exile.

- **Aidawèdo or Aida Wèdo:** Loa considered as the wife of Dambalah; expression used by the believers to show admiration for the grace of this loa; also an invocation to Dambalah to bring grace in the face of life's calamities.

- **Anvalo/Yanvalou:** A Vodou rhythm.

- **Ason:** Ceremonial rattle made from dried calabash or gourd used in most of the rituals.

- **Asòtò:** The largest of the three drums in a Vodou ceremony; believed to have special power.

- **Ayibobo:** Hail to the spirit; expression of welcome to the loa.

- **Baka:** a minor evil spirit of the pantheon; has a reputation for scaring people just to give himself a good time.

- **Baron Samdi:** Spirit keeper of the cemeteries. He is usually represented by the first person buried in a cemetery; a strong associate of Gede.

- **Bòkò:** A sorcerer or a devilish houngan.

- **Dambalah or Danmbala:** Dahomean deity of the sky or the rainbow, usually represented by a snake. Considered as the husband of Aidawèdo.

- **Dosou:** The sibling who comes right after twin siblings; he/she is believed to have exceptional power that, at critical times, can *neutralize* the overwhelming power of the twins.

- **Erzulie or Èzili Dantò:** Rada goddess of love, charm, wisdom.

- **Èzili-Je-Wouj or Erzulie-Red-Eyes:** Petro goddess of defiance, love, female genius.

- **Gede Nibo:** Familiar name of Gede, the Vodou god of the deceased, but also of the libido, known for his foul language and sexual openness.

- **Gwobonnanj:** The corporal, material part of a person in opposition to his/her immaterial part, the tibonnanj; the zombie is the person who has retained his/her corporal part but who has lost his/her spirit, his/her soul, his/her consciousness.

- **Kouzen Zaka or Cousin:** Deity or spirit of the peasantry and agricultural fertility. His power is usually invoked to counter a drought or, more often, to celebrate the generosity of Mother Nature. Kouzen has a reputation of exhilarating quiet power and wisdom although of a crude nature.

- **Laso or frètkach:** Lash made of woven agave or woven leather used in the ritual of certain Vodou ceremonies.

- **Lwa or loa:** Spirit or "mystery" in the Vodou religion; he/she is considered as the messenger or the intermediate between God and humans. *

- **Legba:** God who holds the key to the sanctuary of all the other loa; by extension, to all travels, opportunities or existential quests for happiness.

- **Lenglensou:** Spirit from the Petro rite; has a reputation of being cruel, vengeful, diabolical.

- **Loa or Lwa:** Vodou god or goddess.

- **Maldyòk:** Curse of bad luck (evil eye).

- **Manbo or Mambo:** High Priestess Vodou, with power equal to that of the houngan.

- **Marasa:** Twin siblings; renowned for having exceptional spiritual power.

- **Master Midnight or Mèt Minwi:** Dreadful spirit who usually starts his nightly walk at midnight. You'll be dead or irrevocably cursed if you cross his path. He is sometimes identified with Baron Samdi, although Master Midnight is of a more dreadful nature.

- **Nanm or Ti-bonnanj:** Creole for soul but with a more complex connotation which means together soul, consciousness, spirit, clairvoyance, awareness and cognitive faculty. Often referred as the "essence" of an individual; the zonbi is the one who has lost that essence.

- **Ogatwa:** A small Vodou shrine, usually in the form of a small cabinet the believer keeps at home.

- **Ogoun Balagi:** Other configuration of Ogoun; he's sometimes referred as the brother of Ogoun Feray.

- **Ogoun Feray:** Dahomean god of iron and fire; he's usually seen with a machete or a sword. He's also a metaphor for the peasant's revolutionary spirit.

- **Ounfò:** Peristil or temple of the Vodou.

- **Oungan or Houngan:** High priest of Vodou, with power comparable to that of the manbo.

- **Ounsi or Hounsi:** Initiated, important practicing member of Vodou in whose body the loa manifests him/herself.

- **Papa Doc:** Nickname of Haitian dictator François Duvalier; relating to his medical profession before becoming president of Haiti (1957–1971).

- **Pè Savann:** a lay person, half Catholic priest, half hounsi who usually officiates the last rite to the dead at the cemetery during funerals.

- **Petro:** Vodou rite from northern Congo, designated after a houngan named Don Pedro, from the south of Haiti; it is known as the "hot" side of Vodou, associated with fire and healing power capable of defeating adversarial forces.

- **Poto-mitan:** The center post in a peristil (Vodou temple); it has special significance as the rallying point of the loa.

- **Rada:** Vodou rite from the Dahomean village Arada, known as the "soft," "cool" side of Vodou.

- **Rivyè Sous Pyant:** A Haitian river whose name means "smelling river;" it is famous for its healing power which attracts thousands of Vodouists every year. The nasty smell of the river reinforces its magic power; luck is expected to come after one bathes in the river.

- **Samba:** A Vodou rhythm, possibly related to the word for poet-musician from the inhabitants of Pre-Colombian Haiti.

- **Sèvitè:** Believer, adherent practicing the Vodou.

- **Shango or Chango:** Loa of thunder from the petro rite; reputed for violence.

- **Ti-Jean Dantò /Ti-Jean Petro:** loa usually associated with good luck; has a reputation of fairness but also of firmness. Represented (as most of the loa) in both rada and petro rites.

- **Vèvè:** Ritual graphics or drawings to express welcoming disposition to the loa; there're usually placed on the floor of the oumfò, preferably around the potomitan.

- **Wanga** or **Ouanga:** A fetish or magical mixture made specifically by a bòkò to punish a targeted person or to attract good luck.

- **Zombi, Zombie or Zonbi:** Person presumably killed by a Vodou spell. The "dead" will be resurrected in a half dead-half alive state of semi-consciousness which makes him/her malleable by the "bòkò" (a Vodou sorcerer) who had induced the "death." However, if the zonbi tastes salt, he/she will regain normal consciousness and, often, fight back.

* The majority of the loa's names are masculine, but more often the loa doesn't show any particular sexual identity. Many of the loa with feminine characteristics such as Èzili and Aidawèdo have a comparable power to loa with masculine characteristics such as Danmbala and Ogoun.

# Epilogue

On January 12, 2010, a powerful earthquake measuring 7.3 magnitude on the Richter scale hit Haiti, devastating a huge part of Port-au-Prince, Pétionville, Carrefour, Léogane, Ti-Goâve, Jacmel and many localities of south-western Haiti. Landmarks such as the Cathedral of Port-au-Prince and the National Palace were destroyed and only a few of the government ministries were spared, raising the bar for a government that was already unresponsive before the quake. It is estimated that more than 200,000 people were killed, many thousands injured and crippled for ever. More than one million of people were made homeless.

The combined effects of the damages incurred by the government, its lack of emergency relief infrastructure, the overpopulation of Port-au-Prince and other municipalities, the absence of building construction codes, the general abject poverty and underdevelopment of the country have together exacerbated the vulnerability of the affected areas, raising the victim rate of a seism which otherwise could have been less destructive and lethal. These conditions naturally also exacerbate the reliance on foreign relief and assistance—just like for that matter the recent, pre-quake, history of the country has been. Why do these conditions exist in Haiti? I answer this question in my English/Haitian essay "Utopia as Possibility."

The international empathy, responsiveness and solidarity were formidable. People, including first-aid workers, nurses, doctors, firefighters, homebuilders, religious missionaries, reporters, concerned celebrities, politicians, etc. came from all over the world to help and provide comfort to the Haitian victims, saving many lives. It was refreshing to see this "humanity in action," as I call it in one of my poems.

Many have questioned certain power reflexes as at least inappropriate in the situation, for example the US military's control of Haitian air space and seaports; but while denounced by some as an imperialist invasion under the guise of humanitarian relief, others saw the US mission as primarily humanitarian, which, in the absence of a functioning Haitian state, filled a void that needed to be filled.

On the political plane, the earthquake must be apprehended in the context of global geopolitics where the United States is busy with two wars but doesn't want to be accused, after Katrina, of indifference in a neighbor country in crisis which it considers as part of its sphere of influence. Neither does the US wish to concede the propaganda war to the Cubans, the Venezuelans, the French and the Israelis. Barack Obama has found the appropriate words to convey the US's good will and has sent real help to the country. Still the suspicion remains strong as to the intentions of the United States—and that of Bill Clinton who has somewhat behaved as Haiti's proconsul.

The Haitian people are right to be worry of the incompetence of the government in a country with a long tradition of governmental corruption and predatory practices. But, a country doesn't relinquish its sovereignty because it is hit by a natural disaster. A US-American or UN guardianship is unacceptable. Haiti certainly needs the United States' support for its reconstruction, but the discussion must remain within this parameter, which is the norm in international relations. The Haitian people are very grateful to the humanitarian intervention of the United States, and—regardless of the wish of those who call for the outright annexation of Haiti by the United States—they are also, in the vast majority, very nationalist and mistrustful *vis-à-vis* the intentions of the US, even when they appreciate its help in maintaining its seaport/airport infrastructure and the aid distribution centers during a horrific infernal moment. And I don't doubt any moment that they would resist to defeat the theft of Haiti that some corners may devise. This plunder will not pass. The outcome of the tragedy of the January 12, 2010, quake should not be more imperialist control of the country, nor more dependency on international charity, but, to the contrary, it should be occasion for a greater solidarity with Haiti's national liberation project and a total rejection of the paradigm that has led to the powerlessness of the Haitian state in helping in a moment of grave crisis.

I try to express in this epilogue the process of my own thought and feelings about the quake. Similarly to the rest of the book, I convey them both in essays and in poems. Beside this introduction to the epilogue that is translated in all three languages, the essay "Utopia as Possibility" is only translated in Haitian; the French essay "La Katrina d'Haïti" and the poems are not translated—although they all address the same problematic and express the same emotion.

# Utopia as possibility: Haiti And The Universal Human Project

In an op-ed "The Underlying Tragedy" published in the *New York Times* of January 14, 2010, David Brooks blames Haitian culture as the cause of its poverty: "Haiti, like most of the world's poorest nations, suffers from a complex web of progress-resistant cultural influences. There is the influence of the voodoo religion, which spreads the message that life is capricious and planning futile." Asking the question, "Why Haiti is so poor?" he goes on to compare Haiti to other countries like Barbados and the Dominican Republic that, supposedly, have similar histories: "[Haiti] has a history of oppression, slavery and colonialism. But so does Barbados, and Barbados is doing pretty well. Haiti has endured ruthless dictators, corruption and foreign invasions. But so has the Dominican Republic, and the D.R. is in much better shape." Coming soon after Pat Robertson's denunciation of Haiti's "pact with the Devil" as the cause of its calamity, one is flabbergasted by the blatant racism of such assertions—to say nothing of the intellectual laziness they manifest.

Although Pat Robertson placed his "pact with the Devil" remarks in the spiritual realm, essentially what his conservative movement has problem with is the practical impact the Haitian antislavery revolution had on the plantation system in the United States, bankrupting many interests that relied on its maintenance. Thus, the vehemence of its ideological inheritors who never forgive Haiti for that sin, as they believe that colonization, slavery and US imperialist policies are part of its "manifest destiny," its very *raison d'être*.

According to Brooks' s reasoning, in order to make a dent in the problematic of the poverty of Haiti, one only has to replace "parts of the local culture with a highly demanding, highly intensive culture of achievement..."

Critics like Mark Danner and Bill Moyers have already discredited the comparison with Barbados and the Dominican Republic, noting the tremendous, crippling impact the century-long independence recognition payments imposed by France, and the no less damaging half a century-long US embargo have had on Haiti's development project. But it's not futile to add here some emphasis to the context.[1]

It's very interesting to note that this kind of remarks has a long tradition behind it, which includes (to cite only these two) the book of Spencer Saint-John, *Hayti or the Black Republic* (1884), and that of Hesket Prichard, *When Black Rules Whites, A Journey Across and About Hayti* (1910), in which Haiti and the Haitians are depicted as uncultivated, anthropophagic savages bestialized by the practice of Vodou. The *Code Noir* of France's King Louis XIV has since 1685 legislated this belief.

The reported damage and destruction are normal consequences one would expect from a 7.3 magnitude earthquake that rocks a third-world country with rudimentary infrastructure and preexisting geological, tectonic plate faults. But because of Haiti's special history and its ambivalent, unsettling place in the West's consciousness, other elements are at play in the apprehension of the quake. Chief among these elements is the fact that Haiti is the only *successful* slave rebellion in the history of humankind. As history it is an interesting narrative in the realm of legends and fables, but I don't think it is registered among the general public, nor apprehended as real human history that took place in our world, not too long ago.

Indeed, if one makes the effort to understand the *context* of Haiti's poverty, that is the historical, geopolitical and epistemological climate the country was born in, it is not that difficult to understand its poor economic shape today: The rancor of three European powers—France, Spain and England—was brought to bear on the young nation, one imposed a debilitating independence recognition payment under threat of invasion that lasted more than a century (from 1825 to 1947); another power, Spain, actually warring against it in support of its lost colony (the Dominican Republic); and an emerging power, the United States, neighbor to the north, that imposed a strict embargo for fifty-eight years, despising it for constituting a "bad example" and a threat to the maintenance of its own slavery-based economy. As for England, while not actively engaging in sabotage, it pretty much acquiesced to its rivals' politics in Haiti. If you add to that decades of foreign occupation and absence of investment in the country's development, unending depredatory collusion among international lenders, a parasitic bourgeoisie, and tyrannical governments, the picture becomes clearer. Naturally for people like Pat Robertson and David Brooks, it's rather ideology, not ignorance, that motivates their ire toward Haiti.

Reporting of the damage of the quake from the Western media always includes the litany that Haiti is "the poorest country in the Western hemisphere." The question one should ask, first of all, is how "riches/richness" is defined in relation to its opposite "poverty," and to what calculation of degree is Haiti deemed "the poorest"?

If you define "riches/richness" in terms of quantitative measurement of production; in terms of how many banks there are, how many people are unemployed, and how many people are getting rich on the backs of the poor, who are getting poorer and poorer; if you define "riches/

richness" in terms of how many people who have villa-size homes per square mile, in relation to the many millions (in a total population of 9 million) who live in shanty-towns and rudimentary huts; in terms of how many can eat at their ease and receive proper medical care when they're sick, in relation to how many others who go to bed hungry almost every night and who die in the hundreds of thousands for lack of medical infrastructure and care; if you define "riches/richness" in terms of the degradation of the environment, of its noxiousness and the precariousness of life; yes, if you apply those statistics and methodology of measurement, Haiti is certainly poor, even "the poorest in the hemisphere," as the phrasing goes.

On the other hand, if you define "riches/richness" by a different methodological measurement and epistemological perspective, by a different standard and criterion, a different ontological valorization of Having and Being, you will certainly come up, in assessing Haiti, with a different grade-value. For example, compared to most countries in the world, Haiti has had historically a tremendous number of artists, writers, poets, storytellers, musicians, painters, sculptors, etc., in relation to its population. This is a fact that has been observed—and lauded.

If you define riches/richness in terms of human resourcefulness and resilience; in terms of intellectual and philosophical validation and achievement; in terms of the country's human potential and the beauty of its land (in spite of the deforestation and soil pollution); if you define riches/richness in terms of the value of the Haitian Revolution in the foundation of our modernity, in terms of both the Revolution's direct impact on the establishment of liberated nation-states in the Western hemisphere (aid in the forms of arms, money and people to South-American liberators Sebastian Francisco de Miranda in 1806, and Simon Bolivar in 1811), and its symbolic reference on the slave plantations in the United States; if you define riches/richness in terms of the acquisition, through the Louisiana Purchase, of almost half of the United States of 1804, which Haiti's pro-independence and anti-slavery revolutionaries forced Napoleon to sell in order to finance the wars he was fighting against them and against England; if you define riches/richness in terms of the Haitian state's anticolonialist stand in world politics, which benefited countless countries fighting for national independence, including Greece; if you define riches/richness in terms of the humanism and hospitality of Haiti's people; yes, if you use instead this measurement, Haiti is among the richest countries in the world.

Fortunately—in spite of imperialist, opportunistic reflexes many may harbor—there is a silver lining even amid the tragic devastation and the years of hard reconstructive work that they will entail: the genuine, universal human empathy and solidarity that the quake has generated. Joined with the Haitian people's willingness to use the quake as an opportunity to rebuild the country on better, sounder grounds, the international—or interpeople—solidarity, if it remains resolute, can constitute a transcendent human project with universal dimension. A project to build something good, beautiful and elevating from the rubble of destruction, chaos and suffering. That was the promise of the Haitian Revolution.

Maybe that sounds like utopia, but utopia in the service of human wellbeing and elevation is not a bad word—or deed.

(March 2010)

## Notes

1. For a more detailed analysis of the question of Haiti's Independence Debt and the demand for restitution, one should read the excellent article by Anthony D. Phillips "Haiti's Independence Debt and Prospects for Restitution" available on the website of the Institute For Justice and Democracy in Haiti: http://ijdh.org/wordpress/wpcontent/uploads/2009/11/Haiti_RestitutionClaim-ArticlePhilipps05-09.pdf

2. Read also my essay « La France doit restituer à Haïti la rançon de l'indemnité » in *Haïti Liberté* of August 25 to September 1st, 2010: http://www.haiti-liberte.com/archives/electronic_edition and in *AlterPresse* of August 30th, 2010: http://www.alterpresse.org/spip.php?article9913

# The Port-au-Prince I Knew

*(dedicated to the victims of the January 12th, 2010, earthquake)*

It was a sonic, dreadful, shocking blow
the scoop, the news that day
for them it was—alas!—reality
those seconds of horror
a terrible moment
hell on Earth magnified
multiplied
the cement-brick walls protecting my refuge
against the elements and my security ceilings
suddenly have become destroyers.

Your most trusting hut or lovely home
can any moment collapse on your head
disposable cadavers you become
in those seconds when your destiny is made
amid a long desert of suffering
hell on Earth magnified
ten-times multiplied.

Hell on Earth
a sea of blood and tears
where even survivors are not safe:
"I don't know if we can make it,"
my nephew said after surveying
the long Calvary of broken bones
human humming as a trailing pain slope.

Amid the unending real-life nightmare
daily consumption of vivid tragedy
history is remade—Did you know
people on this island always die stupid death?
Unnecessary deaths for lack of nutrients
lack of water to drink, to cook or to bathe
lack of medicines to sustain wellbeing
lack of everything that saves life.

My people are always dying
they die on a Monday morning
without any obvious causality
slow mass dying in silence

outside the glaring eyes of CNN News
they die outside human consciousness.

Even after deadly, repetitive tremors
Haiti has not disappeared, not ever.

The skeletal remains of the majestic Cathedral
whose spectral and eerie shadow
charmed my childhood soul
feel like slow, painful kicks on my wounds.
In my remembrance of our first encounter
she was a revelation
a discovery of a new space
joined with atemporal grace
she existed as in a dream
a furtive moment in passing.

She was the place for great Te Deums
also where things happen unexpectedly
her high silhouette seen from afar
hid unseen truth from sinners and saints
her odor of burned, wet candle
mixed with rum and sorrowful tears
conferred a peaceful, existential mystique.

Hotel Montana was destroyed
in a swirling fury just like the Cathedral
I remember going there almost every Sunday
with my sister Mimine a regular loyal fan
to hear the mini-jazz band *Les Fantaisistes*
and dance the melodious Compas Direct rhythm;
I remember I went there on a November 1ˢᵗ
a teenager in search of thrills and peer cachet
and enjoyed so much the Gede Vodou feast
that I drank myself to total oblivion
Hotel Montana was the place.

The agony of Port-au-Prince is painful
but my Port-au-Prince was already long dead
long before this extra-destructive quake;
she had become a neglected, mistreated city
a monster slum eating up the whole land
she had become a beauty turned ugly
a dirty and unsafe and toxic Port-au-Prince

Poetica Agwe

a place where people die in slow but sure death;
she was no longer the Port-au-Prince I knew
she was overpopulated and dreadful
she needed a revolution or a quake.

Still I mourn sacred human bodies
suddenly violated by Nature's madness
I mourn those innocents' entrapment
in the great void of contingence
those who already had nothing
who now lose even that nothing
those suddenly transformed as cadavers,
human rubbish for the mass pit.

Yet I enjoy the genuine togetherness
even amid Big Brother's reflexive antics
Somalia replay in 2010 except this time
the Haitian people will early see the light
they would remember 1791 and before
and what came after and beyond
and the people of the world will stay vigilant
to preserve centuries of valorous struggle
to gain what we have so sacrificed to gain:
real-life freedom
the dignity of being.

I would welcome our neighbor's grace
in bringing water and firefighter
to extinguish the fire in our house;
I would welcome his goodness of heart
in providing sustenance and comfort
yet I would still resent him if he stays
against my will in my house in a guise
and tells me what to do like a master;
I welcome genuine solidarity and empathy
from those who care and share my sorrow
I welcome the helping hand
and not the holding grip.

Even from the distance of exile
I feel the unending tremors of the quake
the daily nightmares remaining reality;
in the mortal incineration of my home town

an important part of me has joined the ashes
I mourn my people's anguish
yet my heart even in the absence of joy
is full of the hopeful wind of change
full of the creative energy even chaos
sometimes entails in its infinity
my soul takes pride in this human togetherness
and is full of hope for a better Haiti
a Haiti rebuilt on sounder and more just grounds.

Those who come from afar
and the land's children who stay put
the survivors who endure utmost calamity
the doctors, the nurses, the vigilant reporters,
those who feel and care
those who want to continue
until human decency is achieved
I salute your great sacrifice
at the end that's what counts
human solidarity in action
I salute you
I salute your sharing my dream.

(Cambridge, February 2010)

# Ayisyen

# Entwodiksyon

Mwen abòde nan liv sila a panse nou sou ide rezistans ak lapè nan yon sans dyalektik kote youn pa ekziste san lòt e kote tou toulède depase tantasyon yo chak genyen pou yo tonbe nan rediksyonism. San prezans vijilans rezistans, lapè pa lòt bagay ke enpozisyon lòd venkè oubyen lòd klas dominan yo tabli. Men san ideyal lapè antanke objektif ekzistansyèl, rezistans se sèlman konfwontasyon ensten ki toufounen e ki pa gen ankenn enfliyans sou reyalite.

Gen yon pwopagann nan manifestasyon popilè nan Etazini ki di : « No Justice! No Peace! » Si pa gen jistis, pa ka gen lapè ! Se esansyèlman etapanse liv sila a : Lapè se alafwa rezistans kont malfezans e tablisman jistis e dwa yon moun genyen pou yon lavi ki desan. Pa gen jistis, pa gen lapè ; men tou pa gen rezistans, pa gen lapè. Paske san rezistans ki la pou sove ideyal jan moun dwe ye, nosyon lapè se yon bagay ki enposib.

## Twa lang, menm tematik

Mwen fè yon paryaj nan liv sila a kote m ekri yon liv an de pati e an twa lang diferan. Premye pati a kore nan sen li sèt esè kout, ki gen konpayèl tradiksyon literal nan toulètwa lang yo. Dezyèm pati a se esè ak powèm ki pa tradui de yon lang ak lòt yo (eksepte kat ak senk pou san nan powèm yo). Pandan y'ap pouswiv yon menm tèm—rezistans, lapè, finitid, lanmou ak rechèch rèv sa nou ye—, powèm yo ekziste nan yomenm nan chak lang yo, chak nan yo konfwonte ak lòt yo nan otonomi paralèl lejitim yo. Anplis, liv la ekri yon fason ke yon moun monoleng ki pale nenpòt youn nan twa lang yo ap genyen yon lekti ki byen djanm kèlkeswa konpreyansyon li de lòt lang yo.

Mwen te toujou enpresyone pa bèl maji mo nan lang yo ka fè, e sa toujou fè m gran plezi lefètke mwen ka ekri nan twa lang. Relasyon m avèk chak grenn nan lang yo gen awè avèk istwa espesyal mwen viv avèk youn oubyen lòt. Mwen te aprann fransè nan lekòl tankou toutalafwa lang ansèyman e sijè ansèyman, men apa kèk grap pawòl fransè mwen te konn tande nan radyo, nan sinema, nan televizyon, e diran yon sejou an Frans, se te lang ayisyen—ke tout moun konnen sou non kreyòl oubyen kreyòl ayisyen—ki te lang kominikasyon chak jou mwen, men malerezman se yon lang, diran tout enfans ak jenès mwen, yo te meprize e trete tankou yon lang enferyè nan rapò de pouvwa ann Ayiti[1]. Pou lang anglè a limenm, si ou wetire kèk leson elemantè mwen te aprann nan klas segondè, mwen te vin adopte li lè m te deja nan ventèn mwen, e menmlè la a tou se apre yon long rezistans kont lefètmenm pou m aprann li, ke m te konsidere tankou yon kapitilasyon devan hejemonism (sèlkòknangagèism) kiltirèl li.

Yon lang se yon eritaj inivèsèl ke tout kretyenvivan pataje e viv ansanm, e pwiske ekri nan yon lang—ke l se yon lang matènèl ouswa yon lang adoptif—, se kòm reenvante lang nan, mwen santi m kou yon privilejye jodia palefètke mwen gen aladispozisyon mwen twa zouti lengwistik sa yo ki kapab ede m patisipe nan kontwiksyon yon nouvo langaj.

## Pou *revèse* antwopoloji a

Akoz ke m te viv majorite laj granmoun mwen ann ekzil nan peyi Oksidan yo, esè ak powèm mwen yo se alafwa done antwopolojik e temwayaj lirik. Sèlman fwa sa a, antwopoloji a vin anrevè, olye se kolonizatè a k'ap gade kolonize a, fwa sa a se kolonize a k'ap gade kolonizatè a oubyen eritye l yo, petèt li pap gade l kou yon objè, men kou yon enterè antwopolojik. Se lè pa zòn Oksidan an pou l gen yon kout je ki penetre li pa yon rega ki pa sa Frantz Fanon ta rele « yon konsyans de pwòp tèt pa l », ni yon reflè megalomani li.

Ide de yon antwopoloji *revèse* louvri nouvo chimen pou rechèch, nan yon sans ke, pou premye fwa nan listwa entelektyèl resan, depi petèt mouvman Negritid la e afimasyon pa Fanon de ekzistans Zòt tankou sijè total-kapital, paradigm valorizasyon oksidantal la vin konteste pa yon « Etranje », ki kesyone tout bagay, san wetire, nonsèlman nati enjis relasyon de pouvwa ki ekziste yo, men tou jistifikasyon entelektyèl yo pwopoze yo. Se esansyèlman yon refleksyon entelektyèl paradigmatik ki *revèse*, deplase, transpòte etwatès vizyon Ewopsantrism lan ansanm ak sistèm referans li an, de Nò o Sid, pa sa Fanon rele a « Rega zye Zòt » (« *le regard de l'Autre* »)—kote li kesyone patipri vizyon kiltirèl machin k'ap manifaktire reyalite Ewopsantrism lan ap fè parèt tankou pwototip inivèsèl. Koulyea *obsèvatè* a vin obsève pa yon lòt, *regadè* vin regade pa yon lòt.

Evokasyon non *Agwe,* dye vodou pou lanmè ak vwayaj, nan tit liv sila a, se kòmkwa mwen ta vle liv la beni pa yon loa[2] yo bay misyon pou l retounen nanm Afriken ki mouri lòtbò dlo—okòmansman zansèt yo yo te anbake e plase nan esklavaj nan swadizan Nouvo Mond lan—nan sen Manman Afrik kote tout bagay te koumanse e ap fini. Nan ka sila a, li senbolize alafwa ekzil lwen peyi mwen, eksperyans alyenasyon kèmare sou tè peyi etranje, kè kontan rankont avèk lòt pèp yo, lòt peyi, lòt ras moun, ansanm ak rèv mwen genyen pou batisman yon demen ki miyò.

## Ideoloji e pwezi

Radikalism ki nan pwezi mwen se rezilta abi sosyopolitk e dekonstonbray anviwonnman an ke m obsève e rankontre nan tout vi mwen. Se sou-pwodui yon eksperyans anpirik. Kontrèman a ideoloji m ki se yon kritik dirèk kont estrikti de klas sosyete a, pwezi m limenm li *anbivalan,* sètadi nan yon sans li se yon jefò pou rive jwenn transandans. Pou mwen, ekziste se reziste, reziste nonsèlman opresyon sosyoekonomik ki koze pa vorasite ak egoyism zòt, men tou etadam e jistifikasyon entèlektyèl ki akonpaye eki jenere yomenm tou zonbifikasyon e rayisman kont pwòp tèt li ki akapare yon oprime.

Menmlè mwen rele pou eliminasyon tout sistèm eksplwatasyon ak esklizyon, e mande pou met soupye yon sosyete imanis, egalitè e sosyalis, mwen pa ta renmen pou moun komèt ankenn atrosite ou eliminasyon fizik kont yon lòt kretyenvivan pou sa rive. Byenke mwen konprann dwa tout pèp oprese genyen pou yo chwazi mwayen yo vle pou yo reziste lè michan ame okipasyon kontinye ap masakre frè yo, papa yo, fanm yo ak timoun yo, e ke kondanasyon moral la dwe pwente dwèt tou de kote, mwen toujou rete kwè objektif la pa dwe jistifye tout mwayen. Kouwè mwen di nan yon editoryal osijè atak 11-Septanm lan : « Fason imen ou trete lennmi an fè pati de finalite imanis lit la. (...) Tiye pou otodefans oubyen pou genyen yon lit pou otodetèminasyon aseptab daprè Konvansyon Jenèv yo osijè lit ame. (...) Men laterè ak kriyote kont sivil pa dwe janm asepte kou mwayen kontestasyon apwopriye e aseptab. Lit ame se yon opsyon dènye chans, non pa yon kanaval laperèz, ni yon selebrasyon lanmò. »

Pwezi m vin ideoloji kan pa gen ankenn plas pou konpwomi, danseka se wòl ideyal yon moun genyen pou tèt li pou l defini jan l vle lavi li—e sa pa menm *vice-versa.* Nan ka sa a, ideoloji pa rete yon referans pwendedepa, men pito yon pwosesis dyalektik de rejeksyon oubyen de imèsyon (antre anndan) ki gen pou objektif atenn libète total. Yon libète ki defini tankou yon eta yon moun atenn lè konsyans li libere tèt li de tout kondisyonnman sosyal ak presyon, e ki reponn sensèman ak kesyon ki sa ki byen ou mal—yon jefò ki pa vrèman twò difisil malgre twoub konfizyon konfòmism sosyal enstitisyonèl ansanm ak distraksyon medya kominikasyon de mas yo kreye. Pwezi se kan lespri endividyèl la defye, souvan pou pri majinalite oubyen menm lanmò, fòs alyenasyon yo.

Pami tou lòt tip medyòm pou ekspresyon ak kominikasyon, pwezi se petèt youn ki kaptire plis esans lavi antanke pwosesis kreyasyon e re-kreyasyon. Sa ki ekziste vin tounen sa ki te la e sa k'ap vini e li kapab vin regwoupe nan yon sòt kontinuite ki transande tan. Sa m te viv e obsève Ozetazini pa sèlman konsène mwenmenm, yon endividi, yon èt imen otonòm k'ap chache konprann libète—libète an tèm alafwa sibjektif e objektif. Jan mwen sezi lavi touche tou lòt moun e li gen awè ak eksperyans lòt moun, menmsi se ta sèlman nan inisyasyon nan kouman sa ye lè yon moun ap viv Ozetazini. Se yon eksperyans ki bon nan limenm si l ede nan pwomosyon konpreyansyon, solidarite kominotè, santiman anpati imen (santiman santi doulè yon lòt manman). Pwezi m, an dènye analiz, se yon pwezi liberasyon, pou liberasyon.

## Pwezi pou chanje lavi

Prèske tout powèm mwen yo se osijè moun reyèl ak lavi reyèl. Mwen eseye fè tounen eskandal tout bagay ki eskandalèz mwen obsève e deplore tout kote mwen viv. Menmlè m te konnen povrete ann Ayiti, mwen te eskandale lè m te wè li an Frans e, pita, nan Etazini. Sito m wè sa mwen reyalize peyi sa yo tou, kouwè Ayiti, bezwen yon revolisyon. Yon revolisyon alafwa nan nivo batis sosyal ak enfrastriktirèl yo e nan nivo pwosesis panse sipèestriktirèl yo. Paekzanp, menmsi gen yon majorite moun Ozetazini ki konsidere kondisyon sanzabri a tankou yon pati nòmal nan lavi e nan fonksyonalite sistèm kapitalis la, pou mwenmenm mwen toujou twouve li innaseptab ; mwen toujou konsidere l tankou yon aberasyon paske Etazini gen yon pakèt resous ki kapab eradike li.

« Lanfè se lòt moun », yon pèsonaj nan teyat Sartre pwoklame, nan sans ti peripesi chak jou nan lavi yo, angwas yo, tètchaje lè yon moun pa konnen kote li pral jwenn pwochen repa li, an gwo, enstabilite mantal ak ekzistansyèl yo, yo tout kondisyone pa zaksyon anpirik pwochen nou yo, frè ak sè nou yo, dirijan gouvènman n yo ansanm ak klas dirijan nou yo. Lanfè se desizyon Food Stamps Program oubyen yon soukomite distribisyon pou li tèmine sibvansyon ti pòsyon nouriti ak vètman yo ba ou ; mankman oubyen koupaj kouvèti asirans medikal yon malad ; travayè yo revoke a oubyen chomè ke yo refize mwayen pou li peye lwaye kay li ; solitid chagren devan malsite lavi.

Si gen de leson mwen ta renmen lektè yo retni de liv sila a, premye a se toudabò konprann lapè, san l pa ditou yon ideyal transandantal, reflekte rapò sivilite ak jistis kominote imen yo chache tabli pami youn avèk lòt. Dezyèm leson an sè ke lapè trè souvan pa depann de pèp yo ki yomenm se viktim agresyon pwisans militè dominan yo, ki itilize lagè, kouwè Carl von Clausewitz di, pou rezon ki esansyèlman rezon politik.

Byennerezman lagè, kalamite lavi, difikilte ekonomik, dezespwa yon moman pa siy yon pèdisyon ekzistansyèl san retou. Gason ak fanm toujou gen pouvwa pou yo chanje lavi—si se sa yo ta swete.

Pou fini, pandan ke n'ap swiv dewoulman tan lavi, keksyon yo rete menm jan kouwè lè yo te fèk poze : Kouman antanke sosyete oubyen nasyon n'ap pouswiv avanti lavi avèk otan de jistis ke posib ? Kouman n'ap viv e ap lese lòt viv ? Kouman n'ap fè pou estriktire sosyete oubyen relasyon entènasyonal yo nan yon mannyè ki garanti libète pa nou se garanti libète tout lòt moun ? Sa n ka fè pou nou anpeche sanzave yo fin detwi ekosistèm lan kan nou konnen li se kondisyon *sine qua none* minimòm pou sivivans chak grenn nan nou ? Kouman antanke èt imen otonòm n'ap kreye jistis, lapè ak bèlte sou Latè nou an ? Tout sa se kesyon yo.

## Nòt

1. Li sou sijè sa a liv mwen, *Critique de la francophonie haïtienne*, ed. l'Harmattan, Pari, 2008.

2. Loa= Ti-Dye oubyen lespri nan vodou.

# Pwopagann e gran distòsyon reyalite

Nou konnen envazyon Irak an mas 2003 a te materyalizasyon opsyon ak objektif entelektyèl neokonsèvatè yo, ke yo rele nan non grimas *neokon,* te fòmile plizyè zane oparavan, e ki te vin adopte pa Ajans nasyonal sekirite (NSA) kòm pati entegral doktrin defans Etazini. Dyabolizasyon Saddam Hussein e ekzajerasyon asenal zam destriksyon de mas li te swadizan posede te senp pretèks pou yo jistifye entansyon byen detèmine Etazini pou li *restriktire* tout Mwayenn-Oryan an nan yon sans pou pwisans ak kontwòl li pa janm vin defye—e lè sa ta rive pou li ta kontrekare menas la avèk zaksyon ekstrèm, zaksyon drakonyen. Kouman donk *Establishment* entelektyèl e politik nan Etazini an lese sa rive ? Pa vorasite ? Pa parès entelektyèl ? Pa avègli ak pè pale ? Èske se koz kontwòl mikromanajman gwo chèf konpayi ki gen enterè nan lagè a ?

Nan liv li *Imperial Ambitions* (« Anbisyon Enperyal »), Noam Chomsky ekri premye fwa yo te itilize pwopagann kou politik ofisyèl sa te rive ann Angletè diran Premye lagè mondyal la, avèk objekti deklare pou « dirije panse pi gran peyi nan lemond la ». Òganize pa Ministè Enfòmasyon, objektif prensipal machin pwopagann lan se te pou pouse Etazini pou l antre nan lagè a. Bi sa a te vin byen reyisi. Prezidan Woodrow Wilson non sèlman antre nan lagè a, limenm tou li met sou pye pwòp Komite sou Enfòmasyon Piblik pa li, ki te « deja orwelyen » Chomsky di.

Konsènan ka patikilye Irak, Chomsky mansyone ka marin « ki te pèdi fèy li nan mitan konba e ki tiye yon Irakyen ki te blese ». Medya yo sansasyonalize ka sa a, yo fè l tounen yon gwo nouvèl medyatik. An reyalite, Chomsky di, se te yon ensidan toupiti, « nou agrandi li kou yon mwayen pou nou siprime lòt pi gwo krim » ofansiv Etazini an t'ap komèt, « menm jan yo te fè pou My Lai », yon ti vilaj o Vyetnam kote, an 1968, solda meriken te tiye jiska 500 sivil Vyetnamyen. « My Lai se te sèlman yon ti nòt anba paj nan lagè Vyetnam lan », Chomsky di, « li te fè pati de yon kokennchenn operasyon militè, Operasyon Wheeler, ki te dirije pa moun kouwè nou ki te pote kravat ak veston, ki te chita nan bèl biwo klimatize pandan y'ap bonbade vilaj yo ak avyon B-52 ».

Chomsky konpare ofansiv etazinyen an Fallujah, ann Irak, an novanm 2004 avèk pa Rus yo an Groznyi, an Tchecheni, an desanm 1994. Men lè w'ap li jounal yo oubyen gade televizyon, ou gen enpresyon se te yon operasyon militè òdinè, ki te angaje gwoup advèsè byen ame, e non pa masak sistematik plizyè milye sivil. Anpil ekspè nan dwa moun te pale de krim de gè e vyolasyon Konvansyon Jenèv yo pa Etazini, pi patikilyèman kan militè etazinyen yo te repouse nan zòn lagè a refjye nan Fallujah ki t'ap kouri soti, oubyen ankò kan yo te okipe Lopital Jeneral Fallujah a paske yo te akize li kou « yon sant pwopagann kont fòs alye yo », ki t'ap pwodui « estatistik ekzajere sou kantite viktim sivil yo ». « Atak Rus yo an Groznyi te konsidere avèk rezon tankou yon gwo krim de gè. Men lè ou fè menm bagay la an Fallujah, yo rele l liberasyon. Jounalis ki te akonpaye lame etazinyen an te plenyen ka soufrans marin yo ki t'ap andire chalè e ke moun t'ap tire sou yo tout tan.[1]»

Li enteresan pou remake similarite ki genyen ant masak yo te repòte ki rive an Haditha, ann Irak, an novanm 2005 la, e fòmil ki te itilize nan ka My Lai a. Apre lanmò Kaporal Miguel Terrazas, yon marin, ke yo te tiye pa yon bonm sou wout, yon detachman marin fè yon desandelye an Haditha ki dire senkèdtan, kote yo touye 24 sivil Irakyen, pami yo fanm ak timoun, anpil nan yo nan istil ekzekisyon. Byenke nouvèl masak la te konnen lè l te rive a, li pran medya etazinyen yo plizyè mwa anvan yo te repòte li, e l pran menm nonbdetan an pou fòs ame etazinyen yo te rekonnèt li. La a tou, blam lan te dirije kont « ponyen marin manyak » ki te tire gachèt la, e non pa kont yerachi militè ak sivil la ki te met sou pye estrateji « desandelye baleyaj » kont rebèl yo. Jounal *New York Times* te site yon sèten Kaporal Michael Miller ki te di : « Ann Irak, tout sa ou fè dwe otorize pa yon ofisye siperyè. Ou pap ka ale fè rafal debleyaj nan kay san pèmisyon siperyè w yo.[2]»

Efektivman, rafal baleyaj yo rele ann angle « *clearing house* » yo t'ap rive atravè tout Irak, patikilyèman nan zòn yo konsidere kou « katye baz rebèl » yo. My Lai ankò vin nan lide anpil moun. Apre l ekzamine atrosite Etazini kòmèt nan lagè Vyetnam ak lagè Irak yo, Chomsky etone l de gwo kontras ki genyen nan kritè kriminilizasyon ak responsablite parapò ak Tribinal Nuremberg : « Nan Nuremberg, prokirè a pat al deyè solda sou teren yo, li te pousuiv kòmandan sivil yo. »

Dizan nan nannan nouvo milenè a, grann pwisans oksidantal yo poko janm aprann leson sou avanti enperyalis tan pase yo ki tounen an trajedi. Ansyen pwoblematik la, ki limenm se rezilta paradigm gwo ponyèt ki bay dwa, pa janm chanje.

Èske li pa t'ap pi bon si Napoléon Bonaparte te pale ak Toussaint Louverture olye ke l te voye 32 000 sòlda pou vin detwi aspirasyon libète *esklave* afriken yo ? Menm apre envazyon an Toussaint te dispoze toujou poul antann li avèk Fransè yo, li asepte pou l rankontre avèk yon reprezantan Napoléon nan yon lokal sekrè. Lè yo te rive kote yo ba yo randevou a, Fransè yo ansèkle, mare e kidnape Toussaint ansanm avèk asistan l yo. Kidnapè yo mete Toussaint nan yon bato adestinasyon Lafrans e yo jete li nan yon prizon malouk, prizon Fort de Joux, ki nan montay Jura a, sou fwontyè Laswis la, kote yon ane pita misye mouri de nemoni, jounen 7 avril 1803. Rezilta anlèvman ak lanmò Toussaint te vin rann rebèl afrokreyòl yo pi fache, e ranfòse enpilsyon radikal yo an favè endepandans total anvè Lafrans. Jean-Jacques Dessalines, yon lietnan Toussaint ki te pi radikal ke misye nan anpil kote, pran latèt enzireksyon an apre anlèvman li, epi lanse yon lagè endepandans kont Lafrans ki pote laviktwa. Rebèl yo deklare endepandans Ayiti jounen premye janvye 1804.

## Nòt

1. Tcheke Noam Chomsky, *Imperial Ambitions : Conversations on the Post-9/11 World*, Henry Holt and Company, New York, N.Y., 2005.

2. Tcheke *New York Times* dat 30 me 2006. Jounen 17 jen 2008 yon jij militè etazinyen bay yon vèdik anilasyon anfavè pi gwo grade nan ofisye yo, kolonèl Jeffrey Chessani, ki te akize de masak la. Kat ane apre, toujou pa gen ankenn rezolisyon krim sa a.

# Lespwa ozetazini

Byennerezman, Listwa se tou yon makonnaj ti viktwa piti oprime yo konn ranpòte kont magouyay machinasyon oprese yo. Yon ti kout lè fre nan yon dezè ilizyon, yon ti eklèsi nan yon tinèl zak efreyan, yon ti chimen esplandi ak mèvèy fas avèk enpas pèdisyon ; ti chimen nou swiv ak ti pa kout men ke souvan nou janbe nan gran bon enèji ak detèminasyon pou n ka pouse lit la nan sans afimasyon sa yon Lòt Moun ye.

Pou filozòf fransè Jean-Paul Sartre, ekzistans yon moun afime li kan endividi a—oubyen kolektivite a—defye detèminism estrikti sosyopolitik yo ansanm ak rediksyonism analiz chematik gwo gozye Inivèsite ak medya yo, pou montre ekzistans yon kretyenvivan ki otonòm, ki motive non pa pa yon lafwa ki te dètèmine avan tout bagay, men pa lafwa nan posiblite lavi ofri, nan otantisite sa yon moun ye, e ki ankouraje aplikasyon benefisyèl praksis politik ki nesesè a pou fonde e materyalize chanjman revolisyonè a.

Mwen obsève diran eleksyon prezidansyèl nan Etazini nan mwa novanm 2008 la yon jefò kolektif pa yon pakèt moun, ki sot nan diferan milye, pou yo fè de eleksyon yon prezidan nwa ekspresyon revandikasyon yo pou fè respekte diyite moun. Apre yon seri de eleksyon fomamit repibliken yo pase bay tèt yo pa mwayen dezenfòmasyon ak manipilasyon medya yo, pèp etazinyen an rele Abraham-di-sètase pou jan woulman sa yo. Nou te wè detèminasyon sila a nan konsistans sondaj opinyon yo sou entansyon vot elektè yo. Se yon sot de paryaj yo te fè sou otantisite sa yon moun ye olye de foste, fomamite sa k parèt. Volonte pou afime fòs politik alterite, sètadi kalite grandèt ekzistans yon lòt moun, ki kapab ekzèse e viv—malgre listwa represyon ak oktrasism—pa nenpòt nan grenn brik nan mozayik miltirasyal, miltietnik e miltikiltirèl Etazini an.

Nan yon atik li ekri nan *New York Times* jounen 8 oktòb 2008 la, ansyen minis ditravay Bill Clinton lan, Robert Reich, remake gen yon pwopòsyon de youn pou san (1%) nan popilasyon etazinyen an ki grape pou tèt li ven pou san (20%) revni total peyi a nan anpil ane k sot pase yo. Anvan e jiska rive prezidans Ronald Reagan an 1980, pwopòsyon sa a te uit pou san (8%) revni total la. Reich fè note ke dènye fwa youn pou san popilasyon an te grape ven pou san revni total la sa te rive an 1928, sètadi ane ki vin anvan kokennchenn kriz « krach » ane 1929 la...

Paralèl sa a montre nonsèlman pa gen ankenn chanjman nan degre aloufa klas dominan de epòk yo, men tou korelasyon malouk ki genyen ant anrichman devègonde yon ti minorite sosyal e apovrisman pa mwen devègonde grann majorite moun peyi a, san retire klas mwayèn yo.

Se pa pa aza ogmantasyon depwalaj revni peyi a pa youn pou san popilasyon an te rive sou administrasyon Reagan-Bush la, ki te adopte politik ekonomik *laissez-faire* Milton Friedman t'ap prekonize a, yon nonm otorite gwo-kòlèt entelektyèl yo—*sipèestrikti* a—te konsakre Pri Nobèl, e ki te dekouraje tout sòt regilasyon pa Leta de move zak espekilasyon gouman Wall Street yo. Tout administrasyon ki vin apre Reagan yo, san retire pa demokrat Bill Clinton lan, kontinye plizoumwen politik sa a. Avèk politik alyans malpouwont li avèk milye klas eze e kòporasyon yo, George W. Bush vin konsolide jouk nan zo tandans sa a, misye mete ouvètman prestij prezidans etazinyen an osèvis esklizif enterè prive yo.

## Peyi a avèk foli li ak rèv li

San karant senk kan apre fen Lagè Sivil la, ki te gen youn nan bi l abolisyon esklavaj, peyi a rete pratikman yon peyi alafwa nèf e petri nan dout ak konfizyon, kouwè sa toujou rive chak fwa yon nouvèl jenerasyon ap emèje. Nan tout istwa peyi a, dout ak konfizyon sa yo kontribye, detanzantan, nan gran bon ann avan vè sa li kwè ki se rèv li : libète—libète ekzistansyèl e libète yo fèmen nan rijidite enstitisyon yo. Erezman, se yon peyi tou ki dinamik, yon peyi ki se alafwa mikwokòsm (vèsyon tou piti) mond lan, rejetasyon li e pati entegral foli l ak rèv li.

Yo eli Obama nan yon moman ki patikyèman twoublan e ekzijan nan istwa peyi a. Ekonomi an ap sibi yon resesyon terib, chomaj ap galope, mwayendacha ap retresi, moun ap viv nan enkyetid, kèk nan yo ap dezespere. Genyen yon blag ki di blan yo deside pase pouvwa a bay yon nèg nwa sèlman lè kondisyon ekonomik ak politik li ap detèryore pou yo kabab blame li pou fayit li.

Se byennandi yon blag, paske Etazini se yon peyi ki koni pou reyalizasyon enposib li fè rive, tè mirak ak gwo kokennchenn elevasyon ; yon peyi ki plase nwa Dafrik yo ann esklavaj, men ki bay Frederik Douglass yon ògàn pou l denonse enjistis li yo ; yon peyi ki ekzekite John Brown, asasinen Malcolm X, Medgar Evers e Martin Luther King, men ki fè vote Lwa Dwa Sivil pou sipòte dwa sivil nwa yo ; yon peyi ke bonm, misil ak chablende li fin fè Vyetnam tounen sann, yon peyi ki soutni enkondisyonèlman malè okipasyon Izraelyen sou Palestinyen yo, yon peyi ki anvayi Irak, detwi enstitisyon ak anvironnman vital li e masakre pèp li, men se tou yon peyi ki te louvwi relasyon avèk Mao, ki envante djazz e ki vote pou Obama prezidan.

## Yon kokennchenn viktwa ak yon genistorik en defezab

Se te preske enteresan lè w te wè santiman peyi a rete byen optimis malgre movèz nouvèl chak jou sou valè kantite moun y'ap revoke, kay moun y'ap sezi paske yo pa ka peye, e ogmantasyon kantite moun ki pa gen kote pou yo rete ; moun yo ankese kalamite kriz la avèk yon estoyisism ki te byen kalman. Se te remakab tou lè w te wè mizanje dyalektik ant sa k move e sa w'ap espere, yon transandans malvi pa yon volonte aktif pou espere yon meyè vi.

Genyen deja yon kokennchenn viktwa e yon gen istorik endefezab nan lefètke Obama eli prezidan Etazini. Yon viktwa senbolik sètènman, men kouwè nou te di yon lòt kote, pafwa nan Listwa yon viktwa senbolik konn gen menm grandè enpòtans kou viktwa pratik, antouka eleksyon sila a Ozetazini vin fann vant ideoloji madichon dominasyon blan an ki te reprezante nan mentni tradisyon kote se sèl gason blan ou wè nan fonksyon prezidan—ki se pi gwo onè Repiblik la—nan yon peyi kote preske mwatye popilasyon an sot nan yon ras ki pa ras blan.

Gen yon istwa k'ap ret toujou grave nan memwa imanite : istwa sa a se istwa pitit yon imigran afriken ki te rive si tèlman konkeri kè Etazinyen nan tout milye ke yo vin eli l premye prezidan nwa nan yon eleksyon ki te gen yon pakèt ekselan kandida blan. Avèk èd meyè sèvo nan *Establishment* politik la, misye met soupye kanpay politik ki te pi byen òganize nan tout istwa peyi a, sanke li pa lese nanm li tonbe nan demagoji, ni nan difamasyon karaktè lòt moun.

Youn nan pi gran merit misye se lefètke li te reziste fasilite yon kilti politik dominan ki privilejye simagri ekran, atak pèsonèl ak finalite malachyonn, odepan rechèch sa ki vrè, sa ki bèl, sa ki otantik. Kanpay pou prezidans li a te fè fyète alafwa pèp tyèsmond yo ak pèp premye mond yo ki te aklame l kou yon antidòt kont eksperyans kochma administrasyon George Bush tipiti[1]. Kenya, peyi natifnatal papa Obama, te deklare jou ferye twa jou ki te vin apre eleksyon Obama a. Nan vi mwen mwen pat janm wè yon si bon dispozisyon lespri, preske inivèsèl, vizavi Etazini, preske toupatou nan lemond.

Depi tan Karl Marx ki te predi ke premye revolisyon sosyalis la gen pou l soti Ozetazini, se premye fwa moun te mete kantite lespwa sa a nan potansyalite ak jeni revolisyonè peyi sa a. Lemond antye te prepare pou yo akeyi retou Etazini nan nòmalite peyi sivilize, yo te aplodi bèl bagay yo akonpli ansanm ak fason jan yo konn toudi moun ak bèl tyaka ki melanje verite, manti ak ensètitid.

Selon pèspektiv sila a, sa Obama akonpli deja antre nan kad bagay ekstraòdinè, yon gwo apèl pou chanjman ki gen repondong tout kote, epitou e sitou disiplin karaktè ekzanplè li montre e ki defye reyalite politik etazinyen an. Mwen raple m dezakò mwen te gen avè l lè l te refize atake Hilary Clinton menmlè manmzèl t'ap voye monte tout sòt de kout lang sou misye, pratikman akize l de vòlè k'ap kase kay, daprè dekripsyon sosyològ Orlando Patterson. Misye te kenbe « cool » li, kenbe tèt poze li, e siksè l vin ba li rezon. Nan dedikas li ba l apre l nonmen l « Pi Gwo Gason Ane 2008 » la, magazin *Time* te souliye « abilite eksepsyonèl misye genyen pou li li enperatif e posibilite chak nouvo moman ofri e òganize ansanm avèk lòt moun pou antisipe chanjman e fè l tounen opòtinite ».

Mwen ka di nan lavi m mwen te temwen arive opouvwa premye prezidan demokratikman eli ann Ayiti, Jean-Bertrand Aristide, e eleksyon premye prezidan nwa Ozetazini, Barack Obama. Konstatasyon sa a pa vle di mwen vle fè yon paralèl istorik antre yo. Sepandan fòk nou note tou Toussaint Louverture limenm tou te yon sipèlatif yo lwanje : Premye pami tout Nwa, Spatakis Nwa, Napoleon Nwa, trasè chimen ki enposib. Misye fini vi li anprizone nan yon kacho souzimen mizerab. Yo kidnape Aristide e ponpe l al jete nan ekzil nan Afrikdisid. Kisa yo ap vin fè Obama ? Kisa Obama ap vin fè tèt li ?

**Nòt**

* Tèks sila a soti de yon pi gwo esè sou « fenomèn Obama » a ke m ekri an franse sou tit « Barack Obama et la revanche de l'altérité » ( « Barack Obama e revanch alterite ») pibliye pou premye fwa nan jounal *Tanbou* e *Haïti Liberté* edisyon oktòb 2008 e janvye 2009.

1. Alizyon a Victor Hugo ki rele Napoleon III, an konparezon a Napoleon Premye, « *Napoléon le petit* ».

# Koudeta Lafrans-Etazini ann Ayiti : entansyon neokolonyal

Ann Ayiti, ekzakteman nan lannwit 28 rive 29 fevriye 2004, relasyon kolonyalis ant *gran-blan* e *ti-nèg,* ki te pratik kouran nan tan koloni, te vin retounen an fòs lè Etazini ak Lafrans entèveni nan kriz ayisyen an, sou pretèks pou yo anpeche yon bendesan e pou swadizan sove demokrasi.

Kowoperasyon Lafrans ak Etazini nan aplikasyon fòs gwo-ponyèt la te pèmèt Lafrans te bay plizyè kou ak yon sèl kout wòch : Pran revanch sou anbarasman Jean-Bertrand Aristid te koze li nan demand li fè Lafrans pou l remèt 21 milya dola (montan jodia) Ayiti te vèse ba li ant 1825 e 1947 kou endemnite pou l rekonèt endepandans Ayiti ; imilye yon Eta ansyen esklav ki te pote premye kou danvwa kont kolonyalism modèn lan e kont ampi franse a ; epitou, rapwoche l de Etazini apre ti fache yo te fè osijè lagè kont Irak la.

Lefètke opozisyon Lafrans kont lagè Irak la te koze l sèlman pwoblèm (ostilite Etazini, pèt enfliyans ak kontra gwo zouzoun ann Irak, elatriye), epitou etandone pwisans siprèm Etazini antanke inik sipèpwisans te pèmèt li fè tout sa l vle detoutfason, politik Lafrans, omwen depi lansman lagè a, se te pou l rapwoche l de Etazini. Kriz ayisyen an vin ofri l yon okazyon dò.

Kantite gwosè kritik Lafrans kont politik irakyen George W. Bush la te fè anpil moun bliye toude gouvènman yo, ki te toulède konsèvatè e entèvansyonis, te gen plis pwen konvèjans ke divèjans. Yo fè donk rapwochman yo sou do Ayiti.

Se pa te premye fwa Lafrans ak Etazini te kolabore nan yon apwòch komen anvè Ayiti. An fevriye 1986, devan zak enzireksyon deplizanpli vyolan e revolisyonè pèp la kont rejim otokratik-fachis Bebe Dòk la, François Mitterrand e Ronald Reagan te maniganse yon sòti an dousè pou misye, yo fè l yon fason pou rèn pouvwa a ret nan men malfektè rejim lan ; se konsa yo sove sistèm lan kont yon revolisyon popilè ki te posib.

An 2001 gouvènman Jacques Chirac la te soutni san l pa poze keksyon anbago sou èd nouvèl administrasyon George W. Bush la te dekrete kont Ayiti, se konsa li bloke yon èd trè enpòtan ki te negosye e konsanti ant Bank pou devlopman entè-ameriken e gouvènman Aristid la ; menmlè a tou Lafrans limenm itilize tout enfliyans li pou l dekouraje tout posiblite èd Inyon Ewopeyen an te ka pote bay gouvènman Aristid la.

Ojis, Lafrans pa janm padone Ayisyen yo pèt nonsèlman koloni l ki te pi florisan an, ke l te rele Sen-Domeng, men tou eta Lwizyàn ke defèt Napoleon nan Sen-Domeng te blije li vann bay Etazini pou li te ka finanse lagè Lafrans t'ap mennen lè sa a kont Angletè. Olyeke l te montre rekonesans anvè Ayiti pou ede l akeri doub teritwa li alepòk la, Etazini de preferans te wè sa kou yon prèv siplemantè de « move ekzanp » Ayiti te reprezante antanke nasyon ansyen esklav, kidonk negasyon pwòp sistèm esklavajis ki te an vigè lakay Etazini. Se konsa li pran Etazini pliske senkantuit tan (1804–1862) pou l rekonèt endepandans Ayiti, sètadi sou administrasyon Abraham Lincoln lan ki t'ap pousuiv nan tan an yon lagè kont sesesyonis sidis yo, ki te patizan pou mentni esklavaj Ozetazini.

Entèvansyon Lafrans ak Etazini nan kriz ayisyen an e ranvèsman yo de Aristid sou pouvwa a se de zaksyon ilegal ki pa kab jistifye e lejitimize *a posteriori*, malgre ke yo te kapab anpeche batay ranje—donk posibleman yon bendsan—ant rebèl ame yo ak fòs pro-gouvènman yo. Detoutfason, pwobabilite pou rebèl yo te pran pouvwa a pat menm yon bagay ki te asire, etandone rebèl yo te apèn de san zòm, tandiske Pòtoprens te chaje ak gwoup ame regilye e iregilye, anpil ladan yo patizan Aristid, ki te prè pou defann li e reziste kont tout ofansiv rebèl yo sou Pòtoprens. Fòs ki vin depatya Aristid la se koudeta entèvansyonis inite militè fransè ak etazinyen yo ki manipile ajan sekirite (etazinyen) ki tap asire sekirite Aristid yo. Yon moun pa ka anpeche tèt yo panse ak magouy Fransè yo te anplwaye a lè yo te kidnape Toussaint de syèk anvan sa.

Sa ki okontrè te vin klè, plis moun te vin pèdi lavi yo, plis kay ak etablisman te vin piye, plis domaj, domaj fizik e emosyonèl, te vin koze apre anlèvman e ekzil Aristid la ke diran tout peryòd faz final kriz la, ki te kòmanse 5 fevriye 2004 kan Gonayiv te tonbe anba men rebèl yo.

Entèvansyon an te boulvèse pwofondman regilyarite konstitisyonèl ayisyen an e enpoze yon opsyon inilateral ki tabli priyorite enterè enperyalis peyi Lafrans ak Etazini (avèk Kanada e Brezil nan wòl sipò), malgre sa yo te deklare nan pwopagann sekouris yo. Se yon ekzanp klasik de enpozisyon enterè pwisans ki pi fò yo nan lwa entènasyonal an vigè moman an, kou nou ka wè ann Afganistan, ann Irak oubyen an Kotdivwa. Nan kouriprese pou yo entèvni ann Ayiti, ni Lafrans ni Etazini pat wè li te nesesè pou yo mande otorizasyon gouvènman peyi souveren an, menmsi avrèdi Aristid te sanble envite George W. Bush pou li entèvni—an favè pa li byennantandi—nan entèvyou li bay CNN de jou anvan envazyon an.

Zak ilegal sila a pat reflekte pozitivman sou pretansyon peyi Lafrans ak Etazini kòm peyi sivilize. Imaj yo te voye bay lemond antye se te imaj *Gran-Blan* ki tap enpoze volonte yo sou yon peyi souvren ; yon imaj ki pa two diferan de imaj mefè Napoleon yo nan Sen-Domeng de san zan oparavan, oubyen tou imaj Musolini ann Etyopi, oubyen ankò imaj atak Izraelyen yo sou teritwa okipe yo—malgre evokasyon yon swadizan entansyon « imanitè » kou jistifikasyon pou entèvansyon ame a.

Yon lòt fenomèn ipnotik ki t'ap boulinen nan kriz ayisyen an men ke yo te fè parèt tankou yon lòt bagay, se te pwopagasyon nosyon envazyon franko-meriken an te yon bon bagay pou Ayiti. Se te yon jebede ki te patikilyèman afekte goch ewopeyen an (kontrèman a goch etazinyen an ki te limenm te kenbe ti dout). Yon lojik etranj ki vle di ou dwe kontan si yo anvayi peyi ou, detwi enstitisyon w yo, kreye kawos nan sosyete w, tiye e imilye pèp ou, tout sa dwe oke paske yo gen bòn entansyon ! Diran de zane rejim defakto yo enstale apre entèvansyon franko-meriken an ann Ayiti a te dire, kondisyon ekonomik, politik e sekirite yo vin anpire plizyè degre ; yo menm vin fè epòk Aristid la parèt tankou yon ti oazis pezib an konparezon (sitiyasyon malmalouk total la vin yon tijan amelyore apre monte opouvwa gouvènman Rene Preval la nan eleksyon an mas 2006 la). Se pa entansyon nou koulyea pou nou chwazi yon mal pou yon lòt. Bi nou se pou nou depase, transande limit ak orizon fèmen yo, e repoze, nan plas yo, nouvo keksyon antèm liberasyon radikal Ayiti de opresyon, povrete, dominasyon etranje, ansanm ak opòtinism tiboujwa.

Menmsi estrikti opresyon yo ka enfliyanse li, kriz ayisyen an alepòk la e jodia, pa yon kriz estriktirèl nan limenm ; li se esansyèlman yon lit pou pouvwa ant eleman ki soti nan yon menm klas politik, ki gen ladan li politisyen ki sot nan boujwazi tradisyonèl la, gran pwopyetè teryen latifundis yo ansanm ak entèlektyel tiboujwa ki soti nan sa yo rele « klas mwayèn » lan.

Avrèdi, opòtinism tiboujwa yo e malveyans Ampi meriken a pat sèl eleman ki kontribye nan defèt gouvènman lavalas la an fevriye 2004. Tandans popilis Aristid yo ansanm ak ekzèsis otokratik li de pouvwa a, tradisyon kliyantelis ak koripsyon nan yon sosyete k'ap toufounen nan sivivalism, rechèch enterè pèsonèl kòm finalite politik anpil moun t'ap pousuiv, san retire anpil nan sipòtè Aristid yo, ke yo repwoche l li pat fè anpil bagay pou l estope, tout sa yo tou te kontribye nan fayit gouvènman lavalas la, e ansanm avè l, mouvman popilè a.

Byennantandi, Ayiti se yon faktè toupiti nan pwoblematik global dominasyon oksidantal la, men sa ki rive ann Ayiti enfòme moun sou oryantasyon jeneral enpilsyon e objektif neo-enperyalism yo nan kontèks jeopolitik global la. Avèk envazyon Ayiti an fevriye 2004 la, administrasyon Bush la te vle fè pase plizyè mesaj alafwa, espesyalman diran premye ane okipasyon Irak la ki te deja ap vin pwoblematik. Yo te chapante envazyon Ayiti a pou yo te demontre detèminasyon Etazini e kontwòl yo kontinye genyen nan pwòp emisfè yo, pandan menm lè y'ap pèmèt fanatik ekstrèm-dwat Pati Repibliken yo debarase yo de bèt nwa yo Aristid, e anmenmtan an ede zanmi yo nan lelit ayisyen an.

Se te kanmenm yon sipriz pou wè ansyen anbasadè meriken an ann Ayiti, Brian Dean Curran, vin admèt klèman e kondane yon politik Mezon Blanch li te limenm ede aplike[1]. Li fè sa sètènman, omwen yon pati nan rezon yo, pou l te ka pran distans li parapò yon zak gouvènman l lan ki te gen konsekans terib ki vin parèt pi evidan deplizanpli (li plase blam lan de preferans sou Stanley Lucas, nèg Enstiti Nasyonal Repibliken mete sou teren an pou fè travay malouk yo). Kouwè Georges Clemenceau te di yon lè, siksè gen anpil papa, men fayit limenm ret òfelen.

Menmjan nou ka wè nan envazyon Irak an mas 2003, desounman preparatif konpreyansyon moun yo te byen reyisi nan ka Ayiti a tou. « Monpè wouj » la te vin si endezirad pou reyaksyonè fransè ak meriken yo ke yo te fè pase ranvèsman Aristid tankou yon bagay ou pat ka evite. Kouwè jan nou vin wè sa nan eleksyon Hamas nan Gaza an janvye 2006, anpil lè yo pa menm bezwen pretèks demokrasi pou yo jistifye ostilite yo kont rezistans pèp yo.

## Tan koulyea yo apre tranblemanntè a

Pou koulyea, sètadi nan dènye ka ane 2010 la, apre de zan rejim defakto e kat tran gouvènans dezyèm prezidans Preval la, san wetire yon tranblemanntè dekonstonbray, peyi a toujou ap konfwonte yon kriz politik, ekonomik e ekolojik ke l pa prè pou l vin rezoud. Men sepandan, gen ti plas pou lespwa : kouraj ak konbativite pèp la, jwenn ansanm avèk yon vrè solidarite entènasyonal (e entèpèp) ka akonpli mirak ki djanm avèk karaktè revolisyonè.

Liv sila a te deja nan wout fabrikasyon kan kanpay pou eleksyon prezidansyèl ayisyen an, fikse pou 28 novanm 2010, te koumanse ap chofe akoz kandidati sipèesta hip-hop Wyclef Jean. Byennantandi menm dife sansasyonnalis ki te fè Wyclef yon evennman medyatik imedyat, menm limenm lan tou fè pote plis atansyon sou diskalifikasyon misye pou gwo fonksyon Leta sila a. Anfennkont, reskonsab KEP yo (Konsèy Elektoral Pwovizwa) fin pa konkli sa tout moun te deja wè dèledepa : Wyclef Jean senpleman pa ranpli kondisyon nesesè rezidans li nan peyi a jan Konstitisyon Ayisyen an mande l la.

Gen moun ki di Wyclef Jean te reprezante pèp la ak jenès la eke eliminasyon misye nan kous prezidansyèl la se kòmsidire yo elimine pèp la ak jenès la. Sa se yon vizyon bèl kont fantastik, bèl mèvèy medyatik, sou reyalite a. Byenke nou twouve sa admirab Wyclef toujou kenbe atach-man li ak Ayiti peyi natal li pa vwa fondasyon imanitè li a, *Yele Haiti* (li te kapab bliye Ayiti kouwè anpil lòt moun, senpleman ap dodomeya nan bèl glamou Hollywood), misye se anvan tou yon atis cho-biznis ki apwoche politik avèk menm detachman teyatrik yon fim aksyon. Si kandidati misye a te pèsiste, malgre lefètke li klè misye diskalifye, sa t'ap vin yon distraksyon ki t'ap detounen atansyon moun sou pwoblèm reyèl peyi a ap konfwonte.

Fòk nou di tou, anba lekleraj gran defi peyi Ayiti ap konfwonte anvan e apre trajedi 12 janvye 2010 la, sa ki enpòtan se pa eleksyon de nenpòt kiyès nan kandida deklare yo, men pito jefò pou nou met ansanm yon grann koalisyon alantou yon gouvènman pou sovtay nasyonal ki konsantre l inikman sou rekonstwiksyon peyi a sou baz ki pi pirifye e ki pi djanm ke baz peryòd anvan tranblemanntè a.

Fòk nou mete sou pye avèk, kont oubyen akote gouvènman kon-stitisyonèl la yon regwoupman fòs sosyal ayisyen yo, ki ap diferan de « sosyete sivil » André Apaid la ki te bay tèt li sèl fonksyon pou ranvèse Aristid e louvri peyi a ak plis kontwòl etranje, men pito yon koalisyon ki angaje l alafwa pou l mete peyi a kanpe sou de pye l, men tou angaje l nan defans valè demokratik, imanis ak sosyalis yo ki sèl kapab kenbe soutni benefis rekonstwiksyon an.

Nan tèks bileng mwen an « Utopia as Possibility : Haiti and The Universal Human Project/ Itopi tankou posiblite : Ayiti e pwojè imen inivèsèl la », mwen leve chapo bay bèl solidarite entènasyonal ki te antoure Ayiti diran tranblemanntè a, e m te di jan m ta kontan si sa ta kontinye nan tout bèl kalite l ansanm ak mach letan. Sepandan mwen te bliye ajoute ke desten Ayiti se dabò yon devwa obligasyon ke Ayisyen gen premye dwa ak prerogatif pou yo deside, onore e ekzekite. Nan kòd sakre valè otodetèminasyon nasyonal la (chèmèt-chèmètrès lakay ou), genyen eleman nasyonal la, ki petèt pa fondamantal andènye analiz lè w konsidere tout bagay, men ki kanmenm se yon « makè », yon endikasyon sou degre pwogrè sosyete kretyenvivan yo vin atenn, patikilyèman pou sa ki gen awè avèk solidarite ant nasyon, tolerans ak respè pou Zòt e anvè tout lòt moun.

Anbrèf, zaksyon k'ap pi djanm lan, nan ka ayisyen an, se mete sou pye, avèk yon vizyon pou demen e yon konsyans sou tan prezan an, yon gwoupman gason vanyan ak fanm vanyan ki vle seryezman ede—pa pou satisfè sipèego yo oubyen pou lajan—met soupye estrikti enfrastriktirèl, estrikti enstitisyonèl, estrikti fonksyonèl solid, ki djanm, nan enterè rekonstwiksyon peyi a, rekonstwiksyon an tèm de manje ak kay pou moun ki grangou ak moun ki sanzabri yo, lekòl ak lopital pou jèn yo ak pou moun ki malad, travay ak reskonsabilite pou moun ki dezevre ak moun ki ekskli yo, e respè pou diyite li e pou idantite kiltirèl li. Esansyèlman se sa liberasyon nasyonal ye.

## Nòt

1. Pou plis detay, li atik Walt Bogdanich lan « Mixed U.S. Signals Helped Tilt Haiti Toward Chaos » nan nimewo 29 janvye 2006 *New York Times*. Li tou atik Allan Nairn "Our Payroll, Haitian Hit" nan magazin *The Nation*, edisyon 9 oktòb 1995.

# Yon lagè yo pa ka iyore

Pou yon grann kantite Etazinyen, envazyon Afganistan an an 2001 te trè jistifye : yo te wè yon lyen konplisite ant Al Qaeda, Taliban yo e masak 11-Septanm lan ankenn moun pat ka demanti. Anplis, anpil moun te rayi Taliban yo akoz politik anti-fi e anti-kilti yo t'ap pousuiv. Depi lè a, pandan plizyè ane, ankenn moun pa konteste sofism dominan sa a, e pèsonn pa keksyone si lagè sa a jis ou non. Sa kontinye jiska jen 2008, kan kantite sòlda meriken ki mouri nan lagè Afganistan an depase kantite moun ki mouri nan lagè Irak la—ekzateman 23 kont 22.

Efektivman, pèt nan kan afgan e etazinyen kontinye ogmante san rete, men yo vin tounen nouvèl ou jwenn nan premye paj medya yo apre konparezon avèk Irak la e apre yo vin atenn nonb 500 mò nan kan etazinyen[1]. An jwiyè 2009, pèt lanmò ka sòlda Etazinyen yo atenn chif 44 pou sèlman mwa sa a. Mwa oktòb 2009 la limenm vin depase rekò tout mwa ki pase yo : 55 mò. Jounen premye mas 2010, kantite mò Etazinyen vin atenn 1 000. Nan mwa jen 2010, te gen 80 sòlda koalisyon Etazini-OTAN an ki te pèdi lavi yo ann Afganistan, sa te fè mwa sa a mwa ki pi sanginè sot depi koumansman lagè a. Epitou nonb lan ap kontinye monte, san n pa konte natirèlman plizyè milye moun ki mouri nan kan pèp afgan an.

Tout obsèvatè ak repòtaj kredib revele ke eleksyon prezidansyèl 20 dawout 2009 la te manipile e mal genyen pa gouvènman poupe-twal Hamid Karzai a OTAN-Etazini te enstale a. Fòs okipasyon yo te enpoze yon dezyèm tou eleksyon. Men finalman, kandida prensipal opozisyon an, Doktè Abdullah Abdullah, deside retire tèt li paske l fin pa wè li pa gen ankenn chans genyen nan yon sistèm politik ki si pouri—, pa anvan misye denonse gouvènman an pou koripsyon e magouyay elektoral.

Noam Chomsky, yon kritik ekselan sou lagè hejemonik Etazini yo, di li enkyete pa « tout chay pouvwa san presedan yo bay jeneral Stanley McChrystal—yon asasen fòs espesyal yo—pou l dirije operasyon an. Pwòp konseye [jeneral] Patraeus, David Kilcullen, dekri politik Patraeus-McChrystal yo tankou yon "erè estratejik" fondamantal ki ka vin abouti a "krazman Eta Pakistan an", yon bagay ki t'ap yon kalamite an konparezon avèk kriz koulye yo[2] ». Natirèlman fezèlagè nan adminis-trasyon an ansanm ak Repibliken e Neo-konsèvatè yo ap aplodi Obama.

Yon ane apre, ekzatteman nan mwa jen 2010, Obama rate yon okazyon pou l te korije erè nominasyon McChrystal la e reòganize tout estrateji afgan l lan lè jounal *The Rolling Stone* te pibliye yon atik kote McChrystal ak asosye l yo te mongonmen yon pakèt pawòl derespektan sou prezidan an ak administrasyon l nan, yo pòtre misye tankou yon nonm ki kapon, yo ridikilize sanblans ton non vis-prezidan an, Joe Biden, avèk « Joe Bite-Me » (« Joe Mòde m »)[3]. Obama te sètoblije revoke McChrystal, men misye pa wè lòt bagay ke ranplase l pa David Petraeus, pwòp patron e konseye McChrystal !

Nèg sa yo se yon trè movèz konpayi fezèlagè pou yon moun asosye avè yo, tankou nou ka wè nan « fòs rezidyèl » Obama di l'ap kite ann Irak apre twoup meriken yo retire kò yo ann Irak, sètadi li adopte yon trik, pa mwayen yon efemism (makiyaj makak), pou l pwolonje okipasyon peyi a. Yon « fòs rezidyèl » ki gwo ase (yo avanse chif 50 000 sòlda !) ke l ka tiye sou plas, lokalman, pa vwa fòs espesyal yo oubyen avèk èd avyon drone yo, ke yo plase estratejikman nenpòt kote nan syèl la, ki fè travay la pou mwens pri e ki tiye avèk sitèlman efikasite ke yo otopilote oubyen pilote san moun. An brèf, yo touye moun san remò e avèk menm distans emosyonèl timoun touye lè y'ap jwe Nintendo.

Barak Obama te rive sedui elektora a gras esansyèlman opozisyon li kont lagè Irak la ; anpil nan elektè yo te gen ase wè konpatriyòt yo ap peri nan yon lagè yo te twouve ki initil. Apre set ane andirans politik militaris, represyon dwa sivil moun e politik pro-kòporasyon gouvènman Bush ak Cheney an, pèp la te dispoze tande ide ki nèf ke Obama te vin ba yo, avèk jenès li e avèk volonte l pou l keksyone prejije yo, ke yo te soti de moun ki blan ouswa nwa.

Sepandan touswit apre, espesyalman diran moman cho kanpay prezidansyèl la, moun koumanse ak obsève yon *nyans* nan panse Obama sou lagè a : misye di koulyea yo dwe retire twoup etazinyen nan Irak *e* deplwaye yo nan Afganistan, ki se pou li yon lagè ki pi jistifyab, yon lagè ki ka pote viktwa. Se yon lojik ki byen etranj sitou ki soti de yon kandida anti-lagè ke pwòp filozofi politik li prekonize pou Etazini antre an poupale avèk lennmi l yo, pa sèlman bonbade yo. Men li toujou rete vrè ke konfli Afganistan an, malgre dè milye de mò afgàn e pami koalisyon OTAN-etazinyen an, se yon konfli ke moun viv nan yon tèl nivo abstraksyon konsyans ke Obama te kapab pwomouvwa eskalad lagè a alòske moun kontinye ap wè misye tankou yon anti-lagè. Nan yon diskou devan nasyon an misye fè an desanm 2009, Obama reyisi jimnastik òdone deplwaye 30 000 sòda anplis ann Afganistan pandan l eseye lòlòy pasifis yo pa anonse yon swadizan dat sòti ki pa sonnen kredib.

Ansyen kòmandan OTAN nan Afganistan, Jeneral Dan McNeil, fè kalkil siksè yon okipasyon Afganistan ap bezwen angajman 400 000 sòlda, konpare ak 120 000 sòlda OTAN ki angaje koulyea (ete 2010). Epitou plis sòlda ak sivil ap pèdi lavi yo nan tou de kan yo, avèk inikman pou bi pou anpeche pou yon ti tan yon bagay ki inevitab, kouwè okipan angle ak sovyetik yo te eksperyanse anvan. Anpil kòmantatè fè konnen

Afganistan pa gen ankenn enpòtans reyèl pou sa k konsène lagè kont teworism lan : konplotè 11-Septanm yo te pase plis tan ap prepare nan Hambourg ak an Florid ke nan Kaboul[4].

Antanke pwodui total-kapital sistèm politik etazinyen an, kouman yon moun pat ka predi yon prezidan Obama limenm tou pat t'ap bezwen gen vilen pou l rayi ? Menmsi prezidans Obama a vin pote yon gran chanjman senbolik nan yon kilti politik ki abitye ap wè sèlman gason blan ki chita sou chèz prensipal pouvwa a, retorik pro-lagè ak pousuit pa misye lagè a fini pa sanble menmjan ak mongonmennay Irak la. Genyen yon leson ki ka aprann nan istwa lagè Vyetnam lan kote, an pati pou apeze fezèlagè antikominis yo, alafwa John Fitgerald Kennedy e siksesè li Lyndon Johnson te rive eskalade lagè a, avèk konsekans ke nou konnen yo. Retorik pro-lagè Afganistan Obama a ap vin konnen yon menm desten sil pat kapab itilize sajès li pou l jwenn yon pòt de sòti.

## Nòt

1. Li atik *New York Times* la « 500: Deadly Milestone in Afghan War », ki soti jou jedi 7 dawout 2008.

2. Li atik pa Noam Chomsky « Crisis and Hope: Theirs and ours » nan *Boston Review* de septanme-oktòb 2009.

3. Tcheke atik Michael Hastings lan « The Runaway General » nan *The Rolling Stone,* 22 jen, 2010.

4. Li atik « The Wrong Force for the 'Right War' » pa Bartle Breese Bull, nimewo *New York Times* 14 dawout 2008.

# Lapè avèk lennmi

Èske l pa ta pi bon pou Israyèl negosye avèk Hamas olye kontinye repete sèk visye vyolans la ? Èske l pa ta pi bon pou Etazini diskite avèk tout rebèl irakyen yo, souni, chiit kou saddamis, oubyen negosye avèk gouvènman iranyen an, olye l kontinye estrateji kout kanon an ? Èske Etazini ta dwe pale avèk Al Qaeda ? Èske Etazini ta dwe pale avèk Taliban yo ? Si ou twouve dènye keksyon sa yo deplase se paske l fezèlagè yo deja kondisyone w pou w panse jan yo ta renmen ou panse, e fè ou bliye moun fè lapè avèk lennmi danjere li, non pa avèk zanmi inofansif li. Lagè ann Irak e ann Afganistan yo, ke George W. Bush te lanse respektivman an 2001 e 2003, ranvèsman an 2004 yon gouvènman legalman eli ann Ayiti, neglijans li anvè trajedi Katrina an 2005, tout bagay sa yo montre ke eleman trajik, eleman absid ak eleman malefik yo jwenn ansanm nan yon pwojè global de destriksyon ak restriktirasyon ki moule e modile lavi nan yon sans ki pa toujou benefik pou lavi. Nan tout kat ka sa yo, Mezon Blanch redefini deba a nan tèm sekirite Etazini. Zak Ampi etazinyen an prezante tankou l motive pa yon dwati manicheyen : Defans lapè mondyal kont zam destriksyon masif ; demokrasi kont tirani ; mond lib kont teworism ; fyète nan grandilokans teknolojik kont feblès anpati ; vrè Ameriken kont imigran menasan ; pèsepsyon kont sibstans (tankou nou te wè nan plizyè vizit Bush te fè nan Nouvèl-Oleyans pou l te eseye konjire efè neglijans gouvènman federal la, ki li te trè anpirik).

Lagè Oksidan deklare kont teworism la pap janm vin gen yon konklizyon satisfezan paske lapè pa fè pati de misyon an. Diran mwa yo ki vin anvan lansman lagè kont Irak la, te gen yon mesaj piblisitè ki parèt nan *New York Times* ki te montre Osama Bin Laden, nan yon posti Tonton Sam, ki pwente endèks li sou yon entèlokitè imajinè e ki di, avèk yon min satisfaksyon ansoudin sou figi li : « Mwen vle pou ou anvayi Irak ! » Piblisite anti-lagè sa a te vle di ke atak yo t'ap planifye kont Irak la ap vin ankouraje tewovis yo, e ogmante kantite moun ki vin jwenn ansanm ak yo nan rezolisyon yo ; prediksyon sa a vin revele l premonitwa, kouwè li te fèt a kwaf.

Fason peyi yo rezoud konfli ant yo ap jwe yon gwo wòl nan jan nouvo milenè a devlope ansanm ak pwomès li ofri. Si lagè ant sivilizasyon se meyè modèl chelèn nou ka ekzibe, mo sivilizasyon an limenm dwe mande reevalye. Entèpretasyon manicheyen Bush fè de konfli entènasyonal yo danjere paske li rejte posiblite pou yo ka rezoud pa vwa diplomasi, negosyasyon oubyen pa tout lòt mwayen pasifik, pwiske kondisyon pou viktwa chak kan enplike negasyon de lòt kan an (pa vwa dominasyon oubyen anihilasyon/eliminasyon).

Barak Obama sanble li gen yon bòn dispozisyon, men vrè zak politik li pa vrèman diferan de administrasyon Bush la, omwen konsènan politik etranje li—menmsi li gen yon tandans pi toleran. Antanke « inik sipèpwisans », Etazini dwe mande pou met sou pye yon sòt Gwo Konferans Negosyasyon kote tout kat ak revandikasyon tout moun ap plase sou tab la, avèk tou adopsyon prensip yon mond miltipolè kote plizyè sant de pouvwa koekziste ansanm e entèraji pasifikman pandan pouvwa youn ap fè kontrepwa ak pouvwa lòt.

Pale avèk lennmi fè pati entegral rechèch lapè. Aprètou menm Izrayelyen yomenm angaje nan poupale avèk Palestinyen yo (anvan e apre parantèz ostilite koulyea ki koze pa viktwa Hamas nan eleksyon lejislatif janvye 2006 la). Ojis grann pwisans oksidantal yo koulyea ap anbrase kolonèl Mohamar Kaddafi ke menm pwisans sa yo te lontan konsidere kou pèsonifikasyon teworism—menmsi anbrasad Kaddafi a yon tijan refwadi sèdènye tan apre akèy ak selebrasyon Kaddafi te bay nèg ki te bonbade avyon Lockerbie a, Mohmed Al Megrahien, an 2008. Menm dirijan Kore di Nò a Kim Jong II, youn nan twa peyi George W. Bush di ki fòme yon « aks malfektè », finalman asepte pou l negosye avèk Etazini ; li ofri dezaktivasyon zam niklèyè li yo ann echanj pou èd e garanti sekirite pa Etazini. Avans sila yo evantyèlman ap vin abouti nan yon pwosesis lapè ant de peyi yo.

Saddam Hussein ak Osama Bin Laden se sèlman dènye adisyon nan yon long lis de figi ke grann pwisans oksidantal yo rayi ki koumanse petèt depi Gengis Khan, fondatè ampi mongòl la o Mwayenn-Aj, ki te gen repitasyon yon moun ki te mechan anvè pèp li te konkeri yo ; lis la kontinye avèk chèf endyen yo nan kontinan Amerik la kouwè Kaonabo, Geronimo oubyen Crazy Horse, rive jiska Mahmoud Ahmadinejad, pase pa Maximilien Robespierre, Toussaint Louverture, Jean-Jacques Dessalines, Simon Bolivar, Vladimir Lenin, Joseph Stalin, Mao Tse-Tung, Ho Chi Minh, Pol Pot, Fidel Castro, Idi Amin Dada, Gamal Abdel Nasser, Ramírez Sánchez (ak ti non Chakal Carlos), Yasser Arafat, Mohammad Kaddafi, Manuel Noriega, Jean-Bertrand Aristide, Hugo Chavez, elatriye.

Ironikman, malgre gwosè katastwòf krim Adolf Hitler yo, non li pa figire pami moun Oksidan te rayi yo. Li te youn pami yo, omwen yo te soti nan menm souch. Yo apeze l e tolere l pou lontan, jiskaske konsyans moun (ak enterè ki afekte yo) pat ka kenbe ankò. Anpil nan figi sa yo te ansyen alye grann pwisans oksidantal yo ki tounen kont yo, tankou Toussaint Louverture, Manuel Noriega, Saddam Hussein oubyen Osama Bin Laden, ki tonbe an defavè kan enterè yo divèje avèk enterè pwisans oksidantal yo.

Kilti tiye moun se sou-pwodui dirèk lagè konkèt ak dominasyon ki ap simayen depi koumansman tan istorik. Sèten pèp ak espès tiye lòt pa nesesite nan lit pou sivivans ; men swadizan tan modèn pa nou an vin temwen yon kantite de masak ak destriksyon pou rezon ki souvan sanble yo fantezis. Byennantandi lagè ka pote anpil avantaj tanjib bay gèrye konkeran yo, eksepte trè souvan benefis sa yo—tè, dlo, resous natirèl, aksè a lanmè, elatriye—ka vin akeri oubyen pataje pa mwayen pasifik.

Pandan anpil milenè n'ap chache met sou pye diferan sistèm sosyo-politik nan lespwa pou bati yon lòd sosyal estab, fonksyonèl e jis, omwen onivo konseptyèl. Men malerezman, sa yo ki pi pwisan pami nou yo fè tèt yo yon pwen donè pou yo pèpetye opresyon e inegalite sou pretèks y'ap kontinye tradisyon—oubyen senpleman pa avaris. Mete fen ak reflèks sa a se yon gran defi pou tan prezan nou an. Keksyon ekzistansyèl *par excellence* la, keksyon ki transande epòk, ras e fwontyè nasyonal la, se vwala : Kouman pou nou prezève e pataje ansanm lespas natirèl la e anmenmtan soulaje bezwen imen yo, onore valè etik e estetik nou yo, ki enkli finalite libète pou nou tout ?

Alafendèfen, lè kò a ap detache l de nanm lan, e kontinye trajektwa natirèl li ; lè evanesans deplwaye tout vid li e lafen ap apwoche ; moman sa a lè volonte w toujou la men mouvman yo vin absan ; nan moman verite sa a, kan tout sa ou vle se yon dènye souf lavi, yon dènye plat manje koupedwèt, delisye, yon dènye souri, moman sa a kote anyen pa enpòtan ankò, eksepte moun ou konnen yo, moun ou renmen e respekte yo ; moman sa a kote dram imen an avèk rèv nou yo vin reapreyande avèk yon nouvo nanm klere, moman kote verite a revele l, se moman lè nou rekonnèt destine komen nou tout pataje.

# Powèm ann ayisyen

# Parabòl pou chanjman

## Vèsè I

Nou tout te gen oun timoun,
Yon timoun ki enganm nou tout t'ap reklame ;
Paske lè Blan kolon t'ap chache toufounen l
Papa Bondye te la avèk tout fòs pouvwa l
Pou li te ba l lavi ansanm ak lesperans.
Mèt lenfè ki gen byen nan tout kwen Dayiti
T'ap chache meprize n kou yon pan granpanpan
K'ap layite l sou do malere nan mizè.

Li deklare lagè kont tout sa lanati vle
Pandan ke noumenmmenm n'ap kalonnen vye zen.
Jezilòm ap chante powèm san santiman,
Piranm fin pa tounen yon zwazo tout koulè,
Konpè Timay Malè ki pa janm pran losti
Vin jwe wòl yon lepap ki pa tande pèsonn.

Bouzen sou tout Pòtay ap preche bònnouvèl,
Lewòp-Delès limenm pa kominis ankò,
Gobatchev limenmmenm chanje an sakristen,
Pandan Yeltsin sanwont ap niche dèyè TonSam.
Y'ap chante chan demokrasi ak retorik ledwa
Y'ap prann nan Tontonnwèl anba gwo cha blende
Komkwa yo ta vle di n konsakonsa san san
Zotobre malfini pa yon jès plen karès
Ap vin mande nou tout pou ti poul libere !

Lè lanmè anvayi ak vag li deblayi,
Lapè menm vin tounen yon fèt liberasyon.
Se lè Ogoun Feray, temerè mèt keksyon
Vin pote fòs pouvwa l dèyè sò Lamèsi,
Dèyè konpè Sedye, gason vanyan nan mòn
Pou blayi deblozay nan yon kwelekwekwe ki dire
Senk san zan zo kraze, senk syèk dlo nan je.
Men, o ! N'ap kenbe tout lannwit jiske lelandemen
Deblozay van lespwa a jiska liberasyon ; jiskaske
Kòk chante, Kokowiko ! Kokowiko ! ak souf li plen defi,
Defi, van siklon lavalas, lapli bwatchenn desann, dlo,
Dlo nan je, dlo lanmè ki nwaye refijye, dlo mizèrikòd,

Vin tounen dlo pou n bouyi, dlo pou n naje, dlo pou n lave,
Dlo pou lavi awouze jaden yo, dlo pou n benyen santi bon !

Se lè tou move san lwijanboje n monte n,
Vin monte nan nanm nou kou yon chalè dife
Nou deside pou n viv avèk sa kè nou vle ;
Nou ri, nou kontan, nou danse epi tou nou renmen
Tout moun ki te vin wè n lè n te nan lopital,
Moun ki te pote te ak bonbon, ak pate cho pike,
Tout moun ki la ki t'ap rele Anmwe !
Moun ki t'ap desann nan lari nan Site Solèy,
Moun Raboto ki swiv tout modòd grèv jeneral,
Moun ki dechouke makout,
Moun ki dechouke militè zenglendo,
Moun ki natifnatal sou tout koze peyi l,
Moun ki deklare yo se granmoun lakay yo,
Moun nan Boston k'ap desann sou Park Street
Pou di langètmanman kolon Meriken !
Plis Ayisyen nan Monreyal k'ap joure an franse,
Pèp Bèlè nan Nouyòk ki sou Eastern Parkway
Ap mande pou tout moun k'ap viv nan madichon,
Zotobre kou grandon, tiboujwa arivis ansanm ak
Asasen, bakoulou, enperyalis, moun san santiman,
Pou yo ba nou peyi a. Ban n peyi a !
Ban n peyi lesklav yo
Ban n peyi lespwa a
Ke yo fin toupizi kou yon tòchon brile
K'ap avili nou tout ki vle wè bèl bagay.
Ban n peyi a ! Ban n peyi an, vakabon !

(1993)

## Vèsè II (kè mare move san)

Nou tout ap fè m konnen
li pa bon pou m renmen,
li pa bon pou m lwayal,
li pa bon pou mwen vle
pou frè m yo ak sè m yo
yon lòt fason pou n ye.

Yon ti souri bonjan vin kouwè yon twazman,
atachman vin tounen yon adiksyon nan dwòg,

santiman vin tounen yon foli malandren,
lanmou ak lamitye komkwadire yon chay
vin pèdi tout sans yo devan lipokrizi.
Nou vin yon tètsankò,
yon nanm san lespri,
yon kadav san lavi
kouwè oun òdinatè !
Lè zanmi nou malad olye nou nan lapenn
nou kouvwi tout kè nou ap konte kòb labank,
nou pa pote kafe yon ti te yon ti soup
pou ede l retabli sou de pye militè l.
N'al fè *full time, part time* plis ankò *overtime*
pou nou ka peye *bill* k'ap simayen kou dyondyon ;
nou vin tounen komkwa yon desten san sibstans :
zonbi san sèl,
ti poulèt sove,
grenn dwèt a zong
k'ap manje kalalou
san li li pa pran gou li ;
simityè san Baronsamdi !
yon pèp san logatwa !

Nou tiye Jak Estefèn Aleksi,
nou fè tiye Chalmay Peralt,
nou tiye Janjak Desalin Anbwaz,
nou tiye Anperè Desalin
ki li te tiye Chal Bèlè,
nou fè tiye Tousen Louvèti
ki li te tiye neve l Moyiz
e ki te choute mouda Sonntonaks,
epi tou n'ap tiye jodia tout moun k'ap rebele !
Nou tout vle bay legen pou pwòp enterè pa n
san sonje gen lòt yo ki bezwen sipò nou.

## Vèsè III (pwen final)

Epi yon jou konsa nou gade e nou wè
peyi n prale ansanm avèk tout sa n renmen
yon kote nou pat wè nou pat kwè nou pat vle,
kote pèp ap kriye ap mouri nan lanmè
ouswa ap viv an bèt sovay nan savann.
Timoun yo pa jwe ankò avè n

paske nou menm bliye konn ri ;
nou vin kou yon sinik k'ap fimen nan yon pip
ki pa gen ni tabak ni menm yon fèy mango !
Zanmitay, politik, lanmou ant de pijon
pa ekziste ankò, granmoun yo pa tire kont ankò
y'ap panse ak yon bal Eska-Cha nan Nouyòk
ouswa ak bèl Mèsedès, BMW, Pajewo ak latriye
pou y'al fè granpanpan kont konsyans malere.

Wi ! Wi ! Ou ka dekouraje
nan moman kote ou wè menm Ezili je nwa
vin ap blanchi po li pou li fè l milatrès ;
Gede vin pa di kaka ankò,
yo konvèti an anfannkè ;
Baronsamdi limenm pral tande Vivaldi
nan konsè zotobre ak chanpay ak dendon ;
se fèt moun eklere ! Boujwazi anpenpan !
Mezanmi an n kontinye poze kesyon jennen,
kesyon moun ki poko konnen,
moun k'ap chache,
moun ki vle jwenn,
moun ki vle chanjman !

## Sa m ye

Mwen se lavi ak pousyè
e matyè ki solid
mwen se dlo k'ap koule
frechè van k'ap vante
nan fèy pye kokoye.

Mwen se zonbi ki vle goute sèl
travayè ki vle pou yo peye l sa l vo
kokobe ki mande pou sove diyite l.

Vi m se yon reyon ki gen tout dimansyon
yon dyalektik ant nesesite ak malchans,
ak ògèy temerè ki mande lòt Osmos
yon chwa pou m libere.

Mwen se kòk kalite ki chante anvan solèy leve
e anvan lannwit vini rive
yon mato yon plim ou yon fizi ou ta vle
anvan maldyòk ta fin dechalbore w.

Mwen se solèy anvan lalin
lanmò ki je klere e ki pa finalite
lavi ki kontinye
konba ki vin genyen
bèlte ki vin tabli
menm nan lanfè malapri.

## Ayiti gen pou l bèl

« *Lè l'a libere Ayiti va bèl o o o ! W'a tande, w'a tande koze !* »
—Farrah Juste/Koralen

Se te anba kat pye tonèl
Ak fetay fèy kokoye ak fèy palmis
Nan zòn Bòlòs kote moun pòv
Te konn ap viv nan vant mare
Ke mèt Loulou te koumanse n
Aprann konn li nan oun silabè
Avèk pò l gri kou oun po kochon
W'ap chode rèd nan labatwa.

Mèt Loulou pa te sot nan Katye Laten
Ni l pat te konn vwayaje a letranje ;
Li pa te konn manje sosis nan lanjelis,
Biftèk ak bè nan mitan midi sonnen,
Ni pwason dous nan lasware.
Menmsi si gen lè l te kouwè chaloska
Ki ennève lè n fè dezòd
Li te yon nonm ginen vanyan.

Nan epòk tèt anba sila yo
Lè timoun yo t'ape mande
Poukisa tout kandida sa yo
Kolèt monte an jebede
T'ape pale franse je vèt
Nan diksyonè san pwen dirèk
Mèt Loulou li t'ap travay di
Pou li ban nou yon ti kichòy
Nan zafè li, konte, ekri.
Li te konn vizite fanmi n
Pou li chache ede lavni n
Kòmsidire l te vle plante

Yon ti pye bwa pou wè demen
Si Ayiti yon jou ka bèl.

Ayiti gen yon jou pou l vin bèl
Paske nou ap lite pou nou resisite l,
Pou n fè l donnen kou oun pye joumou,
Tankou yon vale ak bèl jaden fleri.
Ayiti gen yon jou pou l vin bèl
Paske ap genyen moun k'ap vin wè
Ke yo t'ap viv kouwè zonbi
Nan lakou mouche Ozanfè.
Ayiti gen yon jou pou l vin bèl
Paske yon jou kou jodia
L'ap fè moun lòtbò respekte l,
L'ap vin fè nou panse de li
Tankou yon bèl Nègès Ginen
K'ap fè lanmou ak tout nanm li.

Ayiti gen yon jou pou l vin bèl,
Paske ap gen yon lè n'ap vin wè
Fanmi nou, zanmi nou, tout moun nou
Ap vin met mennanmen nan sa n'ap fè ki bon ;
Moun ap sot tout kote nan tout kwen sou latè,
Sou bourik ak sou chwal,
Sou bato, nan avyon kou apye
Pou yo vin temwaye pou lavi libere.

Ayiti gen yon jou pou l vin bèl,
Pou l'ap vin refleri tankou yon bèl sezon,
Pou pye bwa ap leve tankou lanati vle,
Pou moun ap chache lòt avèk bon santiman.

Ayiti gen yon jou pou l vin bèl
Paske ap gen lòt pèp k'ap soti tout kote,
K'ap vin chante avè l chanson lavi sove,
K'ap vin bati avè l yon bèl kominote
Ant tout pèp libere ki vle chanje lavi.
Lavi nou gen yon jou pou l vin bèl
Paske chak jou k pase ap pote plis kouraj
Bannou pou n respekte vi pa lòt frè nou yo
Menm lè lavi pa nou pat yon bèl paradi.

Sou Bèlè gen yon jou pou l vin bèl,
Raboto gen yon jou pou l vin bèl,

« *Boat-people* » gen yon jou pou yo jwenn
Nan Ayiti-Toma yon peyi plen lespwa.
Milatrès cheve swa kou fanm Ginen afro,
Marabou po solèy kou fanm blanch pwèl dore
Ap vin tounen yon sèl kretyevivan k'ap bay
Moun nan mòn, moun lavil, moun nan bouk
Yon bèl karès lanmou pou fè kè yo kontan.

Ti peyi n gen yon jou pou l vin bèl,
Tout lesklav gen yon jou pou yo wè
Ke soufrans sou latè ka sèvi kou yon zam
Pou refè yon travay ki ka sèvi tout moun.
Ayiti gen yon jou pou ou wè l
Ap ponpe, ap vole, ap vòltije kou oun pan,
Kouwè yon flè dizè k'ap chante ak yon kòk
Yon bèl ti melodi ki ka jwe tout kote.

Ayiti gen pou li bèl kou oun rèv,
Kou oun lalin klere nan mitan yon bèl plèn ;
Ayiti gen yon jou pou li bèl, pou li bèl
Kou oun lanmè plen solèy nan frechè
Ki ap benyen tout moun kouwè yon sèl fanmi.

Ayiti gen yon jou pou l vin bèl
Paske l'ap gen jistis pou tout pitit li yo,
Paske n'ap frè ak sè kouwè de ti toutrèl,
Paske n'ap gen koumbit chak jou Bondye mete.
Ayiti gen yon jou pou l vin bèl
Paske jounen jou sa a se jou l'ap libere.

## Dlo n'ap bwè k'ap nwaye n*

*(Èg la ak kòk la ap ponpe)**

Èg la deplwaye zèl li alavironnbadè, elegan, kè kontan ;
Bèk li ba l anbisyon pou l konkeri latè san remò ni regrè.
Grandizè satisfè ki konn ki bezwen ki fè l pran gran chimen
Pèp la te asepte laperèz, malalèz, makakri kè tounen san koule
E menm malediksyon pou l te ka selebre yon sèl jou libere.

Peyi a te bèl ak koulè wouj pou san ak lespwa,
Ak koulè ble tristès, koulè konsyans lavi.
Peyi a te bèl tou ak ven mil ti lanj gadyen marin

Ki te pot pwoteksyon grann pwisans kontrolè.
Moun ak mòn yo te bèl, bèl te bèl baboukèt !

Prezidan an te tounen kè kontan selebre toupatou,
Se te demand pèp la sou yon rejim sanwont, kokinè
Ki t'ap dekonstonbre lavi e dechire lalin, bloke lapli,
Fanm ak fanmi vyole, timoun san manje, dlo nan je.
Veye yo ! Veye yo ! An n kontinye baleye lakou a !

Vakabon ak makout se nich gèp ak dyondyon,
Yo leve toupatou, nan kazèn koulè jonn krazezo
Kou nan biwo klimatize zotobre eksplwatè.
Yo la tou nan rapò ak data fichye Depatman Deta
E sou yon tèt dola vèt kou yon medsin anmè.

Konpè m vin sèl bèt nan lakou k'ap chante bèl lomaj
Pou fòs batayon l yo ak bèl ti souri sou lèv li. *Happy* !
Zèv li tou vin yon lwanj pou l selebre viktwa inivèsèl
Nan yon mond zonbifye k ap chache goute sèl je klere !
Mond moun gounanbouch, moun vant plen ak lespwa.

Moun vivan jwenn grandè yo nan libète total.
Libète ak bèlte, jwisans lavi, lanmò, lanmou
Se sous desten tout moun k ap viv santiman yo
Nan yon teren pyeje, yon tèt-chaje kont-mal-taye,
Oh ! Moun yo mande jistis yo fin ase soufwi !

Oh ! Mwen pè pou yo pa tronpe w ankò, o gran pèp !
Gran vanyan lejandè ki te fann vant kolon atoufè ;
Pèp ki te brile latè menm pou l refize desten bèkèkè,
Ki jodia ap vale yon remèd anmè pou zonbi desale.
Veye yo ! Veye yo ! siveye vòlè yo nan tanp la !

Sa fè m mal nan kè m e nan kò m pi mal ke oun maladi,
Sa fè mwen vle vomi, sa wonje sansiblite nanm mwen
Lè m pa ka selebre viktwa defèt peyi m bèl jounen sila a.
Jounen retou Titid, jounen krisifiksyon jounen 1804.
Ban n peyi a ! Nou mande espas ! An n kontinye bale !

Seremoni banbòch yo se lasi nan je depevi byen mennen
Ki maske zo pouri deyè bèlte kadav simityè rekonsilyan
Nan yon chapèl malsite bèl pawòl malandren FMI ak BM
Ap koule nan zòrèy malere dezostobre, zonbi nan mayi
K'ap di Ayi Bobo pou wonga zòt malis, majisyen mal gadò !

Poetica Agwe

Pa ban m sannanm ka Ozanfè pou chimen lespwa ;
Pèp la ap chache lavi avèk rèv li anvi. Vi vivan selebran.
Li pap pran kaka poul pou bè, ni levanjil pou lajan kontan.
Moun yo vle diyite ak respè ak vant plen. Yo vle trankilite.
Yo pa vle bèl jansiv, kakabè, fatra, malafwa pou lafwa !

Kraze zo n se vre men nou pa san santiman ;
Madichon kou magouy monnonk lòtbò dlo,
Plis malfetri putchis zenglendo ronronnaj
Nou kenbe la pi rèd, menmsi nou blayi tapi wouj
Pou marin meriken ka vin dodomeya doudouman !

Pèp vanyan pran libète l avèk fòs ponyèt pa l. Je klere.
Li pran l avèk rasin rezistans li li plante ak sakrifis
San koule l asepte pou l konbat laterè laperèz sèvitid !
Fòk nou pa ranplase kout kouto asasen pa lapè simityè ;
Nou ka ankò kwè nan yon vi libere, ak solèy ak lanmè !

Menmsi kè m te kontan Kòk la te retounen,
Menmsi m te pataje lajwa pèp ginen lakay,
Mwen pat ka selebre defèt peyi an mwen
Nan yon viktwa Pyrrhus ki gen sant pwazon.
An n bale ! An n bale ! Chase tout vèmin sou tè a !

Dokiman biwokrat ranplase mechanste ogranjou,
Bèl pawòl ak priyè diskou bon santiman ranplase
Tout zaksyon pou moun vin tounen moun,
Moun k'ap dechifre mesaj sou tenèb san lojik.
Veye yo ! Veye yo ! Veyatif piyajè mizè pèp !

Kenbe fèm chè frè m ak chè sè m yo k akwoupi
Nan yon prizon lespri sou yon latè mazakwa ;
Kenbe la pa lage ! Demen n ap bwè dlo klè, kouwè
Je n ret louvwi, veyatif pou yon konsyans maltrete
Nan yon reyalite pyeje malfektè kou noumenm kreye.

Melodi rekonsilyasyon ant lèt ak sitwon
Nan yon kwelekwekwe banbòch ak kè mare
Sipòte pa monnonk plis benisman lepap
Se sèl konsekrasyon nan lamès bò lakay :
Veye yo ! Veye yo ! Siveye piyajè vandè mizè pèp !

Moun k'ap chache nanm yo
Pa kite teyat madigra lòlò je yo,
Yo ret toujou di non kont koze malvire ;

Non kont opresyon, dominasyon, okipasyon
Ideyal yo pa de twa fèy gate nan tout forè a !

Moun k'ap gade lwen ka wè anpil bagay ;
Y'ap toujou rete lib moun k'ap poze keksyon,
Moun ki ka navige nan lanmè move tan.
Wi n'ap libere yon jou ! Nou pèp lib vwayajè esperans :
N'ap reprann gouvènay lawoze. N'ap refè lanati danse !

(Boston, 15 oktòb 1994)

* Powèm sa a te pibliye premye fwa nan *Haïti-Progrès* an 1994. Li osijè entèvansyon « dan griyen » Etazini ann Ayiti ann oktòb 1994 pou reenstale Jan-Bètran Aristid sou pouvwa li te pèdi a apre koudeta militè 30 septanm 1991 lan.

## « Krome Avenue »

*(pou mwen rann omaj a kouraj pèp ayisyen an, e pou nou pa bliye dlo sal Meriken te voye sou figi diyite pèp la)*

Genyen ki te kite dèyè tibebe ak larim oswa yon vye manman ki prale trepase, si se pa yon mari k'ap kanni nan prizon. Genyen nan yo ki te fèk kite lekòl, ki te nan « fleur de l'âge » yo e yo potko menm fin boujonnen, ki t'ap chache wè si lorizon lavi kite oun kichòy pou yo. Genyen ki te Pèsavann, gen k te posede tè, kouwè Gwo Altagras ki te yon madansara, oswa konpè Dyefò ki te yon gwo save. Te genyen tou tibebe ki te fèk sot nan kouch oswa lòt ti piti ki te fèk ap mache. E tout moun sila yo, menm sa k te malere, se te sitwayen debyen ki te kwè nan lebyen. Yo pa te sanzave ni tou grennpwomennen ki t'ap chache plezi nan peyi blan je vèt. Se te moun ki t'ap chache lavi avèk anpil kouraj ; moun yo t'ap malmennen nan oun Ayiti fachis, oun Ayiti kraze-zo, oun Ayiti simityè, e ki t'ap chache miyò pou pitit yo demen. Se te tout moun sila yo ki te konn pran kanntè, oswa janbe fontyè, ouswa pran yon avyon pou y'ale aletranje. Se te moun sa yo tou, lè yo rive sou rad oubyen ateri nan Miyami (Florida), ke Gad-Kòt meriken te nwaye yo nan lanmè oswa penmpe yo retounen bay Tontonmakout oswa pran yo e kadnase yo nan yon gwo prizon, yon kan-konsantrasyon, yo rele « Krome Detention Center » nan Krome Avenue.

## Krome Konsantrasyon

E lè yo te rive nan Florid Latè-Pwomiz
Sou yon bèl solèy dous anfas gwo bèl bildin
Sou yon plaj ak lanmè ak zwazo k'ap chante
Anlè yatch milyonè boure avèk kès byè,
Avèk bèl blond je vèt an bikini san soutyen

Ke gwo bacha anpenpan t'ap chatouye ak lajwa,
Sa yo te rankontre yo, gwoup pèp ginen sa yo,
Se te yon gwo prizon ki monstre kou oun lanfè
Yo te rele « Krome Avenue » nan peyi Florida.
Timoun piti, granmoun ansanm avèk jènjan
Ki pat gen tan peri sou pousay sovajri
Nan piratri nan grandmè Gad-Kòt meriken,
Te pake kou sadin nan sen prizon sila-a.
Yo te maspinen yo, bat yo, imilye yo,
Yo te menm fè yo tounen rat nan laboratwa
Pou konpayi chimik ki t'ap teste pwodwi
Pou magazen deliks gwo boujwa sou Broadway.
Kacho yo te santi dezenfektan moustik konkwadire
Moun yo te pote maladi paske yo Ayisyen ;
Blan jandam Krome Avenue ki te deja rasis
Te gen tout pèmisyon pou maltrete ti nèg ;
Kout makak, kout lanmèd ak tout kout veksasyon
Te tonbe kou lapli sou pov pitimi san gadò
Ki pat janm komèt krim kont ankenn sosyete.
Poutan si ou te gade lòtbò lanmè sila-a,
Bò kote Ayiti sou yon lòt bèl ti plaj
Ou t'ap wè blan toupatou kolèt yo debraye,
Jipon yo plen koulè ak lajwa nan kè yo
Pami menm pèp sila a peyi yo ap meprize ;
Pèp ki louvwi ba yo tout bra li gran louvwi
Paske li kwè tout moun sou latè se yon sèl.
O Etazini ! Yon jou kou jodia
Nan yon chemen jennen nan boulvèsman lavi
W'a konprann mechanste ou fè pèp ayisyen !
W'a peye radiyès malpwòpte dlo nan je
Ou koze tout yon pèp ki renmen w kou yon frè !
W'a sonje Krome Avenue,
W'a sonje move non mikwòb-lapès-sida
Ou te bay nou pote kou yon malediksyon !
W'a sonje 1915 avèk masak Kako,
W'a sonje solèy la li klere pou nou tout
Kouwè yon kri lanmò se lapenn tout fanmi !
W'a sonje ! W'a sonje !
Paske ou dwe sonje jiskaske ou peye
Tout labou w'ap pase sou diyite yon pèp !
W'a va sonje yon jou,

Yon jou kou jodia
Ke solèy la kouche apre chak 24 trè
E tou pwisans jodi pa di letènite !
W'a sonje ! W'a sonje !
Paske nou pap bliye...

## Sa Pè Breda ta di

*(dedye a Tousen Louvèti ann okazyon komemorasyon 200 anivèsè sakrifis li)*

Li te sèmante sèt fwa
depi lavi pase sou tè zansèt Ginen
jiska kacho fè nwa Fò-di-Jou nan Jira
pase nan lakou bòfrè Napoleon mèt zafè
pou rasin libète ret donnen
menm sou chimen malakwa.

Pè Breda ta mande pou vanyan zile yo
remonte nan memwa depi tan vant mare
pou jwenn solisyon lagè malediksyon
kolon malveyan lage nan sen fanmi
pou simayen dezinyon deblozay.
Pè Breda ta renmen menm lè l pa ta la
pou ti zanj plantasyon vize wo
menm lè sousèzo vle diskòd
ant zòt yo k'ape chante lespwa.

Pè Breda pat kriye
menm lè l te santi li maljwe
nan mennen Hédouville
makonnen ak Rigaud tou de bò
pou twonke jou leve avèk lannwit tonbe
Pè Breda tap gen anpil lapenn
lè li wè pyetinman respè kou lajistis
nan rapò pèp ak pèp
e peyi ak peyi e peyi avèk pèp
paske sa pa tap fè monnonk Sam plezi.

Pè Breda ta mande
pou lanmò Dominique jwenn vanjans
pou yo lage Noriega avèk eskiz sadwa
pou moun manje vant plen Dimanch Pak
pou laviktwa jistis nan lanmò Sandino

pa trikaj rizezri ta vini yon epifani
pou afimasyon dwa moun
Pè Breda ta mande
pou peye reparasyon lanmò Tonton Chalmay
e pou desten lil lan depi de syèk lanfè Leclerc
te tabli anba kòd kraze-zo avèk fòs
vin tounen yon temwayaj laglwa
banbou yo ap pliye men ki pa vle kase.

Pè Breda ta mande
pou Irak pa vin sen ni pretèks
ni pou viktim mize libreri bonbade
ki mouri anba lapli misil ann Arabi
pa tounen pyon laglwa onorab enperyal.

Nan kacho nan Jira
Pè Breda te jire pou zetwal li plase
nan konstelasyon nan kwen nwa
pou blayi reyonnman libète
li te sèmante pou sa ki te pase
pa t retounen pou kwafe delivrans
—Pè Breda tap mande pou lapè reye.

Sa pè Breda ta di
si l ta wè de san zan
pat pote yon oazis laplenn fleri
nan kè malediksyon plantasyon ?
Sa l ta di si solèy pat leve
si komin Kapwa ta vin detwi
sa l ta di si wosiyòl pat chante jou maten ?

Sa Pè Breda ta di
si nou pèdi lespwa ?
Sa l ta di si sa yo ki sove nan zile
retounen memwa yo resplandi
pou bati Ayiti ?

Sa Pè Breda ta di
si maswife pat grenpe premye janvye ?
si bazilik pat konn kwape chanm ante ?
si Antwann nan Gome te sèl pap ?
sa l ta di si l wè moun pedevi
pote flè bay anvayisè ansòselè
sou plas Baghdad an plen nè CNN ?

Sa Pè Breda ta di si l santi l
pèp fache jwenn ak Bonapat dekalke
pou dekonstwi tout sa k te la
sa l ta di devan poud nan je
medya sou koudjyak ap lwanje.

Kouman Pè Breda ta santi l
lè li wè Pòtoprens fin dekonstonbre
anba eksplozyon chay kretyenvivan
k ap kouri anba lonb sosyal pèdisyon
sa Pè Breda ta di si nou pa ret anvi
pou kontinye reve
pou yon lòt jounen louvwi ?

## Òd dlo nan je pou Gaza

Apre tout misil vin voye
apre wout koupe an de
nan chimen san rive
apre alam sirèn anbilans
ap sonnen san rete
pou kanale estwopye lopital
e silans tabli kou yon move sò
apre katye depalaw
mi kay ki tounen sann
zo ki jete nan fòs komin
menm chen pa ka jwenn dlo pou bwè.

Apre lopital pa gen plas
apre mòg yo ranpli
sakristen pa gen chan
plant yo pa ka leve
sou tab pa gen diri
manje sèlman sèvi
lè lachans fè oun ti souri.

Apre lekòl fèmen
san yo pa di pèsonn
apre oun fanmi pèdi frè e sè
papa ak manman ak kouzen
ak zanmi bò lakay
apre san fin tounen pou latè
senp eleman koulan pou piyay.

Apre pa gen kote pou kouri
e menm lakay vin tounen kalvè
e sib pou bal tijènjan nan lame Izrayèl
apre rele timoun nan grangou
zo yo kale kou jibye ka bouche.

Apre w anvayi tè nou
jete bonb sou tout kretyevivan
kouwè myèt bisuit pou pijon
apre ou detwi lavi nou
tire bal sou menm sekou ijans
fèmen mache anba tout lavil
kreye rivyè koule ak san lapenn
detwi tout biwo batistè e brile
tout kote lannwit nou konn flannen.

Apre ou fè tout sa w vle
pou yo pa ta janm ekziste
apre w itilize tout zam
pou bare tout vwa ki di non
ou rete toujou yon tèt kre kou yon kwi
toujou makonnen nan move nanm ou
toujou petri sou pwa laperèz
toujou menase pa global angloutisman
toujou anpetre nan tèt chaje.

Apre ou fin fè e defè
pou vanje nan memwa w
depòtasyon ak ekzil
chanm a gaz ak kè mare
zansèt ou te andire
nou ka jwenn nan memwa latè
e pataje ansanm plizyè milenè
dlo nan je ak rèv pou lavi
ankenn nou pa gen monopòl malsite
ankenn nou pa sèl manm Linivè.

Menm apre plizyè dekad tribilasyon
Gaza toujou ret anvi ap goumen
Gaza pa reskonsab pou move sò w
se pwòp ou ki kreye lanfè pa w.

Gaza se pa Hamas
men Hamas sot nan matris Gaza

vote pou gouvènman oun moun vle
èske se pa sa yo di demokrasi ye ?
Vote pou gouvènman oun moun vle
pa vle di sèlman si gwo peyi apwouve.
Kote k pa gen jistis pa ka gen lapè
nou tout se timoun yo bliye
k'ap suiv konpa pakou latè je fèmen
tout masak se masak
ke l rive nan Gaza ou nan Qana
nan Ramallah, Haditha oubyen nan Haifa
ke l rive nan Fallujah
nan World Trade Center
oubyen nan Site Solèy.

Gaza se pa Hamas
men nou tout se Gazayen
konsyans ki pa donte k'ap lite
pou dwa pou yon demen miyò
dwa pou nou deside sa nou vle.

Izrayèl koze lanmò san bezwen
sa se laverite desandelye piknik
menmsi Gaza pa Nouyòk ni Filadèlfi
ni Wachintonn DC ni Boston
san k koule frape pòt konsyans nou tout.

Tiye yon mas moun nan kèlke zè
se krim lagè nan Auschwitz
kouwè nan Guernika
oubyen nan Srebrenica kòm nan Gaza
chanjman se sispann defannn san rezonnman
avèk zye kale yo tòtire
tout malsite Izrayèl
chanjman se mande pou sa chanje.

Gaza se peche nou tout anndan kè n
konsyans ak memwa istwa latè
memwa malsite ki pat dwe rive
memwa jistis ki dwe blayi
konsyans pou Gaza libere.

Doulè dwe reyini olye li divize
istwa ak memwa mechanste
olye se obstak gran chimen

fè pase pou laperèz simayen
dwe lanse tout vag yo
nan zèv levasyon pou tout limanite
nou dwe kriye pèt tout sa k ale yo
an n pran randevou sou wout nouvo lespwa.

(Boston, janvye 2009)

## Lè m tande Mercedes Sosa

Lè m tande Mercedes Sosa
ap chante melodi tan lontan,
tan pwezi jwenn avèk souvenans
souvenans sant odè pwason fri
odè swe swentay lanmou, lavi,
souvenans tan lapli k'ap tonbe,
bwatchenn desann e vète k'ap siviv
ti jènjan k'ap jwe kat kè kontan,
plezi jwe ansanm youn ak lòt
plezi mizik, plezi machann k'ap vann
diri ak pwa, sèl, pwason fre aprèmidi,
plezi bèlte prentan, lajwa fanmi
k'ap mennen pitit yo nan fèt 18 me,
tansyon diskisyon anime ant jeklere,
lòt yo k'ap bat bravo pou Castro
pou Che ki kraze mouda malfektè,
bravo pou Afrik k'ap pran endepandans,
bravo pou travayè k'ap goumen
pou eksplwatasyon disparèt nan koze moun,
bravo pou yon lavi ki miyò,
bravo pou yon lòt lavi pou omoseksyèl
k'ap chache egalite liberasyon moun lib,
bravo pou tout moun k'ap soufwi.

Lè m tande Mercedes Sosa
mwen jwi moman sa a mwen ye a
sa mwen ye, sa mwen vle, sa m espere,
jwi moman kri pou n ede lòt rele,
ede m rele ! ede yo rele ! kri, kri, kri
pou yo rele anmwe ! pou yo fè sa ki bon,
sa yo vle se yon lòt rèv
yon lòt inivè sans jakorepèt
inivè san movèz entansyon !

Lè m tande manmzèl Sosa
mwen tande plent rèl manman
rèl fanmi san lavi k'ap mande sekou
mwen tande diskou kont desounman
pwezi pou jeklere k'ap keksyone
kalvè kabrit nan pòtay labatwa,
diskou pou lanmou nan sen latè,
penetrasyon nanm lespwa,
vizyon pou demen tout timoun egare
vin rejwenn chimen delivrans inosans,
vizyon pou rajenisman ògàn k'ap vyeyi,
pou semans manje, mango, zaboka mi,
semans yon fwi sou lèv kè kontan.

Lè m tande nègès-ginen Sosa
mwen wè espedisyon tontonmakout
nan fwaye viktim vèp jeremyèn
zenglendo ki detwi vilaj san remò ni regrè,
mwen wè silans nan kwen kay,
jènjan jènfi san orizon
pèp meprize yo lese nan malvi
malvi maldyòk nan lanfè pèdisyon
pèdisyon nan sa ki pat dwe la !

Lè m tande mizik ou, tande vwa ou
sa fè mwen reve ak tout mèvèy nou vle
mwen santi rekreyasyon imanans bèl bagay,
yon mond mouvmante nan chanjman
k'ap pran direksyon redanmsyon
bò kote bèlte, layite rejwisans fyète
pou lavi kontinye chache mèvèy lapè.

San m tresayi lè m tande mizik ou,
jan nou voye kò n, jan nou anbrase lòt,
jan w fè kè nou kontan nan santiman inite,
santiman inyon òganik, solidarite kanmaradri,
bon sant lavi, bon sant lespwa, bon sant lajwa,
mèvèyman lanmou, lanmò ak letènite.

(Janvye 1997)

# Sove Memwa

## Memori mwen memorye

Mwen pral di sa m te wè
e tande nan lakou lòtbòdlo
nan manyè otomatik san m pa gade
sireyalis yo te degozye
pou kwape zonbi plantasyon.

Sa k pase a lespri m
se mannigans je-klere
sa yo k pat vle dòmi
sa yo k pote atansyon sou detay
pou yo pat achte chat nan bwat.

Etazinyen ta vle ezite
pou yo eli yon milat prezidan
men anpil nan yo di se pa bon
pou se yon sèl kalite fòm tèt moun
ki pou gen dwa seray sou jibye.

Sa ki tiye, defaze, toumante, toufounen,
tèmine, depòte, sakaje, boulvèse, dekalke
se pa sèl verite ki genyen lòtbòdlo,
gen sa yo k mete yo alekout sa ki bon
sa yo k pa kontan tande sa ki di onon yo
sa yo k pa kontan wè destriksyon deblozay
potanta endistri ak bonmas koze onon yo
sa yo k pa vle kontinye sitire sikile
rivyè lapenn dlo nan je
ki koule onon silans yo
konsyans yo pat jennen
pa presyon zantray yo
yo pat lese Otvwa-Gwo-Palè
dikte yo wout pou pran.

Yo desann nan lari
nan mitan Manatann ak Boston
pou yo chante lespwa.

Yo pa kontante jwi lavi
odepan tout lòt moun
pou yo sèl gen vèmisèl sou plato

sèl kòk k'ap chante sou savann
sèl vyolan kap senfonize lanati.

Nou ka memorye inite
sonje nou tout se menm
vann griyo ak bouke woz
sou mache Laplenn yon dimanch.

Nou ka memorye Gentilhomme
ki pale franse kou yon pè savann
li resite tout gwo vè k ekziste
e ba w repons ak tout kesyon k poze.

Nou ka memorye Gwo Degrenngolad
Septanm 2008 panik nan Wall Street
apre koken fin toufounen
jou vòlè save ogranjou piyaje kou w ta di
ou ta bay Al Capone veye lajan Leta.

Nou ka memorye Chalmay Peralt
nou ka memorye Benwa Batravil
sakrifis yo mande pou patriyòt ekziste.
Mwen sonje pwofondè lanmè
labirent nan Pòs Machan
fritay sou Pòtay
debloza nan bingo kay Ti Mak.

Nou ka memorye Pòl Larak
kouman li chante libète
nan zèv li e nan vi l
li kontinye poze kesyon
jiskaske souf kò a fin kaba
li mande pou n chante lespwa
menmlè twou tinèl la bouche
li di fòk nou kenbe jefò chanjman
pa fòs plonje praksis nou
nan pwojè revolisyon sosyalis
li di li ret destine imanite
menmlè Gwo Degrenngolad ta rive.
Li di fòk lanmou simayen
menm sou chimen advèsite
pami sèvitè Bondye kou ate
nan isiba kou nan syèl.

Mwen memorye Pòtoprens
vil rebelyon vil toubiyon
vil atis vil powèt vil mizisyen
nan mitan tout lakou
vil lansè flanm libète
vil montay ki dòmi devan lanmè
vil Massillon Coicou vil Horace
ak Pierre-Louis Coicou Tonton Nord
ekzekite devan papòt simityè san jijman
menmjan parèyman Papadòk
te fè ekzekite Drouin ak Numa
menmjan parèyman Papadòk
te fè ekzekite Lucien, Marcel
ak Dato Daumec kou bèt nan labatwa
san zega pou manman yo madan Auguste
granmatant ki pase tout rès vi l nan lapenn.

Mwen memorye kouman nan yon legliz
tiyè putchis ekzekite Antoine Izmery
mwen memorye kouman zenglendo lòtbòdlo
tiye Malcolm X nan mitan yon sal chaje moun
mwen memorye kouman asasen lòtbòdlo
tiye Martin Luther King lè l al pote bay sipò
nan batay kont povrete ak endiyite.

Mwen memorye kouman
yo bouzinen kwayans nou
mwen memorye kouman
yo fè n pran kaka poul pou bè
mwen memorye kouman
yo dechalbore yon gouvènman eli
onon demokrasi nan lakoloni.

Mwen memorye 17 oktòb nan Pon-Wouj
mwen memorye Fò-de-Jou
mwen memorye ekzil mwatye yon pèp
mwen memorye grangou tou patou
mwen memorye lè pèp rele anmwe
mwen memorye jounen 7 fevriye
jou pèp choute mouda pitit tig
mwen memorye premye janvye 1804
mwen memorye nou te fè revolisyon.

# Lè m rele Èzili

*(powèm damou sa a dedikase pou pèp Afrik di Sid la, pou liberasyon*
*total-kapital li ; li dedikase tou, pi patikilyèman, pou Winnie Mandela*
*ak Nelson Mandela pou sakrifis y'ap fè pou liberasyon pèp yo an)*

Lè kè mwen ap rache ak doulè latristès
Paske tiboulout mwen kite m nan lapenn ;
Lè lavi mwen pa bèl paske kè m pa kontan
Sou koze desten nou tankou kretyenvivan
K'ap viv anfouraye sou wonga sò detrès
Chak jou Bondye mete nan lakou ka parenn.

Lè apre yon kout gwòg m'al wè Papa Gede
Mwen rele lèzetwal nan yon kalfou lakwa
Ak balèn degouden e ak lanp tètgridap,
Epi w wè sou yon tab yon bèl grap
Rezen ki ankadre yon bèl nègès kore
Ki gen yon bèl chenèt ak yon bèl tèt mouda.

Epi w gade ankò bò kote Rèn Chantrèl
Ou wè w nan yon anbyans tankou vizyon pwofon
Ki fè w jete yon ti dlo pou manmzèl Èzili
K'ap bay sèvitè yo lanmou ak sèlman souri li ;
Epi konsa w rete w santi w nan yon bèl sitadèl,
Oun estad delivrans ki fè w yon revelasyon.

Lè m rele Èzili mwen wè vil Soweto,
Mwen wè Bantoustan yo sou bòt Blan madichon ;
Mwen wè yon pèp vanyan k'ap goumen tètkale
Kont opresyon kolon ki chak jou mitraye
Fanm ansent ak timoun plis elèv lekòl yo
K'ap defann dwa pèp yo pou yo ka libere.

Lè m rele Èzili mwen wè manmzèl Winnie
Yon kokenn fanm ginen ki kanpe kou yon loraj
Ak mari e pèp li pou defann lajistis
E met sou tè Lafrik mechan yo vann gratis
Konfyans rezistans pèp ap fè lespwa blayi
Yon ideyal chanjman menm sa k pèdi kouraj.

Lè m rele Èzili mwen wè mouche Nelson,
Mwen wè Lumumba ak Castro. Mwen wè Palestinyen
K'ap chache viv lavi ak tèt yo leve wo
Menm lè kè yo petri ak chagren pou frè yo.

Si m rele Èzili se paske m gen pasyon
Pou m reve lavi mwen kòmsi li pat anven.

Lè m rele Èzili
Mwen santi fanm Winnie ;
Lè m rele Èzili
Mwen wè Chalmay Peralt
Mwen wè batay lakay.
Mwen wè libète kay tout pèp sou latè.
Lè m rele Èzili mwen wè lanmou lajwa,
Mwen wè solidarite ant tout pèp sou latè.

(Boston, desanm 1988)

## Pèp vanyan

Yo file l kou taso
antase l kou sadin
sezonnen kou kribish
vòltije l nan lanmè
kofre nan Negriye
depoze l sou bitasyon
jete l nan Fò Dimanch
mete l anba kòd rigwaz
djake l kou yon bokota
malmennen l toupizi l
chatre l kadejake l
imilye l desoule l
afame l dezole l
eksplwate l reprime l
revoke l meprize l
arete l kalote l
zonbifye l maltrete l
woule l dekouraje l
li toujou retounen
o pèp vanyan
revenan andyable !

(1997)

# Yon moniman pou Yaruba

Vwa m se eko revivans
ginen yo ki soti Yaruba
eko ginen zansèt tan lontan
k'ap sove memwa nan nwayaj
ak nan tanpèt loubli ak dezè vid
yo penmpe tout sa yo k tèt drese
ki pa t jwenn lagras sou bato negriye.

Vwa m se eko yon peyizan Domon
ki mande pou wout pa dwe fèt
pou sèl lonè madan prezidan
vwa m se afimasyon verite tout moun
se menm moun sou latè temerè.

Vwa m di zonbi reskonsab
si l pa chache sove nan malvi
si l pa chache sèl pou l goute.

Vwa m di fòs dega tanpèt siklòn
se pa sèl reskonsab perisman Gonayiv
li pa sèl reskonsab souf lavi viktim
ki kite govi al deperi nan peyi san chapo
vwa m di fòs dega tanpèt siklòn
se pa sèl lanati k reskonsab.

Vwa m se konvokasyon pou koumbit
tout sa yo k'ap kwape wonga jebede
nan nouvo plantasyon modènite bati
pou desounen jeklere sou vwa laverite.

Vwa m se eko Grand'Ans
memwa Yaruba nan dyaspora
vizyon zansèt ki ret sou kasèt
Jezilòm ki rejte vèdik grandizè
siyal liberasyon san pèmisyon.

Vwa m se kesyonnman testaman
espekilatè nan vil Lond ak Wall Street
k'ap vòlè nan mache kout kreyon
konmpwitè ki lage ozanchè
lavi malere nan seray malsite
Leta ki pa di anyen nan zafè
finans dekonstonbre yo abreje.

Vwa m se vizyon sa k rive
apre zak k akonpaye debakman
dè milye aloufa sou bèl plaj.
Vwa m se memwa sa k rive
apre sa k te la vin tounen tabou
koze kache pechè pa dwe konnen.

Vwa m se eko demand toupatou
pou lòt jan pou respekte dwa moun
dwa inivèsèl tout kretyevivan genyen
pou di non ak sa k pa fè yo byen
dwa pou kriye osekou sou gran ri
kont tout malfektasyon zòt benefisye.

Vwa m se rezonans kalamite
ansanm ak jwisans santiman libere
chan libera pou andisi kadav nan sèkèy
ansanm ak fèt chanèl dènye jou Madigra
soulajman nanm Ginen apre malediksyon.

Vwa m bay ochan pou prezidan Obama
gran viktwa senbolik ansklave yo merite
an n espere li pa tounen Tonton Tom
osèvis gwo bacha sou nouvo plantasyon
ni pou zotobre tout koulè sou bòdmè.

Vwa m se chan lespwa
apre milyon ane nan zafra
retounman Baka sou gran chan
eklatman mèvèyman sou Chandmas.

Vwa m se silans nan bwouhaha
debòday nan lapè simityè
siro myèl sou ti sale nan ziltik
kwelekwekwe pou Awoyo.
Vwa m se eko Agwe lòtbòdlo.

(Boston, novanm 2008)

## Michèl
*(konik yon epòk tètchaje)*

Yon jou Vandredi Sen nan Bòlòs sou Pòtay
Estival pat lakay yon ti fanm sou kote l,
Se te mouche Michèl renmen fanm pase sa
Ki t'ap di l ti pawòl dous kou dlo kokoye,
Ki t'ap kase ti bwa nan zorèy bèl manmzèl.
Bonm te tonbe jou sa a nan Lise Louvèti,
Timoun, granmoun, ti jèn jan kou jèn fi
T'ap chache pòt lakay nan Pòtoprens bloke
Ak makout linèt nwa gwo-ble Uzi chaje,
Ki t'ap veye tout kwen pou chache kamoken.

Ri-dè-mirak ansanm avèk ri-dè-seza,
Sou Bèlè, nan lelit menm ka Pè Seminè
Fanm ak gason vanyan pat chita sou pingaw yo ;
Yo te rele « Anmwe ! », yo te mande goumen
Nan trak yo te simen ki konvoke pèp lan
Pou l desann nan lari pou defans libète.
Men pèp pat diferansye zanmi li de lennmi l
Paske li te konnen depi tout tan nan vi l
Tiboujwa soufnantyou toujou jwenn ak gran Blan
E zotobre grannèg pou maspinen sò li.

Se lè sa a menm Michèl, ki pat yon bèl gason
Men k te yon bon kozè t'ap kouche fanm mouche ;
Li pat nan politik men l te renmen lavi ;
Lè Estival voye dèyè konpè Michèl
Yon chay espedisyon makout ak dan sere
Se nan ti chanm manman m li te al pran refij
Sou kote kay Dèlva kòmandan Fò-Dimanch.

Mizè nwa lakay nou se te yon trendevi,
Moun Tigwav kou Kapwa, moun lavil kou nan mòn
Te nan kwelekwekwe pou met dlo sou dife.
Mamit diri t'ap vann pou sèlman ven santim
Men pat gen degouden ki te la pou achte l
Ansanm avèk mantèg plis ti mamit pwa nwa
Pou bay tout moun manje nan yon kay anpil bouch.
Menmsi nan tan sila a tout moun t'ap mare vant
Te gen grennpwomennen ki te vle pran chans yo ;
Te gen ti madichon ki t'ap pran devan bann

Nan tout sa ki t'ap pase ki pat kontante yo.
Genyen k te pran gagè, te genyen k nan kache,
Te gen tou k pran kanntè avèk tout fanmi yo
Pou chache delivrans nan oun peyi Papadòk
T'ape senyen avif kou bèf nan labatwa.
Nan Monnatif sou-djak ki te katye Michèl
Bann madigra te la pou andòmi moun yo,
Te genyen Nivana, rara ak bank bolèt
Plis yon monsenyè kaka ki pat kwè nan Lekris
Ki t'ap chante lajwa nan yon peyi vant ba.
Men te gen tou k kanpe kouwè tan lesklavaj
Pou yo rele Ase ! pou joure, reziste !

Michèl tou se te mwenmenm ak oumenm
Sou tè peyi lòtbò tankou yon jwif eran
Ki t'al chache lavi nan vant yon lòt reken.
Michèl se te, se te... se te tou, mesye-dam,
Loraj k'ap gronde san lapli ;
Se te plenyen, rele, rele anmwe ! rele ase !
Se te tou yon faktori nan zòn Bouklin-Nouyòk
Ke w'ale chak maten anvan ti kòk chante
Pou w wè yon bòs gwo vant ak de min sou fon li
K'ape pase w lèzòd kou oun kolon sou plantasyon ;
Si w te pran yon breakfast avèk yon vè kafe
Ou ka travay jiskou pitit poul vin ponn ze !
Si w te ale vant vid san yon moso kasav
Ou ka vin retrouve w sou yon tab lopital
Avèk machwè w leve kouwè pon Lestè a !

Sa fè lapenn lè w wè yon tijoudlan san fon,
Yon pitit malmakak ki pa janm bwè yon gòg
K'ap vin di w pou w chante tankou yon wosiyòl,
Pou w ka fè li santi l tankou yon gwo zafè,
Tankou yon malfini k'ap viv de san moun pòv.
Lè yon nonm pran kanson l pou yon gwo kanson fè
Li bliye ke l kaka kouwè tout bèt vivan,
Li bliye ke l se oun sann, yon ti pay lafimen !
Se pat desten yon nonm pou l ale nan zafra,
Pou l troke santiman l, bonnanj li ak sante l
Pou yon vi de lanfè ke li pa merite.
Se pat vizyon yon nonm pou l ale lòtbò dlo
Travay kou yon wobo pou l kotize de goud

Paske l kwè lavi li se yon bèl rèv bolèt
K'ap vin fè li vole piwo pase oun pengwen.
Se lè pou noumenm tou, noumenm yo patriyòt
Pou nou mete sou pye bèl bagay nan lavi ;
Pou nou chante, jwaye, rele, vole, sote,
Pou nou chanje lavi, pou nou viv ak fyète !

Michèl ak Estival se te lèt ak sitwon ;
Se te makout yon bò ak pèp vanyan lòt bò.
Lè misye al kache pou l pat nan tètchaje
Estival t'ap mande l si li tou pat dèyè l
Pou li kraze zo li, pou li dechalbore l,
Paske makout yo lach pi mal pase ti poul.

Yo te bay pòv Michèl menm non de kominis
Paske l pat janm dakò pou li viv kokobe ;
Pou li lavi se te yon solèy k'ap limen,
Flè prentan k'ap louvwi ak bèlte k'ap grandi !
Lè li kouche sou do pou l panse ak lavi
Li wè moun toupatou nan tout kwen sou latè
K'ap viv avèk lapè kouwè yon gran fanmi,
Moun k'ap chante, jwaye, rele, vole-sote !
Moun k'ap viv pou lòt moun keseswa sa yo ye
Gen dwa tou pou yo viv keseswa jan yo vle.

Michèl pa te yon nonm ki soti nan lalin
Ni yon gwo chat boure ak soulye degrenngoch ;
Li se yon nonm tankou w ki bezwen lòt bagay.
Lè w'ap viv nan Harlèm oubyen Lafrik-Disid,
Nan kè Site Solèy oswa an Palestin
Ou pa gen tan pou di w ki sa desten ou ye,
Yo vle fè w oun delalay ki pèdi konsyans li,
Yon vye ti nanm dane menm lenfè refize !
Lè m'ap viv nan Boston tankou yon pedevi
Mwen konn panse kouman nou lese yo roule n
Ak bèl grimas avyon, bèl greenback, bèl lanèj
Kòmsi nou pat genyen lakay nou bèl bagay
Ke wobo bò isit pa ta janm espere !
Mwen konn panse kouman nou lese yo achte n
Avèk bèl laviray sou zafè peyi blan,
San ke nou pat mande n poukisa yomenm tou
Yo vini lakay nou lè yo fin fatige,
Lè zo yo fin kraze nan toupizi lavi,
Lè san yo fin seche nan dezè biwokrasi !

Lè Bobo ak Lòris t'ap simen laterè
Michèl li t'ap jwe mab ak ti zanmi li yo
Pou bay lavi yon chans pou li ouvè zèl li.
Misye te konn ale sou mòn Teren-Saye
Pou koze ak tinèg ki pat ale lekòl,
Ki t'ap viv kou oun vètè sou yon beton galri.
Yo te konn jwe foutbòl avèk boul kalbas vèt
Paske yo pat ka jwenn menm boul chosèt santi
Malerèz te bezwen pou fè ranyon matla.

Zòn lan te gen oun makout yo te rele Pingaw
Ki pat janm griyen dan l menm ak pwòp pitit li,
Lè l remake Michèl te kòm yon enkoni
Li mande l si l te la an misyon detektè
Pou debakman Kiben ak kamoken rebèl.
Michel li ki pat nonm ki te fèt je fèmen
Konprann vit ke jou sa a zetwal li pral file !
Men kou pwovèb la di w ke w rele Dyab bonmèt
Oubyen papakaka l'ap manje nenpòt jan,
Misye pase Pingaw yon priz ki kase kou l
E li vole gagè san di pye l sa l mande !

Si ou nan sen fanmi w, pitit ou ak fanm ou
E ou jwenn ti soulajman ak bèl pawòl damou
Ouswa yon bèl bòl soup ak yon tèt aransò
Ou dwe kapab konprann menm lè w pa yon richa
Ke w se yon nonm chanse lavi favorize.

Mwen vin rewè Michèl apre 7-Fevriye ;
Misye te la pirèd ap defann libète,
Li te pase prizon, li te pase kalvè ;
Li te fè twa timoun ak manmzèl Lamèsi
Ki te yon rèn chantrèl nan oun òganizasyon fanm.

Si yon bon jou konsa san ke ou pat chache l
Ou gade epi w wè zantray ou ap vide,
W'ap kanpennen pap-pap ! bop-bop ! kaw-kaw !
W'ap kriye an kachèt, w'ap pèdi tout lespwa ;
Si w ta pèdi kouraj paske lit la two long
W'a sonje ke Michèl toujou la ap lite,
Men w mèt chache jan w vle bò isit kou lòtbò
Ou pap janm wè misye sou yon fotèy ofisyèl...

(Jen 1986)

## Pèp mirak

Menm senk san zan apre
Lè sole fin kouche, releve, rekouche ;
Apre zwazo chante, rechante, trepase
E apre yo te fè lavi depafini
Nou kenbe n'ap lite,
Nou kenbe n'ap reve.

Se mirak yon pèp lib
Ki pa vle bay legen
Lanmò sou koudjak
Kout baton ou lanmò
Vin yon selebrasyon
Yon flè ki vle fleri
Yon limyè lavi nan tinèl.

San fizi Uzi pèp la voye wòch
San wòch pou l voye li rele anmwe
Lè l pa rele anmwe li pran bato l ale
Pou l desan Washinngton pou l di Alelouya !

Se yon pèp je klere ki gen yon fason
Pou l mande libète tout kote l meprize ;
Libète ! Libète !
Li se yon pèp mirak.

## Balad Pou Asasina Diallo

*(Sou Lagè ak Lanmou ak Lapè—dedikase pou Amadou Diallo kat polisye te tiye nan Nouyòk pa diznèf boulèt sòt nan karanteyen boulèt tire)*

Diallo mouri nan papòt kay
lakay li yon lannwit
souri li siviv kò kadav
ki dechalbore
eki ap benyen nan san
men ki kenbe lapè nanm
kou yon siesta yoga.
Kat polis yo te anblengbengdeng
nan yon ekstazi bang ! bang !
k'ap klame macho nan laterè
kou bakoulou soupòtay ;
bèlte revolvè yo

pèfeksyon tirad kout bal yo
laglwa jimnastik jès polisye yo,
yon jès vit, presi, matematik
te vin rann pwezi lannwit la djanm,
kòmkwa yo te vle pran vanjans,
reprann tout sa ki te pèdi bay liberal ;
pirite ras la te vin reprann tou
ansanm ak kalm sekirite ak repo despri.

Diallo mouri yon lannwit
pou sove latè kont malouka
pou lagras pou sove Stock Exchange
men moun nan ti vilaj li yo te andèy
pèdisyon gwo-bonnanj misye nan peyi pèdi
dlo te sòti nan je yo lè l te fèk fin ale
ale kite matris manman l
epitou apre li vin retounen pousyè latè.
Machandiz li te konn vann yo
te pou misye yon sòt mantra sakre
ki transande sakrifis pou l antre aletranje
nan sanntyè ogatwa gwo mache tout Etazini ye ;
li te yon anj delizyon
yon bèl kalite kòk bòzò katye Bronx.

Si youn te konnen lòt
Diallo ta di Abner Louima :
Chè frè nan san ak nan lapenn mwen
tout malè gen yon sans
se yon pigatwa etènèl
yon Latè Promiz ki pap janm vin touche
men ki fè w vizyone fo esplandè paradi
revolvè yo pap estope tire
men tout bagay ap toujou la.

Si asasine a te rankontre asasen l yo
olye nan yon ri fè nwa nan Nouyòk men
nan kanaval Rio oubyen nan rara Pòtoprens
kote yo te ansanm viril ak lespri yo repoze
kan pilsyon yo bouyi kou kontantman Mèt Ogoun
lajwa lachè nan delirium
beni e benyen nan rivyè swe animal
Thanatos e Ero nan fizyon tèt ansanm
viv yon dènye rityèl lavi

yo t'ap asireman zanmi.
Youn t'ap di lòt,
konpè bonvivan nan ekstazi-anvan-lanmò :
« nou tout se pyon nan yon foli global—
an n selebre ti moman ki prale a. »

Epi vyolans nan tan ki te pèdi yo
vin fè chimen bay yon nouvo jou briyan,
grizay stress, tèt chaje, jou malouk ak kochma
ansanm ak lapè moun blan e detrès moun nwa
te voye jete nan poubèl vid Neyan
vilaj la te kriye yon dènye fwa
konsyans li koulye a te rete sèl refij li.

Premye jou jijman an
tankou yon dènye ofrand sakrifisyèl
pèp la te mande pou yo pann pou krim san
toulèkat polisye malouk yo
rich yo te kriye pèdisyon nich sekirite yo
e pèp la kontinyasyon lanfè l.
Men jiri a bay asasen Diallo yo
yon meday pou bravou e bon sans danje yo.
Lanmò Diallo te sove jou a,
yon jou tris.

(Fevriye 1999)

## Asasina Patrick Dorismond

Lannwit lanmò li a
anyen pa t'ap sove Patrick
pawòl te deja simayen toupatou :
Sezon enpinite malsite te deklare
sou tout moun po fonse ki pot bous
sezon enpinite
sou tout moun ki pral nan fèt san limozin
sezon enpinite
sou tout moun ki sanble vandè dròg
ki ka nenpòt ki moun.

Sezon enpinite
sou tout figi moun jèn
òlalwa prezime
ki oze pwomennen nan lari vil Nouyòk

sezon enpinite
sou tout moun ki gen nanm
ou tout moun ki pa blan majistra a deteste.

Vilaj la te kriye yon fwa'd plis
pa vrèman dènye fwa
nenpòt lannwit konsa
yon lòt asasina ap prezante kou yon viktwa
viktwa pirite sou fè nwa
Leta ap regenyen rezondèt li
katye grannèg yo ap regenyen esplandè yo
vil la se yon koz pèdi
tout moun ap pousuiv bonè
lalwa ak lòd
san nèg nwa
san atis
san temerè-fimè-marijuana
san powèt chomè ki san okipasyon maten.

Pousuit bonè
sekirite pou tout moun
esepte devyan ki pa suiv lòd
e lib pansè ki pa kwè nan anyen ;
sekirite pou tout moun
esepte jèn-ti-blan-ki-renmen-rap
ki te dwe konn sa ki dwat ;
sekirite pou tout moun
esepte sila yo ki respire enfinite libète
O libète koute chè !

Sekirite pou tout moun
nan yon gwo simityè
nan yon bèl leta polisye
yon eta bonè etènèl
bèlte nan lanfè.

(Prentan 2000)

## Neve Moyiz

Ti bonnanj neve a te kenbe kou yon defi,
Tennfas pou l te di sa li kwè ki te vre.
Neve Moyiz te nonm je klere, pikwatè lavi,
Grenpè mabouya maswife ki te konn sa li vle :
Yo te ekzekite l yon lannwit fè nwa—jou bese.

Nan Machan kou Okap, Pòtoprens kou nan Sid
Vwal l kreye deblozay ka mawon malmennen ;
Li di sa k pa te bon san mete-wetire yon vigil,
Li di bonjou libète, bonjou bontan, bonjou vwa lavi
Tout kote konsyans li t'ap respire, t'ap kriye Olala !

Tousen nan Fò-de-Jou te fè la repantans
Lè l pat ka jwenn rezon li te detwi Moyiz ;
Magouyay kolon blan, movèz zanmitay malfini
Vin desounen misye pou fè l pèdi gad li :
Neve Moyiz te mouri pou lòt moun ret anvi !

Bourik te ranni, chwal te galonnen jou sakrifis sila a,
Tronk pye bwa te pèdi rasin yo, boujon yo detounen
Pa vye koze malvire kolon t'ap simayen nan bouk la.
Lè jou konpè m te rive pou l ale, konpè Moyiz malè !
Misye te refize asepte pou pèp li te mouri akwoupi !

Neve a te yon jaden fleri, yon esperans lespri
Ki te la toupatou kote y'ap malmennen lavi
Pou l te di yon pawòl ki te yon verite san malis ;
Li te rele Anmwe ! Li kriye, li joure, li pran zam
Pou l te tabli jistis ka vivi chay nan do andòmi.

Li mouri yon jou konsa kò l pyese ak kout zam,
Tonbe nan finisman malfezans pwòp tonton l
Ki pèdi konviksyon l san l pat kenbe pouvwa a :
Madichon lanmò te fè san senyen san. Alyene.
Neve a te mouri yon jou paske li te anvi e lib.

Prezidan, gouvènè, kandida, jeneral konson fè
Se pa Papabondye ni pèpetyèl sekou kè nan men
Ki la pou fè ti nonm san nanm santi l sa l pa ye :
Se moun gwo kòlèt k'ap dikte sa gozye w dwe vale !
Neve Moyiz mouri pou l te fè nou konnen sa sa ye.

Neve a trepase ak kouraj Mèt Lakwa ba l drese
Kou yon bwa banbou rèd ki sekwe san tonbe.
Li te refize simagri tete lang ak kolon fèdizè
Ki te vle anpeche Vètyè vin yon selebrasyon,
Selebrasyon viktwa konsyans kont malfezans.

De san zan vin pase nan zile debwaze soleye,
Vag lanmè an demon, bouzennaj an penpan,
Pè bon kè retounen nan yon kalòj vitre pou jako :
Peyi a te libere avèk men li mare, lespri l sele-soule,
Fyèl li revann bay bakoulou espekilatè zantray pèp !

Lespri neve Moyiz vin reprann mawonnay,
Yo kwape l tankou yon baklanklan ankonbran,
Li tounen revenan anmèdman nan lakou aganman.
Men n di non ! Non nou di noumenm nan gran bwa,
Nou yo Makandal batayè senk san zan madichon !

Nan chak espedisyon toujou gen yon pèdan,
Sil pa Kaonabo li ka neve Moyiz, Lamèsi ak Sedye
Osnon tout jeklere k ap goumen pou lavi libere :
Jounen desandelye monnonk Sam lòtbò dlo
Ta vle pase bote lespwa ladelivrans pèp vanyan.
Yo ba li bwat konsèv, lèt gate nan poubèl
Pou dejene diswa anlonè bon papa. Ayayay !
Diskou demokrasi ak kout ponya bankye, priyè
Sakristen, rizèzri vòlò tè kou pwoteksyon mafya
Te wonga retchita yo te ansezonnen machwè l.

Non, nou pa ti-sale pou degi ! Jete dlo ! Jete dlo n !
Balewouze malfra k'ap kenbe nèg Ginen nan fatra !
O ! Apre yo depiye tout sak ki nan kwen kay
Yo ban n eleksyon, dans rara, kout kleren
Vant nou plen ak pwomès, san respè n pa sove !

Lavi libète se lavi libere nan rankont moun ak moun,
Rankont pèp ak pèp, konsyans ak konsyans revolte
Ki pa koze krapo nan kanpay magouyè k'ap fè wè !
Lavi libète se lavi chèmètchèmètrès mèt ounfò,
Se lavi moun vanyan tèt drese ki vle chanje lavi.

Neve a remouri lè monnonk deblayi
Pou l di ti nèg rabi lennmi l se Èzili
K'ap fè l wè kakarèl *Vive la France éternelle* !
K'ap fè l wè kenedi ak diri Miyami se adore rigwaz
Makakri koloni malfini toupizi malere bra mare.

Lè tonton w'ap fete avèk anpwazonè lavi w
Nan yon anbyans trenkay chanpay ak Beethoven ;
Lè ou wè vye zanmi kanmarad militan koz lepèp
Ap fè jekwazandye bò lakay bon papa ak Madsèn,
Ou dwe di w, monkonpè, gen yon koze k mal jwe !

Neve a te mouri kan lennmi fo zanmi malfini malapri
Te fè Tousen lwanj sou zafè lòd respè ak lonè lwayote
Li te manifeste pou senbòl piratè dominatè mèt bè !
Neve a te mouri paske li te anvi nan lavi libere :
Neve a te mouri pou rèv nou ret briye e reviv !

(1995)

## Pou Nexualina

Li parèt ankò nan rèv mwen
Avèk figi li bèl kou yon solèy prentan,
Li souri ban mwen ak yon jansiv vyolèt
Tèt mouda li flange tankou kap anpil zèl
Li di m boujou misye kòmsi li pat konnen m
E m anbrase li avèk tout san m ap tresayi,
Sete Nexualina, yon manmzèl ginen penmbèch.
Li parèt ankò li retounen man vi m
Nan tan vivan t'ap fleri avèk yon lòt semans,
Lòt vivifyan ak lòt trezò fanm mouda madichon,
Trezò manmzèl Lilya yon lòt loraj kale
Ki gen yon sans lavi ki derefize lanati
Avèk yon bèl bagayoukonnenan ki fleri latè
Dilèm silaa ka mennen wout lanmò
Lanmò yon nonm ere k'ap jwi mèvèy lavi
Mèvèy liberasyon plis mèvèy elevasyon !

## Pwezi san

Se yon pwezi ki soti nan san
nan mwèl e dlo je ak swentman
dlo ki kreye timoun
bèl ti kò dechay anba vag lanmè
semans flè lanati etaye.

Pwezi san se pwezi lavi moun libere
ki brandi kouraj pou bay lespwa chapant
se pwezi deblozay mouvman pou chanjman
se pwezi zouti pou fè diri leve.

Pwezi san se tout zòt k'ap goumen
pou san sispann koule
pou anpeche menm solèy rete frèt
sou latè cho depafini san z'avni
pwezi san se bèlte koumbit tout Ginen yo
k'ap goumen pou lage bèt nan labatwa.

Pwezi san se pwezi nanm
zwazo ki retounen nan nich yo
pou y a rekonstwi forè ki tounen po chagren
pye bwa ki renouri montay ki pran vèdi
souri sou tout bouch
vant plen ak lespri eklèsi.

Pwezi san se pwezi rele anmwe !
krazebrize lè Fò-Dimanch reinogire
desann sou Wachintonn pou mande regleman
pou rele anmwe ! Pou rele sètase ! Pou di :
« The people united will never be defeated ! »
tout pèt ki ini pa janm pèdi konba !
yo kenbe fyèl yo djanm jouk granmaten desann.

Pwezi san se moun k'ap viv ansanm
k'ap manje ansanm
k'ap bay lanmou ansanm
k'al larivyè ansanm.

Pwezi san se refize sa n pa vle
e tabli sa nou reve.

(1994)

## Yo retounen nan Kongo

*(dedikase pou Patrice Lumumba ak Che Guevara)*

Che retounen nan Kongo yon jou
apre l fin janbe tout rivyè
nan pouswit delivrans pou pèp li ;
li leve anba dlo malediksyon
li retounen engànm, lespri l briyan ;
li reparèt avèk nanm ginen l
pou troke kòn lavi kont lanmò.

Li sòti nan sann forè Bolivya
nan govi zantray zansèt li yo ;
li sove nan koma kabicha
revenan nan listwa san memwa
li jwenn ak konpè l Kabila
pou l konbat s ak pa bon
e mete sa ki fè kè kontan.

Listwa retounen nan zantray Kongo
apre yo kwape l kou yon movezè ;
Che avèk Lumumba reparèt
nan yon espas abandone
konsyans san landemen
moun k'ap peri san manje
diyite ki tounen malpouwont
moun san ideyal
moun ki pèdi konsyans yo
zonbi ki pa goute sèl
pèp ki tonbe nan kaka malakwa.

Tchovi yo retounen anpenpan
Lumumba, Guevara, Kabila
jwenn lamen nan lamen
pou lawouze jaden.
Yo retounen yon jou
apre bonnanj kadav yo
te fin vann nan mache kolonyal ;
yo reparèt anjandre
pou mete dwa jistis sou de pye l,
pou bay Kongo fòs pou l kenbe la.

Yo sòti nan wanga maldyòk
malfektè tabli pou detwi rekòlt ;
yo sòti anba dlo detounman
sou zanpriz dlobeni vòlò tè ;
yo retounen sou cham grennbak
gwo konpayi petròl souse mwèl
konkeran mèt latè tout antye—
sou cham bèl dan griyen Lisifè.

Yo retounen avèk san yo
san sou chimen soufrans yo
san nan kolè vanjans yo
san seche deperisman lavi yo
san pikan orizon san lespwa.

Yo retounen avèk sajès siprèm
zam ak lafwa nan rèv yo anvi ;
yo retounen avèk itopi yo
avèk inosans tètchaje chimè yo—
yo retounen pou bay lavi yon chans.

Yo retounen pa vwa grann pòt
nan gwonnman tanpèt kontinantal
ki vini simante solidarite pèp vanyan.
Yo retounen nan yon bèl jou
bèl solèy eklate sou tout latè Lafrik,
yo blayi bèl drapo zespri Kongo Ginen
pou konbat plizyè syèk lamizè
plizyè syèk malmakak eksplwatè—
yo retounen pou pale lòt koze.

Yo retounen yon jou
listwa vin genyen laviktwa
laviktwa bèl bagay kont rapay
libète kont zafra
limyè kont fè-nwa
esperans pou lavi
kont dezespwa aloufa !
Yo retounen yon jou
pou kontinye chimen an
yo retounen jou sa a
pou rebati dwa lafwa lespwa.

**Vi nan dlo vi lavi**

Lavi ap woule anba dlo sou lanmè
ak pwason k'ap naje layite kou bòzò
pou blayi konketri nan vitrin aquatik !
Gen tou dlo kribish dlo zoranj dlo mango
dlo vide dlo koule dlo toupatou nan kò nou
dlo san nou dlo venn nou dlo je k'ap kriye
dlo ki sot nan tipati nou pou jemen lavi
dlo sen manmèl manman nou k'ap ponpe enèji
dlo k'ap woule nan larivyè pou malere benyen
dlo larim ak lanmè k'ap nwaye refijye
dlo lawoze peyizan ki konnen sa ki byen
dlo lapli pou n benyen pou nou bwè pou frechè !
dlo pou n lave salte
dlo pou n beni movèzte
dlo pou lavalas desann !

(Desanm 1994)

# Pwezi ak trajedi

## Pwezi mistè, pwezi latè*

Akansyèl la briye
pou lavi jèminen
pou latè donnen
lòt sezon mistè
akansyèl la briye
anlè potomitan
pwèl cheve kokoye
nwaye dram lamizè
anba dlo lanmè Jeremi.
Se te yon pwezi dous
koumbit tout fanmi reyini
pou selebre nourisman latè
mande poukisa kay chato
pa respekte kay lacho
poukisa fè-nwa dire lontan
mande pou nwaj yo eklesi
menm kadav anbatè.
Akansyèl la briye
lè solèy te kouche
timoun ap jwe lago
nan jaden sou lapli
se te yon pwezi dous
pwezi kouraj kè mare
pwezi frechè nan sechrès
piwèt banda nan rara
lanmou sou tichèz ba.
Akansyèl la briye
sou kabann lopital
nan kacho Fò-Dimanch
nan jefò pou lavi miyò.
Akansyèl la briye
pechè tounen sen Vatikan
bonmask temwaye inosans
lanfè vin pave ak bonte
akansyèl la briye
lè jou pat janm leve
lè bato t'ap nwaye.
Se te yon pwezi dous
rejwisans nan govi
Mandela prezidan Afrik-Disid

ginen yo retounen nan Kongo
Zapatista rele Abraham di sètase
vanipye ki mande plas sou tab.

Se te yon pwezi dous
bonjou sou tout bouch
pwomnad bò plaj lanmè
pwezi ti chòbòlòt manman m
k'ap souri ak tipati papa m
pwezi nan dezè biwo klimatize
pwezi mòn san pye bwa
pwezi refijye san papye
pwezi lanjelis nan kan Krome
pwezi kalbas k'ap fè kwi
pwezi moun k'ap chanje lavi.
Akansyèl la briye
lajenès te vin potekole
lekzil vin yon revelasyon
sou plantasyon zespri desounen
akansyèl la briye
nan zafra malere yo kwape
akansyèl la briye
pou bèlte blayi nan lakou.

Akansyèl la briye
pou lòt koze pale
menm lè moun yo dekouraje
akansyèl la briye anbatè
nan enfinite inivè envizib
nan zantray malè sou latè.

Akansyèl la briye
pou sikre pwezi latè
pou moun yo ret anvi
pou goumen pou lavi fleri
akansyèl la briye
pou klere simityè Titanyen
pou ban n fòs pou n respire
akansyèl la briye
pou pwezi simayen
akansyèl la briye
pou lit la kontinye
jiskaske jou leve.

* Pibliye premye fwa nan *Antoloji Powèt Ayisyen nan Massachusetts,* 1998.

# Jak Nwa ak Jak Lawouze

*(dedikase pou Pòl Larak ak Jak Roumen)*

Jak Nwa ak Jak Lawouze
Se bonè wouj ak bonè blan
Se lit pou pèp vanyan manje
Ak goumen pou fè lavi chanje
Se mande pou Frankoriken kraze rak
Oubyen pou pèp gen gouvènman li vle.

Jak Nwa ak Jak Lawouze
Se de bò menm meday
Se rele anmwe pou debwaze silans
Oubyen batay pou dwa pou malfrene pale.

« Se yon move lè pou l ale »
Konpè Le deklare lè nouvèl te voye
Zetwal Nwa ta vle fè movèz wout
Se yon move lè pou l ale
Paske l pat bay bonmas makiyaj
Li pa sere koze pou sove lajan kache
Devan pèdisyon move zak malapri
Li pat janm pran losti sou lotèl Ozanfè
Li pat di jekwazandye si pa gen manje
Li pat pale kou Voltè pou mete baboukèt.

Se yon move lè pou l ale
Paske se lè pou lòt kesyon poze
Pousa k rete se sa nou tout vle
Se lè pou chan ble libere peyizan andyable
Ouvriye dezevre k'ap travay pou lamizè dekole.

Jak Nwa ak Jak Lawouze
Se lespwa ak lajwa
Bonè nanm libere
Ki vle sove lavi.

Se fè nwa ki tounen bèlte jou leve
Pye bwa ki plante sou mòn po tèt kalbas
Konsyans ki pa janm fatige mande sa k mye.

Jak Nwa ak Jak Lawouze
Se sèman pou demen vin pi jis
Angrè ak je klere pou fè mayi pouse

Fanm ak tifi ki louvri orizon
Pou chanje parèyman destine tout vivan
Dwa travayè pou l jere faktori
Pou bourik vin gen menm dwa ak chwal
Pou tout koulè ka tounen akansyèl
Pou souri vin koule sou tout bouch
Pou bèlte rekreye e imajinasyon enganme.

Jak Nwa ak Jak Lawouze
Se temerè ki ka lanse pyè pou fè jou louvri
Voye espedisyon pou dekwape malè
Pou di gen lòt bagay k ekziste
Jak Nwa ak Jak Lawouze
Se kenbe djanm flanm lanmou
Pou lavi gen bon gou.

(Mas 2007)

## Nouvo konsepsyèl, nouvo koze rèl

*(dedye pou Wilner Auguste)*

Se yon nouvo konsepsyèl
Nan kè Nwouanglanndè
Pitit Pè Toma ou ka wè
K'ap selebre valè eritaj yo
Pa yon sèl jounen
Men dire tout yon mwa
Pa nan yon sèl ti bouk
Men nan tout kè dyaspora.

Nan Gouvènè Sanntè
Anba vant vil Boston
Rive nan Blu Hil
Nan tèt Matapann Skwè
Ble e wouj simayen anpenpan
Tankou jipon Freze nan jou nòs
Monte sou ma anba solèy briyan
Benyen alinison nan chan patriyotik
Parad twonpèt, bagèt, senbal ak bas
Cha kwafe avèk rèn ak rwa
Donasyon mezondkomès an fèt
Defile sitwayen dèyè gwo bandròl
Ofisyèl sou podyòm diskou bèl okazyon

Se yon laglwa toudmèm
Pou yon pèp deplase
Rasin li simayen nan tout kwen latè
K'ap chache sans koutpye malfezans.

Se yon nouvo konsepsyèl
Nan kè dyaspora lòtbòdlo
Botpipol sousezo apre zo kraze
Pou wè mwa eritaj yon nasyon
Kolon te chache efase sou latè
Lamizè ak kout baton te kwape.

Sa te fè plezi pou te wè
Jèn fi ak jèn jan k'ap chante
« Pour le pays mourir est beau »
Se te yon laglwa pèp vanyan
Nanm yo te vle detache de kò yo
Regwoupe pou chante e rele
« Demain la gloire d'Haïti ».

Se yon nouvo konscpsyèl
Ki bon pou zòt ta ka vin rekonèt
Ke valè pèp vanyan reklame ki pa li
Yon grenn mwa se sèlman yon degi
Pou yon esplandè ki enspire byenfè.

Se yon nouvo konsepsyèl
Pou predestinasyon tounen aksidan
Pou Mèsidye gen mo pa l
Pou tant Matid mouri nan vye jou l.

Se yon nouvo konsepsyèl
Pou Obama kandida ki ka la
Menmsi manmzèl Hilary di se tou pa l
Menmsi kouzen l toujou ka tounen toupi
Anba men gwo bacha vestonnen Wachintonn
Ki pa kwè nan Vox Populi Vox Dei.

Se yon nouvo konsepsyèl
Pou ginen retounen pou koumbit
Sitou pou sa yo ki pa ka la.
Se yon nouvo konsepsyèl
Pou Latibonit vin bay diri jasmen
Pou malere malerèz jwenn mayi

Ki pat gentan tounen gazolin tèt nèg
Sou mache koupe tèt ki pa gen
Zaboka, pitimi, pwason wouj, poulaye
Pou konbat klorox grangou madichon te kite.

Se yon nouvo konsepsyèl
E sa fè plezi pou w te wè
Gen sa yo ki t'ap chante
« Pour le pays mourir est beau »
Se te laglwa dyaspora ke nanm yo
Regwoupe pou chante e rele
« Demain la gloire d'Haïti »
Demen laglwa yon pèp libere
Ki mande pou tout manm reyini
Tounen yon sèl ansanm nan solidarite.

Se yon bon devlopman konsepsyèl
Pou moun ki grangou desann nan lari
Pou premye minis tonbe anba rele anmwe
Pou prezidan di yon mo nan koze k regade l
Pou abitan replante sou mòn po tèt kalbas
Pou tout peyi a ap mande repanse lavni li
Kou yon chimen manch long pou lavi miyò.

Se yon bon konsèp koze rèl
Pou pawòl yo pale ogranjou
Pou diri ak ti wòch mennen byen
Nan frechè lasous kou sou tab gwo bacha.
Se yon bon retounman linivè kosmotik
Pou mayi ak pwa nwa pouse ann Ayiti
Pou solèy leve sot nan Dominikani
Pou zonbi goute sèl
Pou chan debwaze rebwaze
Pou langèt manman pa tounen jouman
Pou tibebe souri san pedi inosans
Pou moun sove lòt
Pou lavi vin gen vi.

(Jiyè 2008)

## Pwezi libète, libète pwezi

*(dedikase pou Frank Larak)*

Pwezi se libète lespri
ak vagabonday santiman
pwezi se yon toubiyon
anba nwaj pou sove klate
janjanbrèt nan lendi maten
siwomyèl sou kabann lopital.

Li se libète pou di sa ou vle
rele anmwe devan Palè Nasyonal
mande pou Leta respekte lalwa
rele pou Lachanm sot nan antichanm
pou koukou sispann klere pou je pa yo
lè toupatou ap grennen bay avèg.

Pwezi se silans bouk anvan solèy leve
ze bouyi ak pwason nan Vandredi Sen
Chalmay Peralt ki pran zam
Defile ki pran rès kò Desalin
Kapwa Lamò ki rele « En avant ».

Pwezi se banbòch nan Rivyè Fwad
gouyad nan rara Leogàn
peche konfesyon monseyè
devwale anba limyè sou Chandmas.

Pwezi se libète lespri
kontenjans espèmatozoyid
defi bay kapris destine
kokobe ki pran highway
abitan ki fè panzou sou Bisantnè
vivi chay nan do ki pran losti
jekwazandye ki bay lesperans.

Pwezi libète se libète lespri
plonjman temerè nan zafè k regade l
delivrans madichon anba zèsèl lachans.
Li se rebelyon kont lavi chè
laglwa bannann mi ki tronpe dan pouri.

Libète pwezi se leve-kanpe
kont pri gazolin ak yon mamit mayi
se kwelekwekwe pou silans pa genyen

Poetica Agwe

nan kwaze epe avèk mès Jakalyè
se laviwonnbadè lespri nan van lib
jwisans nan lespas zèl zwazo vole.

Pwezi libète se renmen yon moun
pou sa li fè oubyen sa li di
pou lanjelis louvri jou lapli
pou nanm li sove de giyon dezesperasyon
pou rizyè li plante pou kwape grangou.

Pwezi libète se pwezi jou leve
pwezi je klere pou siyale kribich
pwezi libète se renmen yon moun
pou kalite zèv li olye pou ak kiyès li kouche
pwezi libète se pa fè latriyay ki koze
ki merite lansman sou lotèl endiyasyon
se limen bouji tout kote ki fè nwa
se louvri tout pòt malfini met sou kle
pwezi libète se pwezi pou libète pa mouri.

(5 jiyè 2008)

## Sis mwa apre dekonstonbray

Sis mwa apre dekonstonbray
Se yon sèl traktè moun wè sou Granri
Yon sèl vila an mab souvnans nan plantasyon
Chaje ak motif neokoloni sou Dèlma.
Pil debri kontinye makiye Pòtoprens
Zantray li dyondyonnen pil tant pou moun dòmi.

Sis mwa apre dekonstonbray
Koup Mondyal detounen kout lanmèd malpwòpte
Gòl Forlan ak Inyesta defoule reyalite malouk
Bellerive ak Clinton mande pou lajan debouse
Sot lakay peyi gwo zouzoun ki sèmante sèt fwa
Devan Loni pou ede rekonstwiksyon ak kout kreyon
Sou lokipasyon dan griyen malandren an kas ble
San fè meya koulpa pou diri k'ap toupizi agrikilti.

Anpil tan apre dekonstonbray
Peyi a kontinye depeple opaotwoogalop
Osekou pou sove madichon pran lepa
Tout sa k pèdi yo rete gwo pèdan nan ran ban
Pwofitè anvayi toupatou nan lakou kay Kwakou.

Anpil tan apre dekonstonbray
Ankenn pwomès pa janm reyalize
Kòlèk Bò-de-mè rete byen eskanpe
Menm fo komedi pa fè Lafrans debranle
Yo ret refize peye pou vòl endemnite.

Sis mwa apre dekonstonbray
Tout sa k pèdi yo rete gwo pèdan nan ran ban
Sivivan poko pran bouk chandèl
Mande ladelivrans pou Ayiti Toma.
Anpil tan apre dekonstonbray
Apre tout emosyon anba kadran je CNN
Anderson Cooper ak Doktè Gupta lage bon dokiman
Lajan pa janm deplase sot nan bous Tonton Nwèl.
Anpil tan apre dekonstonbray
Revolisyon ret toujou yon sèl solisyon.

(Jiyè 2010)

# Dezyèm pati

## Chache Nanm Nou

# Anvan-palab

Mwen te konpoze yon bon pati nan liv refleksyon ak powèm sila a nan yon moman tètchaje nan lavi pèsonèl mwen ansanm ak lavi peyi m, Ayiti. Mwen vle pale pi patikilyèman de peryòd ki kòmanse de ane 1986 lan rive nan ane 1991, yon peryòd ki mawonnen nan yon gran lafyèv lespwa, men ki ebranle tou pa yon chay tribilasyon, yon chay pèt ideyal, e pafwa menm yon chay dekourajman.

Kouwè peyi mwen, mwen te viv pakèt tan ki chanje youn apre lòt ant kri rakle sou kout frèt, kri chagren, kri dlo k'ap koule nan zye an silans, kri kote difikilte lanmou fi mwen renmen yo fè m dezespere de lavi, dezespere de konfyans mwen nan fanm, nan lòt kretyenvivan, nan fetich ekzistansyèl. Mwen voye tou kri kesyonnman sou moun sinik k'ap maltrete lavi, kri ki layite emèveyman m, kri rekonkèt lavi, kri moman kote m reyalize tout bagay posib, ke m posede tout Latè, tout Syèl la, tout Linivè, moman kote Bondye avè m vin fè yon sèl nan konfyans ak nan konplisite.

Pwezi, ekri, pale kapab yon bon zam si yo pa fèt pou fè bèl diskou pou bèl diskou. Emosyon, santiman, kri, bèl deklarasyon pa janm anyen nan yomenm si yo pa chache fouye, konprann, chanje sa k'ap pase nan reyalite objektif yo, sètadi nan reyalite moun k'ap eksplwate lòt moun ; klas boujwa opouvwa k'ap toufounen mas pèp ; milat, blan je vèt ki kwè yo siperyè moun tètkonn ; militè, makout, nazi k'ap kraze zo tout lòt moun ki diferan de yo ; epitou tout lòt sanmanman, fi kou gason, blan kou nwa, k'ap kontribye fè lavi yon lanfè mizerab. Se de tout bagay sa yo liv sa a ap trete.

Efektivman, pèp ayisyen an te vrèman espere wè lòt bagay apre gran revòlt popilè 7-Fevriye 1986 la ki abouti nan degrenpay diktati makout divalyeris la sou pouvwa ; li te espere wè, non pa tankou mwen di nan liv powèm mwen an, *Cri de rêve*, yon defile teyat kandida-alaprezidans k'ap fè pelerinaj Ayiti-Dyaspora-Ayiti e ki ap fè bèl diskou san rete sou « demokrasi », men pou se yon gouvènman vrèman revolisyonè ki vin opouvwa, yon gouvènman ki satisfè revandikasyon ki pi fondamantal pou li, sètadi dwa li genyen pou l gen manje pou l manje, dwa pou l gen kay pou l rete, dwa pou l gen edikasyon, dwa pou l gen sante e dwa pou l gen diyite.

Byennantandi se pat sa nou te wè nan pasaj opouvwa youn apre lòt bann klik mafya ki gen pou non Henry Namphy, Leslie Manigat, Prosper Avril, ki vin anpire bagay yo selon lwa syans sosyal sou degradasyon kontinyèl ki montre yon sitiyasyon ki pa bon ap vin pi mal si pa gen yon lòt aksyon chanjman opoze radikal ki vin kontrekare l.

Èske aksyon chanjman sa a posib e pre pou l vini ann Ayiti ? Wi mwen panse sa definitivman. Li ka petèt pa pre pou l vini nan sans n'ap vin gen dijouolandmen yon paradi pwovidans ann Ayiti, men nan lefètke pèp ayisyen an ap rete mobilize—menmsi se sèlman de tanzantan—, jiskaske li jwenn satisfaksyon total tout revandikasyon l yo.

Mwen konprann lektè a ka twouve l yon ti jan twouble pa mawonnay trileng ant kreyòl ayisyen, fransè ak anglè mwen fè nan liv sila a. E mwen regrèt sa. Rezon ki fè m fè sa sèke mwen te vle ekri yon liv pou m te touche alafwa lektè ayisyanofòn, frankofòn e anglofòn yo san ekri twa liv diferan, e san anplwaye tradisyon teknik tradiksyon motamo de yon powèm ak yon lòt, pandan menmlè m'ap repwodui lespri fondamantal yon sèl liv nan toulètwa lang yo. Menmlè m chache rann tradiksyon anpil nan esè ak powèm yo (ki gen sèlman 5% pami yo ki tradui) pi pwòch ke posid youn ak lòt, pou powèm yo mwen itilize tou sa mwen rele yon « tradiksyon òganik », sètadi ekri menm powèm lan nan de ou twa lang diferan san m pa sèvi de yon tradiksyon literal mekanik (oubyen okontrè, sèvi de tradiksyon literal mekanik pou m kreye yon powèm « tou nèf » ). Omwen teknik sila a (ke m itilize detanzantan toude pati kontradiktwa li yo) anpeche vyolans nesesèman yo fè yon powèm lè yon moun tradui li nan yon lòt lang. Se noumenm lektè yo ka di mwen si sa reyisi.

# Temwayaj ak souvnans

## 1. Irak, Katrina e Cindy Sheehan : Trajik kou routin

Siklòn Katrina, ki te ravaje tout zòn sou kot sid Etazini an e detwi yon bon pati nan Nouvèl-Oleyans, te vin devwale sa tout moun te deja santi men yo pat vle di l : anba rejim politik sou kontwòl neokon yo, ki pase tout tan yo a pwojte pwisans global Etazini nan lemond, kapasite ekonomiko-estratejik peyi a te vin seryezman afebli.

Sètensi ke, ale sou plizyè semèn afile ou te wè ap layite devan zye lemond antye imaj mizerab yon sipèpwisans k'ap aji sibitman tankou yon peyi enkonpetan, kowonpi e soudevlope, avèk yon ti odè rasis ki montre endiferans nan sò pwòp sitwayen li ap sibi. Se konsa moun te detekte Condoleezza Rice, sekretè d'Eta etazinyen an, nan magazen deliks nan Nouyòk ap achte soulye pou yon cho li pral wè sou Broadway, pandan pwòp Eta natif-natal li, Alabama, t'ap kwoupi anba malè siklòn ; tandiske George W. Bush limenm, yon prezidan ki te mennen kanpay li anba banyè konpasyon, t'ap fè lasyès nan ranch li nan Crawford, nan Texas. Lwizyàn te dènye bagay ki te nan tèt yo. Anplis, pou anpil moun, sò negro pòv sa yo, ki gen repitasyon gouyadè kanaval, pat yon bagay presye moun dwe sove pa tout mwayen. Mwen rele tip de reflèks sa a manifestasyon volonte jenosid onivo sibkonsyan.

Kòm koloni abitasyon yo vin bay non anlònè Lwi XIV, manm dinasti Bourbon-Oleyans la, Lwizyàn te yon posesyon fransè ki te trè enpòtan anvan Napoleon deside likide l bay Etazini an 1803. Efektivman, pou l ka kraze zo rebelyon anti-esklavajis la ki t'ap bouyi nan koloni poul-ze-dò li Sen-Domeng, Napoleon depeche an 1801 yon armada enpresyonan de 32 000 sòlda, ki sòti nan krèm fòs espesyal lame fransè. Kòmande pa pwòp bòfrè Napoleon, Charles Leclerc, envazyon an rive kidnape Tousen Louvèti pa mwayen yon trik diplomatik. Men bagay sa a te sèlman rann anti-esklavajis yo, ki yomenm tou te an majorite ansyen esklav, pi anraje. Apre anpil sakrifis yo fè e maltrètman yo konsanti pran, ansyen esklave yo, anba kòmandman djanm Jan-Jak Desalin, te vin evantyèlman pote laviktwa kont fòs Napoleon yo, e pwoklame endepandans Sen-Domeng jou premye janvye 1804 (yo rebay nouvo peyi non Haïti oubyen *Ayiti*, selon non orijinal Endyen yo te bali anvan jenosid la ki siyifi « zile plen montay »).

Gen anpil istoryen jounen jodia ki pote atansyon sou gwo dèt Etazini te dwe omwen rekonèt li dwe Ayiti pou lefètke li favorize li pran posesyon de plis ke doub fwa teritwa li alepòk la, pa fòse Napoleon vann Lwizyàn pou finanse lagè li t'ap mennen kont revolisyonè anti-esklavajis nan Sen-Domeng yo e kont Angletè.

Ojis, makonnaj-tèt-chaje Napoleon nan Sen-Domeng te tou dabò anpeche l ale nan Lwizyàn pou l retabli otorite li kont vize aneksyonis Thomas Jefferson, prezidan etazinyen alepòk la. Epitou, pèt bèl ti rantre lajan koloni rich la t'ap bay Lafrans, yon pèt ki te dirèkteman koze pa rebelyon anti-esklavajis la, te plase Napoleon nan yon sitiyasyon grav nan yon moman kote li te bezwen anpil lajan pou l te ka kontinye vize enperyalis li yo. Ti digresyon (antre lòt sijè) nan istwa sila a gen yon grann enpòtans si yon moun vle byen konprann rapò koneksyonite kolonyalis ki ekziste ant Irak, Cindy Sheehan, Siklòn Katrina, Nouvèl-Oleyans, e Ayiti.

Cindy Sheehan, yon manman ki pèdi sèl pitit gason li, Casey Sheehan, yon kaporal 24 tran, nan lagè Irak la, vwayaje soti Kalifòni pou l vin nan retrèt George W. Bush la nan Crawford, Texas, jounen 6 dawout 2005 pou l mande misye yon eksplikasyon sou kondisyon lanmò pitit li a. Li te patikilyèman fache jou sa a paske li fèk fin aprann nouvèl lanmò 14 marin meriken nan anbiskad ak konba terib ann Irak. Bush refize pou l wè l. Manmzèl di li pap bouje. Epi li tabli yon kan pwotestasyon li rele Kan Casey, daprè non ti gason li pèdi a, e li sèmante pou l ekspoze eskandal jèn gason ak jèn fi ki kontinye ap mouri ann Irak pou yon manti. Manmzèl te kaptive senpati anpil moun.

Yon mwa pita—alantou fen dawout kòmansman septanm 2005—, siklòn Katrina ak Rita vin montre korelasyon estriktirèl ki genyen ant lagè, rasism e povrete. Mwen itilize espresyon « sibkonsyan jenosidal » pou m sezi neglijans total ak endiferans anvè soufrans moun ki karakterize repons inisyal otorite federal ak otorite eta zòn lan te ekzibe anfas kokennchenn trajedi ki te tonbe sou sò eta Misisipi, eta Jòjya e eta Lwizyàn sezon ete sa a. Majistra vil Nouvèl-Oleyans lan, Ray Nagin, yon moun nwa limenm tou, te sètoblije itilize jouman sal nan televizyon nasyonal pou li fòse gouvènman federal la fè plis jefò pou ede misyon sovtaj la : e menm la a tou oun te santi absans yon ijans nasyonal.

Kouwè masak 11-Septanm lan oubyen lagè ann Afganistan, nan Mwayenn Oryan e ann Irak yo, oubyen tou Tsunami ki te frape Azi Sid-Ès an desanm 2004 la, siklòn Katrina te tiye moun an grann kantite ; men ou ta di se kòmsi te gen yon lòt bagay ki te an mosyon nan siklòn Katrina a. Ou ta di se kòmsi soufrans yon sèten gwoup moun pat vo yon konsiderasyon ki pran priyorite, aprè tou majorite viktim yo te moun nwa ak moun pov ki pat reprezante e ki pat enpòtan nan estrikti pouvwa nan eta a.

Jan de rasism sibkonsyan jenosidal ki te ann operasyon nan Lwizyàn lan pat yon bagay ou te ka touche ni wè apremyè vi ; li te manifeste nan rezilta final la, men non pa nan vize entansyonèl la. Si yon malè te pase ale ak tout moun sa yo, sa pa tap pi mal aprè tou. Se sa sibkonsyan jenosidal la ye. Bòn konsyans jenosidè a pa an koz, paske, teknikman palan, se pa li ki te koze jenosid la ; se lanati ki te koze l.

Nou aprann ke 3 700 sòlda nan gad nasyonal Lwizyàn lan e 3 000 nan Misisipi te an sèvis ann Irak kan Katrina anfonse sou rad Nouvèl-Oleyans lan e brize ranfò yo. Gad yo te ale ann Irak avèk anpil ekipman transpò, traktè netwayaj, ansanm avèk machin ki ka pirifye dlo, elatriye, sètadi yon seri ekipman ki te endispansab pou deplase moun e pou plan sovtaj ki te nesesè pou ede moun reziste e siviv devastasyon destriksyon siklòn yo.

Lè mwen obsève dewoulman trajedi a, mwen remake tou dabò seksyon ki te pi rich e ki gen po pi blanchi nan Nouvèl-Oleyans yo te preske pat touche pa efè siklòn yo ; blan yo te bati kay yo nan otè, nan pati ki elve, ki ka ba yo pwoteksyon, paske yo te swiv prediksyon espesyalis yo sou konsèy yo te bay sou danje ki te menase rad Nouvèl-Oleyans yo (vil la lokalize anba nivo lanmè, sètadi rad lanmè a piwo pase pant tè li).

Diran premye moman trajedi a, anpil nan mas medya yo te konsantre atansyon yo sou zak piyaj, sou moun ki t'ap tire sou viktim yo ansanm ak sou atak pwofitè t'ap fè kont estasyon polis la. Se yon devlopman ki te avrèdi dwòl e regretab, men te gen tou lòt sitiyasyon ki te ijan tou e ki te bezwn yon atansyon espesyal : pami yo plizyè santèn moun ki t'ap agonize a plen vi.

Sa te fè mwen vin dedui ke pwopyete ak enterè materyèl ka rezon ki pi desizif pou fè moun aji ke defans vi imen ak sekirite kont danje. Premye zòd lapolis te bay se te pou pwoteje byen, pa lavi. Rezon yo te bay : plan sovtaj la pat ka mennen byen si kriminèl t'ap sikile ogranjou e kontwole lari ansanm avèk vwa dlo yo. Se yon dizon ki byen lojik, esepte ke pèsepsyon ki sikile ke gen gwoup kriminèl ki te vle konkeri e kontwole tout vil la te yon fabrikasyon pou jistifye atansyon espesyal lapolis te plase sou defans byen yo, menmsi te gen tou kriminèl tout bon ki t'ap eksplwate sitiyasyon kawos destriksyon siklòn yo te koze. Sepandan, menm nan sitiyasyon kawos ak dezespwa, keksyon ras, klas e etikèt pa janm disparèt nan ekwasyon an.

Sa ki te vrèman rive, etandone rate anpil bagay moun te bezwen e santiman mank ak kontenjans siklòn yo te okazyone, anpil koukou t'ap klere pou tèt yo, ki enkli tou te gen moun, sitou pami moun ki te pi pòv yo, ki te pran bagay yo pat peye pou yo, nan entansyon pou siviv trajedi a. Èske sa se te vòl ? Detoutfason, lapolis te kriminalize anpil nan zak sa yo, sètensi ke anpil fanm ak gason ki pat blan e ki pòv te plase sou arestasyon poutèt yo t'ap eseye siviv nan yon sitiyasyon katastrofik kote yo te lese yo poukont yo.

Mwen te remake tou, parèyman ak viktim siklòn yo, grann majorite de plizyè milye solda etazinyen yo repòte tiye e blese nan lagè ann Irak la, se jèn Nwa ak Latino ki sòti nan katye pòv chaje ak minorite yo, e Blan pòv ki soti tout kote, ki te anrole nan lame non pa pou chèche avanti oubyen motive pa lahèn kont yon lennmi kèlkonk, men de preferans se te moun ki t'ap chache opòtinite, jèn moun ki t'ap chache èd finansye pou enskri nan inivèsite, yon opsyon ki deplizanpli pat alapòte yo. Se te moun ki t'ap chache yon mond ki miyò, yon lavi ki miyò, paske lavi yo te konnen nan Ozetazini an, rèv yo te genyen te vin sanble deplizanpli ak yon kochma. Pou anpil nan yo, chwa yo se te ant chomaj, viv nan lari, prizon, povrete oubyen al ann Irak.

Yo pat konn anyen de Saddam Hussein, ni sou asenal zam destriksyon demas li te sipoze genyen, alewè si te gen enspektè Nasyonzini, ki te anplwaye pa menm pwisans sa yo, pou demantibile zam ak pwogram ameman Irak yo, yon bon travay yo te deja fè nan sans sa a. Se yon detay ou pa t'ap wè nan pwopagann desounenman ki t'ap ponpe lagè a monte. Li pat enpòtan nan zye yo. Se yon politik fè akonpli. Kouwè yo vin repete l ann Ayiti, yo deside fikse aksan yo sou demokrasi—aprèke tout jebede pretèks sou zam destriksyon masif e swadizan defans lonè ONI pat montre efikasite yo. An reyalite, sa ki t'ap dewoule sou plan vi chakjou moun, se sa Jürgen Habermas rele a yon « gwo distòsyon reyalite », yon kokennchenn laviwonnbèdè pou jistifye kontinyasyon lagè a aprèke detèminan e jistifyan yo te sipoze yo te vin evapore.

Sito Katrina fin frape Nouvèl-Oleyans, mwen pat ka anpeche m fè souvenans mwen sou yon vizit mwen te fè nan vil la twa zan anvan siklòn lan. Pandan taksi nou pran de ayewopò a pou n ale nan Katye Fransè a ap lonje ak yon vitès ralanti sou wout la, mwen remake nan yon klendèy yon bagay ki parèt yon ti jan dwòl, etranj : de simityè ki plase nan chak bò wout la kouwè ou ta ka di se de mond totalman diferan. Nan youn nan simityè yo, ou wè yon bèl vèdi, yon oazis toutanvè, chaje ak ti pyebwa, plant, flè, tonb ak wòch solid, ansanm ak yon santiman kalm, yon ti lapè repozan. Nan lòt simityè a limenm, tonb yo te ann eta delabre, kwa ki tonbe atè, absans total tout vèdi, yon santiman lanfè sou latè, men fwa sa a lanfè a te vin sou vizaj ennuiyans, yon solitid patetik.

Apre nou pase kèk jou nan Nouvèl-Oleyans, fanmi m avè m pran ankò yon taksi pou n ale bò rivyè vil la ki te trè fame ; mwen obsève ankò de simityè yo lè n'ap pase sou wout la, dezyèm obsèvasyon sa a konfime pou mwen sa m te deja apreyande, sezi a : Menm nan lanmò, kondisyon *apartheid* lavi yo repwodui tèt yo avèk yon franchiz fizik ou ka obsève e ou pa ka manke wè. De kondisyon diferan kote moun yo antere yo kontinye nan lanmò rezilta abitid viv nan de fason diferan, dyalis, dikotomik, nan yon sosyete ki separe sou plan rasyal, etnik, sosyal, ekonomik e kiltirèl, e kote gwoup konpozan yo pa janm ko-ekziste san tansyon. Yon reyalite diferansye, rezilta yon long pwosesis istorik ki kreye e ankouraje esklizyon, esplwatasyon e enferyorizasyon.

Anpil obsèvatè pat manke pa fè alizyon, souvan avèk dezolasyon, sou imaj peyi soudevlope Etazini t'ap pwojekte nan zye lemond antye. Ak yon tèl pwen yon sèten moman mwen te mande tèt mwen ki pati nan dilèm lan ki te pi mal pou Etazini : Jijman sou enkonpetans li oubyen endiferans li oubyen idantifikasyon li avèk peyi soudevlope ?

Antouka, repons gouvènman federal la anvè devastasyon siklòn yo te espoze swa pèsistans rasism enstitisyonèl Ozetazini, swa blòf sou swadizan kapasite grann sipèpwisans peyi a, oubyen swa yon enkonpetans gouvènmantal avidèy (oubyen toulètwa ansanm). Pi bon bagay ki soti nan trajedi Katrina ak Rita a, fò n di tou, se te anpil demontray solidarite ak soutyen moral e volonte pou ede lòt bò kote anpil moun nan rejyon an e andeyò rejyon an, pami yo te gen menm viktim siklòn lan.

## 2. Kontenjans, movèz fwa, seryalite

Lòt bagay mwen te obsève daprè repòtaj nan medya yo ou daprè temwayaj moun ki te siviv kalamite siklòn yo, se aplikasyon sou yon grann echèl konsèp Sartre rele « *movèz fwa* » e « *seryalite* » yo. Konsèp sa yo te verifye nan anpil reyaksyon otorite gouvènman yo, viktim ki chape yo e nan popilasyon an an jeneral, anvè ravaj siklòn yo, espesyalman diran de premye semèn yo. Toudabò, otorite ki te anchaj sovtaj yo pat montre nivo senpati ak konpreyansyon ki te nesesè pou afronte kalimite yo e sove lavi moun ; ou ta ka di se kòmsi yo te totalman endiferan anvè malè konpatriyòt yo, aparamman paske majorite nan yo te moun pòv e moun nwa. Aparamman tou, paske fòs ponyèt pwofesyonèl e ekipman pou sekou Lwizànnyen ak Misisipyen yo te bezwen pou ede yo lite kont siklòn yo te ann izaj ann Irak, nan sèvis yon lagè ilegal, san ankenn endikasyon ni yon ti panse sou kilè y'ap retounen yo Ozetazini pou ede sove vi moun. Ou te wè bò kote otorite yo yon mankman delibere anvè obligasyon yo pou asiste moun ki an danje—se manman nanm *movèz fwa*.

Konsènan *seryalite* a limenm, mwen te wè li nan fason dosil, reziye, fatalis, preske defetis viktim siklòn yo ansanm ak defansè yo te asepte swiv lèzòd otorite yo te pase menm lè ou te ka wè zòd sa yo ka gen efè kontrè parapò avèk sa sitiyasyon an te mande, paekzanp lè yo te asepte kondisyon malouk yo t'ap viv nan Convention Center a e nan Superdrome la (byenke alaverite te gen yon minorite militan ki t'ap konteste kondisyon yo) ; oubyen tou kan FEMA (Federal Emergency Administration) refize pase bay moun yo dirèkteman, anpil ladan yo malad ki kouche lopital, mwayen yo te bezwen pou yo sove tèt yo kouwè manje, dlo, dra cho, elatriye.

Avrèdi te gen anpil kritik ak endiyasyon ke medya yo ak kèk moun nan popilasyon an degòje kont endiferans, enkonpetans e maladrès otorite yo, patikilyèman kont otorite federal yo ; men etandone gwosè kokennchenn trajedi a e mankman otorite yo, ou ta ka di reyaksyon yo pat djanm ase. Si ou te wetire kèk ka endividyèl kote moun te montre anpil kouraj, oubyen kèk tantativ pou plase kont-pouvwa (malerezman ak tandans kriminèl), pat gen zaksyon kontestatè ki te sou grann echèl, kouwè manifestasyon de mas nan lari ak nan katye ki pat touche yo, pat gen ni menm yon demand pou yo te *impeach* prezidan an (alòske yo te impeach Clinton pou yon demi-lyezon li te genyèn ak yon entèn !)

Pou anplwaye yon lòt konsèp Sartre te renmen, *kontenjans*, li te toupatou, kontenjans ak perèz pou pa gen ase pou tout moun jwenn, perèz pou deblozay lanati pat pran lepa e vin nesesite yon chanjman fondamantal alafwa nan timès, fason jan moun ye, e nan estrikti sosyopolitik yo, yon posiblite deblozay siklòn yo ak sitiyasyon an te ofri.

# Pawòl ginen lòtbò dlo
# & kontèks istorik

Menm jan genyen yon seri entelektyèl kè-nan-men ki renmen vodou a sitèlman, ki vle defann inosans li sitèlman, ki vle blanchi l, ki vle dekore l, ki vle « pirifye » l sitèlman, ke yo fini pa vin wetire tout mwèl li ak tinanm li. Yo wetire tout zonbi efweyan dan griyen k'ap pale nan nen yo : yo ba yo sèl, yo abiye yo tankou yon Sandriyon ak je ble k'ap layite l sou yon lanèj sou Plas Pigal. Yo menm ba yo palto ak kravat. Nan twòp bòn volonte mesye pirifikatè sila yo, yo chanje ounfò yo an Bazilik de Sen Pyè ; oungan yo vin tounen konfesè ouswa monseyè, ouswa menm lepap. Lwa Ginen rebèl malediksyon yo vin tounen, nan lespas yon bèl fraz, anfannkè sou lotèl k'ap chante Beethoven nan bèl lamès an laten. Ogoun Feray limenm vin konvèti an yon sakristen k'ap di labònnouvèl, li kite koupe tèt boule kay, kouwè Gede limenm ki kite di kaka.

Nan savann Dayiti tout dyab vole gagè. Sibitman ou wè yo transfòme an biwokrat ak palto e bèl kòl e ak bèl kondominium ki ap viv nan yon liks Lafrik pat janm konnen. Yo pa manje moun ankò : yo vin sivilize. Timoun pa pran laperèz ankò lè y'ap mache nan simityè ; yo genyen videyo, konmpuitè ak yon dal lòt machin ki la pou ede yo « manage their stress », sètadi machin ki la pou fè ou santi w tankou w sot nan yon lòt planèt. Ou jwenn menm hounsikanzo ki vin tounen mèsiperyè : men yon mèsiperyè ki pa gen ni kouvan ni òfelina ki pou la pou ede fè moun sot nan lemond satanik la. Hounsikanzo yo ateri nan faktori ouswa nan bra yon gason ki pa janm karese ankenn moun nan lavi l, alewè pou yon ansyen hounsi k'ap vle danse lopera e ki vin pa bliye ke chak kalfou gen lakwa l.

Menm jan ou ta ka wè bèl diskou entelektyèl ap chache fè pou ti perestil nou yo vin tounen yon Vatikan san fon, ki pèdi tout baka ak tout mò desounen yo, menm jan sa a bèl dizè konn pale de yon bagay avèk sitèlman de bèl lwanj ke li vin pa kache tout laverite sou bagay sila yo : ouswa moun sa a vle kache yon reyalite ki fè li wont—tankou nan ka vodou a—san ke l pa reyalize ke nan ka sa a reyalite a pi enteresan ke bèl diskou a ; ouswa tou moun lan pale ak lwanj sou bagay la paske moun sa a vle kache tout kote lèd bagay la pou li ka jistifye l, pou li ka fè lòt moun asepte lachte, zanmitay ak konplisite li nan bagay lèd sila a.

Lè m t'ap viv ann Ayiti mwen te konn moun ki pale de Etazini tankou « peyi Bondye », tankou yon « Latèpwomiz » w'ap goumen pou w ateri paske li rann lavi pi bèl ; yo radote sou li, yo fè ti chen, ti figi ak flatri nan pye li ; yo niche mouda peyi blan ak moun blan avèk sitèlman movèz fwa kòmkwadire ou ta di w yo te ladelivrans pou ti nèg nan Ginen. Kouwè ou ta wè yon nèg Ginen avèg ki kab pa wè si yo vle fè l yon zonbi san konsyans, ou ka wè menm nèg sa a vin tounen yon pwofèt pou tout koz lenjistis ak lemal ke limenm li viktim. Se sa ou ka rele nan on langaj konplike, yon nonm oubyen yon fanm ki *alyene,* sètadi yon nonm ou fanm ki *pedevi* san li pa menm konnen.

Menm jan gen gason blan dominan yo ki bay tèt yo dwa « inivèsèl » pou yo kouche tout fi yo vle, fi tout koulè, tout ras, tout klas, e ki fè tout sa yo kapab pou kenbe fanm nwa sou soumisyon gran blan patènalis, menm jan an genyen tou pedevi arivis alyene gason nwa ki adore fanm blanch tankou yon Lavyèjmari k'ap pote yon Sovè. Nan yon fanm blanch ak je vèt, kwis woze, cheve lis, mouda fine, yo pa wè yon ti kretyenvivan k'ap chache si l ta jwenn—kouwè tout lòt moun—yon jan pou l ta viv lavi li, yo wè yon kreyati ki sòti nan Lalin ; yo wè yon Venis yo kwè ki pi bèl ke yon Èzili, ki gen cham ak sajès ak bèl pwèl ki depase menm presyozite Klewopat.

Bèlte se yon konsiderasyon sibjektif, amwenske ou vle tabli l nan lavi objektif : kondisyon desan pou tout moun viv nan sosyete a, salè vivab, fasilite abitasyon, edikasyon inivèsèl pou tout laj, swen medikal gratis pou tout ras, tout sansiblite ak tout klas. Aksè a kilti e jwisans atistik pou tout moun. Yon mond libere. Yo depanse yon gwo pati richès peyi a ansanm ak lajan yo pwije nan eksplwatasyon pwòp pèp yo pou konstwi bonm nikleyè ki ka detwi Latè pou plis tranntwa fwa : kòmkwadire yo ta vle asire yo pou yo gen ase zam atomik pou yo detwi lavi achak fwa lavi ta eseye reviv ! Yo depanse pwisans politik, pwisans ekonomik ak pwisans militè yo, ansanm avèk prestij grannpwisans yo, pou yo sipòte tout rejim diktati sanmanman ki genyen sou latè.

Etazini, ak Ewòp tou, gen yon sistèm sosyal, politik, edikatif, ekonomik e ideolojik ki di li sivilize men ki plase pwofi materyèl, endividyalism ak siperyorite rasyal anvan « pousuit bonè moun » kou konstitisyon ak volonte sosyete yo a sipoze ekzije yo pousuiv.

Peyi blan moun lòtbò, oubyen pi patikilyèman nan vant reken Etazini Damerik, se pa yon paraditerès k'ap fè lavi fleri nan respè moun youn pou lòt, kouwè pwopagann ofisyèl ta di w. Etazini sipoze gen yon sistèm demokratik ki respekte dwa ak diyite moun, men an reyalite se yon sistèm ki pi souvan despotik, ki kraze zo e ki oprime moun kou sistèm diktati divalyeris nan ane 1960–1980 yo. Yon sistèm ki kontinye jouk jounen jodia ann Ayiti, men avèk mwens severite.

Apre yo te kenbe pwòp pèp nwa yo nan lesklavaj pou plis ke twa san zane, yo kontinye ap rejte yo avèk mwayen detounen, mwayen kache rasis ki chita nan sistèm edikatif e sistèm sosyo-politik la. Non sèlman kolon Etazini yo pa kontante yo yo se premye (e lesèl jouskoulyea) grannpwisans nan listwa ki lage bonm atomik sou yon lòt popilasyon sivil (Iwochima, Kawazaki), yo vin pita masakre, nan yon lagè enjis, yon pakèt kantite moun nan peyi Vyetnam ki t'ap goumen pou libète. Apre ke yo te anvayi Ayiti e detwi Kako rezistan yo, yo kontinye ap domine, jouk jounen jodia, anpil pèp sou latè k'ap chache ladelivrans. Yo ap fè e defè nan anpil kwen sou latè, e ann Ayiti an patikilye. Apre yo te sipòte tou de rejim makout divalyeris yo, yo sipòte rejim militè diktatè ki ranplase yo a ; yo sipòte tout gwo zotobre eksplwatè ak tout gwo chabrak meprizan k'ap maspinen aspirasyon ti pèp Dayiti Toma ki vle chanje lavi. Kouwè Claude Julien di, lè yon moun wè tout bagay mal peyi sa a koze nan limanite, ou ta ka di w se kòmkwa li ta vle detwi, konsyamman ou enkonsyamman, tout aspirasyon imanis, tout bèl rèv bèlte ke pwòp konstitisyon li mande pou li defann.

Natirèlman, nan vant peyi reken meriken, genyen tou bon bagay pèp li ta vle pou li. Genyen moun nan tout kwen peyi-kontinan sila a k'ap chache tou pou fè lavi fleri ; genyen malere nwa ak malerèz nwa k'ap goumen pou yo wè yon pi bèl orizon ; gen malere blan ak malerèz blanch k'ap lite pou chanje direksyon malè vi yo ; genyen Pòtoriken, Chinwa, Ilandè, Afwiken, Ewopeyen, Endyen, Ayisyen, eksetera, k'ap met men nan lapat, k'ap met men nan lamen pou ede konstwi yon pi bèl jan de vi, kote w ta wè tout moun vin fè yon sèl fanmi—menm lè sistèm biwokrat rasis la limenm ap chache tout fason pou li detwi lavi.

Se tout jan de koze sila yo powèm « Chache nanm nou » ap atake pou mete lèpwen sou lèzi. Nou itilize sa Frantz Fanon rele a *le regard de l'Autre,* sètadi rega oprime a, pou nou eseye konprann fason yon refijye, yon *boat-people,* yon konsyans oprime viv eksperyans eksplwatasyon ak opresyon, konprann kouman lavi mizè, sètadi lavi rasis, lavi kapitalis opresif la opere.

## Chache nanm nou

Si ou nan Pòtoprens ouswa nan Lagonav
Epi w wè gen travay ki pou fèt nan zòn lan ;
Ou wè manmzèl Zota ki fèk fin akouche
E k'ap chache ti swen pou pitit li sove
Ap viv nan yon salte k'ape dekonstonbre l ;
Ou wè mouche Sovè ki pa yon sanzave
Ap deperi sou ou paske l vin depevi.
Epi ou wè tou, menmsi w se oun chat boure,
Ke santiman w'ap viv se pa la nanm ou ye ;
Ou wè kouzen w Jozèf, yon nonm san pretansyon
Ap jwe bòlèt chak jou, chak jou Bondye mete
Pou wè si l ta vin viv nan yon chato Lespayn,
Ou dwe di-w gen oun bagay ki pap mache jan w vle.

Menmsi san ou tounen lè w'ap chache nanm ou
Nan dezè lenfè sa a ke lèzòm menm bati
Epi w mande w pouki nou pa brize-kraze
Ou ka konprann jou sa a menmsi se oun jou lapli
Ke gen lòt mèt latè ke yon nonm dwe sèvi.

Si w'ap viv nan Okay oubyen nan Jeremi
Epi w wè *"Boat-people"* ap soti tout kote,
Nan tout kwen Dayiti pi mal ke oun epidemi
Pou yo jwenn ki kote ki ka soulaje yo ;
Ke w t'ap viv nan oun joupa ak fetay tòl koule,
Ouswa nan yon mòg lèd kote zo w ap glase
Sa pa fè w yon vètè ki dwe viv anba tè.
Ke w te yon Komeni ki ka pini tout moun
Oubyen yon gwo reken ki ka vale nou tout
Sa pa fè w yon chabwak ki siperyè tout moun,
Ou se sèlman yon van ki gonfle nan banbou.
Si ou ta vin mande w poukisa w nan lapenn
W'ap fini pa konprann sitou si kè w mare
Tout lòt kretyenvivan k'ap soufwi lòt malè.

Si w te yon pwotestan oubyen yon katolik
E gen tonton w Moyiz, ki yon bòkò je nwa
Ki li gen sè l Terèz ki pa kwè nan anyen,
Ou ka fin pa mande w, lè w gade alantou w
Ou wè tout moun sa yo nan yon menm labatwa,
Ki sa k fè y'ap batay tankou krab nan panye.

Lè w wè pwoletè nan Iran ak zonbi nan Irak,
Oprime Jwif eran ki bliye listwa yo
Ap toupizi Arab ki pa pi bon ke yo ;
Lè w gade Roxbury avèk South Boston,
De komin malere ke boujwa divize
Ap goumen kou matlòt paske youn nwa lòt blan,
Ou ka wè gen oun bagay ki pap mache tèt dwat.

Si w'ap viv sou Bèlè ou nan Site Solèy,
Si w se yon ti jandam ki touche yon kraze
Ki pa ka menm peye lwaye yon ti pyès kay
Epi w wè yo voye w, ame kou oun gladyatè
Al masakre timoun ak granmoun tout lòt moun
Pou yon koze jistis ki se menm koze pa w,
Ou dwe vin pa mande w si w pa vin yon kadav

Y'ap choute jan yo vle paske w pa di anyen.
Si w se oun nonm k'ap lite pou lavi libere,
Si w se oun fanm k'ap goumen pou vanse sosyete w
Ou pa dwe janm bliye, menm lè w dekouraje,
Ke gen lòt k'ap gade apre w pou oun ti limyè.

Pa gen moun sou latè ki pi bon ke yon lòt
Si y'ap travay ansanm pou fè dlo koule fre ;
Nou tout nan oun sèl bato k'ap koule k'ap nwaye
Si n pa met pye n nan dlo pou n di *Alleluia* !
Nou tout nan yon sèl kay k'ap peri nan dife
Si n pa rele Anmwe ! ansanm ak lòt frè n yo
E avèk sè nou yo k'ap soufwi nan silans
Pou chanje sa k pa bon e mete sa ki bon.

Pou nou chache nanm nou fò n chache sa nou ye
Pou n wè sa fè n plezi ak sa ki toumante n ;
Fòk nou ka met pwogram ki ka rann lavi bèl
E ki ka fè n santi n ke nou pa vye zonbi
Y'ap bay moso kasav san menm yon ti gout sèl.

Pou nou chache nanm nou fòk yon jou nou ka di n,
Lè nou gade dèyè e nou wè tout rès vi n
Pat kou yon maswife ni kou yon kalalou
K'ap glise kou oun lalwa solèy ap malmennen.
Pou nou chache nanm nou fòk nou konn sa nou vle,
Fò n pa kite yo pran n nan jwèt pwason d'Avril
Ni nan pèlen reken, ni nan yon kat mare.
Si yo vle fè nou wè midi nan lanjelis
Nou dwe di n gen oun koze ki poko sikile ;
Si yo di nou ti poul nan landmen pral fè dan
Nou dwe chache konnen si libera n chante
Anvan menm n te soti nan vant manman an nou !
Si yo di n nan landmen Tonton Sam ap vin saj
Nou dwe chache konnen si Bondye pa ledyab !

Pou nou chache nanm nou fòk nou ka swiv kè nou,
Fòk nou ka renmen oun fanm san nou pa domine l,
Fòk nou ka renmen oun nonm san n pa derespekte l
Paske lavi nou tout se tankou oun ekipay
Ki bezwen tout bon van pou mennen l nan bon pò.

Pou nou chache nanm nou fò n konn kote n soti
Ak kote n vle rive apre tout goumen n yo ;

Fò n pa jakorepèt k'ap chante Beethoven
E ki pa menm konnen yon dans Gede-Nibo.
Pou nou ka jwenn nanm nou fòk nou kwè nan demen,
Fò n pa kite malviv vin yon malediksyon
Ke yo te bann pote kou yon chay malfektè.

Pou nou ka jwenn nanm nou fò n nan laverite ;
Pou nou chache nanm nou e pou n ka jwenn nanm nou,
Menm le yo fè n zonbi ki pa dwe goute sèl,
Fòk nou konn lè l rive pou nou rele Ase !
Fòk nou kapab konnen nou se chèmèt-chèmètrès
Tout desizyon n'ap pran pou lavi n libere !

Fòk nou chache nanm nou si n pa vle n dezevwe,
Pou n pa vin oun kalmason k'ap souse kras fatra.
Fòk nou chache nanm nou sitou lè n'ap mande n
Poukisa nou kite mechan ak malfini
Fin delalay nanm nou pi mal ke oun bèkèkè.
Pou nou ka jwenn nanm nou nou dwe chache nanm nou ;
Fò n ka kenbe yon fizi ansanm ak yon powèm
Anka nou ta bezwen tout zam ki nesesè.
Lè n'ap vin jwenn nanm nou se lè yon jou konsa
Nou vin wè tout lespwa n vin tounen jan n'ap viv,
Jan n ta renmen pou n wè tout lòt moun sou latè
Vin jwenn ansanm ak nou pou fè limanite bèl.

## Monte chwal ou

*(Mwen te dedikase powèm sa a pou « yon doktè ak yon monpè kon-
sekan », ann alizyon a Paul Farmer e Pè Fritz Lafontant, de fondatè
prensipal òganizasyon Partners in Health la. Mwen te patisipe nan
anpil travay fondasyonèl òganizasyon sa a, men si ou li literati sou li ou
pap wè ankenn tras de mwen, ni tou de Pè Lafontant)*

Monte chwal ou ouswa bourik ou
Epi ale nan mòn kote moun pòv
Ap tann pou wè si gen lòt moun
Ki wè lavi kou oun kominyon
Ant tout konsyans k'ape lite.

Monte chwal ou epi desann lavil
Oubyen nan bouk kote moun mòn
Pa kwè genyen lòt jan pou moun

Ka viv san yo pa jwenn lòt moun ;
Monte chwal ou pou w'al alaso lavi !

Monte chwal ou epi di avèk kouraj
Ke restavèk, jeranlakou ak lòt moun yo
Se menm ak menm nan oun sosyete
Ki bezwen doktè ak enjenyè kou yon mason
Pou fè l mache nan bon dyeksyon.

Monte chwal ou epi di ou refize ale Nouyòk
Ou refize twoke alyennkat pou pyès idantite w
Ou refize fanm blanch, milatrès ak fanm nwa
Ak moun rich ki kwè yo ka vin posede w
Si yo blayi devan zye w lolo pèlen laglwa.

Monte chwal ou ! Di ou refize tout sa k pa bon !
Monte chwal ou san pretansyon arivis
Men di tèt ou tout koze sa yo regade w
Di ou ka jete bonm sou Palè Nasyonal
Pou w montre ou gen dwa deside sa ou vle.

Monte chwal ou ! Desann nan Washington apye
Epi di ou pa asepte move trètman Meriken
Epi reyini tout lòt moun nan bouk lan
Pou chache sa nou ye e mete sa nou vle :
Monte chwal ou ! Rele *Grenadye Alaso* !

(Cambridge, 1989)

# Konik mouvman rasin ginen

*(Koudèy sou renesans mouvman Samba-rasin-ginen ann Ayiti e nan Dyaspora)*

## I. Tchovi Ginen

*Tchovi Ginen* se youn nan de bann ayisyen nan Boston ki non sèlman aliye mizisyen plen talan, men tou ki gen yon « konsyans sosyal » ak yon ideyal liberasyon pou aktivite mizikal la. Manm « apa-antyè » mouvman samba-rasin-ginen an, avèk yon aksan sou istwa ak politik, *Tchovi Ginen* genyen karaktè pa li, paekzanp non sèlman mwatye mizisyen bann lan se Blan etazinyen, men epitou yo entegre akoustik ak son tronbonn tradisyon *Rock-and-Roll* etazinyen an avèk yon sansiblite ayisyen ki penetre tout bann lan, paske baz, rit ak « santiman » bann lan ret fidèl avèk lespri mouvman Samba-rasin-ginen an. Kouwè *Boukan Ginen* ki soti de *Boukman Eksperyans, Tchovi Ginen* soti de *Batwèl,* ki te orijinèlman fòme de Idi Jawarakim, Max Lynce, Smith Nazaire, Daniel Laurent, Jean-Marc, Jean-Michel Clermont, elatriye. Apre yon dezakò pèsonèl ant manm dirijan bann lan (e nan yon moman kote bann lan te koumanse ap fè moun pale de li e swiv li toupatou), Daniel Laurent ak Smith Nazaire kite e fòme pwòp bann pa yo. Jounen jodia [1995] tou de bann yo ap fè yon travay serye nan mizik e nan kominote a. Avèk anpil atis konsekan, kou paekzanp gitarist-chantè solis la Max Lynce ouswa yon dansez kouwè Nathalie Delsouin, oubyen tou tanbouyè Joujou, Batwèl kontinye ap simayen mizik je-klere liberasyon. Se pa yon aza ke tou de bann yo ap prepare yon CD tètchaje ki pral fè anpil bwi, e se pa yon aza tou y'ap kontinye mouvman rasin-ginen an, mouvman « zonbi goute sèl » la pandan ke y'ap fè moun danse, ponpe, rele, joure, pran plezi yo e chante lavi.

## 2. Boukan Ginen nan Boston

Gwoup mizikal *Boukan Ginen,* youn nan bann tètchaje k'ap simayen mizik yo rele *rasin-ginen* an, te fè yon ti re-pase nan Boston, presizeman nan John Hanckok Hall nan Boston, jou dimanch 22 oktòb ki sot pase a. Bann lan te nan twazyèm pase li nan zòn lan nan sèlman yon ane, kote anvan-dènye fwa a, nan jounen 24 ak 25 jiyè pase, li te jwe nan klib « House of Blues », nan Harvard Square, nan Cambridge. Tounen sa a se te pwolonjman yon tounen kote yo te jwe nan anpil peyi Ewòp (Lasuèd, Itali, Almay, Lafrans etc.), epi nan Kanada, plis plizyè vil nan Etazini, pami yo Nouyòk ak Boston.

Nan tout pèfòmans bann *Boukan Ginen* an, piblik la danse, ponpe, tranble sou yon melodi dous e enganm, nan yon maryaj tanbou, banbou, tchyatchya ak bèl pawòl mizik ki enspire pa eritaj « *Samba-Ginen* » pèp ayisyen an ; e li pa enpòtan ke yo Blan ouswa Nwa, Alman oubyen Ayisyen ou Ameriken : tout moun ap voye kò yo nan yon anbyans « perestil », yon anbyans moun k'ap viv lavi, k'ap *danse lavi*. *Boukan Ginen* sòti direkteman de *Boukman Esperyans,* ki te premye gwoup « rasin samba-ginen » yon ekip mizisyen premye klas te met sou pye pou ekzije respè pou mizik rara/perestil popilè a, e ki desizivman enfliyanse nouvèl vag renesans mizik rasin-ginen jounen jodia.

*Boukman Esperyans* kontinye ap kalonnen mizik ginen « je-klere » a sou yon plan egal-ego avèk *Boukan Ginen,* ansanm avèk tou anpil lòt gwoup mizik ginen avangad, kouwè nan Boston *Batwèl* e *Tchovi Ginen,* oubyen *Chanpèch.* Mizik gwoup sa yo ap jwe jodia, se yon mizik ki revolisyone tradisyon mizikal ayisyen an, e pandan an menm tan « reprann nanm yo » kont travay desounman pwopagann sistèm rasis, patènalis e degradan eksplwatè anti-imen yo simayen nan peyi a ; reprann nanm yo kont yon pwosesis zonbifikasyon ki koumanse depi premye debakman kolon enperyalis nan kontinan Nouvo mond la e ki ap kontinye jodia sou dezyèm okipasyon meriken an.

Sa mouvan *Rasin Samba-Ginen* an di, se senpleman koze sila a : Lè lelit malapri nan yon peyi desandan Endyen viktim jenosid ak Afriken viktim eksklavaj, yon peyi peyizan rebèl mèt gran bwa, vin adopte e enpoze mizik Verdi, Bethoveen, Tino Rossi, Elvis Presley, Frank Sinatra ouswa Miguel Medillo kou pi gwo mistè lwa patron nan perestil sansiblite mizikal yo, pandan ke menm lè y'ap dezapresye kalite valè pwòp richès mizikal pa yo, ou dwe di w gen yon bagay ki pa drèt. Se bagay sa a, yon bagay nou ta rele *desounman ideolojik* pèp ayisyen an, ke *Boukan Ginen* ansanm avèk tout lòt bann mouvman rasin-ginen an, vle korije. Yo vle yon *de-desounman* nanm zonbifye yon sektè pretansye fè soufle sou peyi a ; yo vle mande ki sa peyi a ouswa pèp la ye ; yo vle reprann tibonnanj yo ; yo di ki sa yo vle e ki sa ki dwe fè.

Lè ou tande mizik rasin-ginen sila a, lè w wè mizisyen yo ap jwe, ap rele, ap joure, ap danse e ap « chante lanmou », kouwè Eddy François, yon lidè bann *Boukan Ginen* an di, se mouvman rasin-ginen menm ou wè *ann aksyon,* ann aksyon nan misyon yo bay tèt yo pou « fè zonbi a goute sèl », pou fè moun renmen moun, e pou sitou fè oprime yo renmen tèt yo. Paske yon moun pa ka reprann nanm li sil pa renmen tèt li ; e li pa ka renmen ni ede lòt moun sil pa gen sans ki kote li sòti e ki kote li prale.

Eddy « Ginen » François di li te koumanse ekri mizik « diferan » depi lè li te toupiti, kote li te konn ap eksperyanse nan pwòp sen fanmi li (esepte pou manman li ki te toujou sipòte li), menm alyenasyon sosyal ak zonbifikasyon espirityèl ki te anpare tout peyi a. Pou l te ka kenbe lespri enganm, e pou l te ka chache nanm li e renmen tèt li, li te sètoblije rejte tout « salopri mizik » li te konn tande yo ; epi ale nan « sous mizikal-kiltirèl bò lakay », nan lakou perestil lespri yo, pou ansanm-ansanm adopte l e anmenm tan « re-envante yon mizik ki fondamantal e ki ka eksprime nanm ak idantite pèp la ».

Diran twa ane rejim koudeta a, *Boukan Ginen* te pase anpil tribila-syon anba men malfektè putchis yo. Anpil manm bann lan, kouwè pa ekzanp Eddy François, Zaka, Matisou oubyen Tontonnwèl, te viktim arestasyon, kout-baton ak entimidasyon pa rejim poutchis makoutik la ; gen ka menm, kouwè nan ka Zaka, se entèvansyon yon « gwo-ponyèt » yo konnen ki sove lavi yo.

*Boukan Ginen* gen yon karaktè espesyal nan mouvman rasin-ginen an, paske yo apwoche eksperyans mizikal la tankou yon relijyon, tankou yon *mode de vie,* tankou sitou « anvwaye » yon misyon, kouwè Matisou di, desten depeche yo pou yo akonpli. Sou gouvènman Marc Bazin, diran rejim putchis la, kan Bazin te pwopoze *Boukan Ginen* yon òf senkant mil dola pou yo jwe nan yon « aktivite kiltirèl » sou kondisyon pou yo wetire yon refren ki te kontredi pwopagann Bazin sou swadizan « pwojè devlopman » li te gen pou peyi a, mesye yo nonsèlman kategorikman refize wetire kouplè a, men yo refize jwe tou pou Bazin paske sa te ale kont prensip politik yo. Refren an te di :

*Ou di ou gen remèd ki ka geri maladi, O !*
*Ou di konbyen moun ou trete nan peyi a, O !*
*Magouyè, O !*
*Ou mèt vole-ponpe :*
*Vole w a vole !*

Mesye Boukan Ginen yo kwè ke se yon eksplwatasyon pou tiboujwa yo ap jwe mizik rasin-ginen san yo pa « remèt-bay » peyizan ayisyen yo pwofi ekonomik yo tire nan itilizasyon mizik tradisyonèl peyizan yo. Ansanm lan peye tout mizisyen yo menm valè lajan, apre yo wetire frè ak depans. Kounyea [1995], Eddy « Ginen », Zaka ak Marousi, ki konsidere tèt yo kou « manm mistik » mouvman rasin-ginen an, ap devlope pwojè pou yo fè « lakou lwa » yo patisipe pli entegralman nan mouvman an e pou fè yo benefisye ekonomikman de renome mondyal mizik rasin-ginen an. Kouwè yon repòtaj trè lwanjè *New York Times* 25 jiyè pase a te di, menm move-tan pa anpeche mizisyen Boukan yo chofe : se te anba van, labou ak lapli yo te fè yon gwo piblik mele ant Ayisyen, Ameriken ak lòt nasyonalite vole-ponpe, nan ete dènye, nan Central Park nan Nouyòk, sou rit samba ak Nibo. Kouwè tou yon fanatik te di : « mizik sa a se yon mizik ki soule w pandan ke l ap fè konnen e renmen tèt ou. »

Fenomèn mizikal k'ap dewoule nan mouvman rasin-ginen an, patikilyèman nan sa nou rele « revolisyon mizikal ak konsyantizasyon kiltirèl » ki idantifye otantisite, kòlèk zantray « rasin » mouvman an, gen lyen dirèk avèk aspirasyon istorik pèp la pou liberasyon. Avrèdi mizik ginen gen anpil « précurseurs », sètadi anpil lòt moun ak gwoup ki te koumanse jefò renesans la pandan tout rès peyi a t'ap dodomeya sou enfliyans mizik « san koneksyon ».

Pami zansèt mizik pyone je-klere sa a, genyen plizyè moun, gwoup oubyen ekspresyon kiltirèl ki vin nan lespri nou. Nan dènye senkant ane ki sot pase yo, te gen dabò fenomèn bann madigra nan Potoprens yo ke nou ta ka rele « madigra lwijanboje » yo, ki te reprezante pa de bann prensipal : « Otofonik » e « Lagrannpwisans », nan ane 1950–1960 yo. Nonsèlman bann sa yo te jwe yon mizik sou yon rit ki te pi pre « rasin » mizikal pèp la, men yo te devlope tou yon « kilti lwijanboje » patikilye, kote si ou pat gen fanm oubyen gason sou ou ou pat ka antre nan bann lan. Anbyans madigra bann sa yo te sèvi tou tankou yon sòt « lakou lagè kòk kalite » kote tout kont-mal-taye vin regle : gagann, kout pwen, kout wonga, kout kouto ak kout zam te pami « rityèl » bann sa yo. Natirèlman te gen anpil moun tou ki te apresye bann sa yo pou anbyans « kominyon popilè » yo te ofri a, men sa pat anpeche dabò diktati Paul Magloire a, e pita, gouvènman sanginè Papa-Doc la rekrite nan bann madigra sa yo eleman « lwijanboje-makoutik » yo pou yo ede tabli yon sistèm vyolans pi sistematik e òganize.

Apre yon peryòd nou ta ka rele « peryòd Compas-Direct » la (ki te bay Jazz-des-Jeunes, Nemours Jean-Baptiste, Webert Sicot, « Mini-Jazz » yo, elatriye), te vin pran pye, nan yon peryòd trè brèf, apeprè ant 1972 ak 1980, sa yo te rele « mouvman rabòday » la : yon mouvman espontane, non-òganize, kote gwoupman moun, nan nivo katye ak zòn lokal, met sou pye rapido-expreso, bann mizikal sou modèl rara, nan nonsèlman Pòtoprens, men tou nan milye kèlke lòt gran vil Ayiti yo. Òganize mizikalman daprè modèl rara a (batman tanbou, son feray, grondman banbou, refren, kadans, elatriye), ki te sèvi l enspirasyon, mouvman rabòday la, ki reprezante presipalman pa gwoup kouwè « Lepèpsamiz » oubyen « Lobodja », te devlope yon rityèl dans vire-won an patikilye, dans « kout pa Nago », ansanm ak yon talan espesyal pou fè makonnen mizik ansanm ak « voye-pwen politik » nan yon lespri pou sansibilize konsyans liberasyon pèp la. Sou prèske diran tout tan rejim janklodis la (byen anvan, oubyen dimwen « an paralèl » avèk mouvman ki te rele « près endepandan » an), rabòday la te pratikman sèl ògan politik revandikatif rezistans ayisyen an te genyen (e anplwaye) kont babari divalyeris la. Endividi militan kouwè frè Gònail yo, Konpè Filo, ouswa Jean-Robert Hérard, te jwe yon wòl aktif nan pwomosyon politik mouvman labòday la.

Apre mouvman rabòday la te vin genyen tou Manno Charlemagne ki vin premye mizisyen ayisyen, nan tan modèn mizik revandikatif la, ki nonsèlman fè jwenn mizik ak politik sou yon plan egal-ego, men tou ki devlope « konsepsyon mizik » la pou l fè l di e akonpli anpil lòt pawòl ak fonksyon ki ale nan sans « liberasyon » endividi ouswa gwoup oprime a—san wetire itilizasyon sous mizikal ak eritaj kiltirèl vodou a kou yon referans lijitim pou karaktè ak kalite mizik la.

Ansanm ak mouvman rabòday ouswa Manno Charlemagne, genyen tou anpil lòt gwoup kouwè *Pikoanaya* ouswa *Sa,* oubyen mizisyen endividyèl kouwè Anayika, Farah Juste oubyen Sò Ann, oubyen tou gwoup ayisyen kou etranje ki te enfliyanse mouvman rasin-ginen, kou paekzanp *Atis Endepandan* nan Nouyòk, e mouvman radikal mizik revolisyonè « reggae » a, avèk patikilyèman Bob Marley, Steel Pulse, Mutaburuka, elatriye ; san konte tou pwòp « négritid » militan istorik pèp ayisyen an. Se tradisyon mizikal, kiltirèl, kontestatè, rebèl e liberatè sila a mouvman Samba-rasin-ginen an vle kontinye pou chache tabli « otantisite » ak idantite pèp la, sètadi nonsèlman montre sa li ye e vle, men tou reflekte yon « reyalite reyèl » ki reyalite pa li. An rezime, mizik rasin-ginen an se yon mizik-konsyans, yon mizik liberasyon, ki redefini wòl sosyal tout aktivite atistik pandan ke l ap selebre bèlte lanati, kalite lavi ak richès eritaj kiltirèl pèp « ginen » yo.

(Pibliye premye fwa nan jounal *Tanbou,* an novanm 1995)

# Rejwisans lwa vodou yo* (fragman)

## Entwodiksyon

Lè m te ant laj twa ak si zan, mwen te viv nan yon perestil vodou. Oungan perestil la te monnonk Kamelo, pitit madan Ogis, manbo mètrès oumfò a, ki li te matant bò papa manman mwen. (...) Lavi nan perestil la te kouwè dewoulman yon rèv nan yon dekò ki melanje maji, ekzaltasyon ak reyalite maldyòk. Fanmi mwen te kite m poukont mwen pou m chache konprann sans fondamantal tout sa ki t'ap pase nan perestil la (siyifikasyon, rezon ki deyè e finalite seremoni yo).

Powèm nan *Rejwisans Lwa Vodou yo / The Vodou Gods' Joy,* se souvenans sou peryòd sa a nan vi mwen, souvenans ki melanje kèk kote envansyon atistik ak repwodiksyon rèv mwen...

Men kèk fragman ladan yo :

## I. Sonjri Vizyon

Cham koketri manmzèl Èzili
mawonnen tout mwèl bonnanj nou ;
bèl fanm deyès k'ap fè lanmou fleri,
li se tou Sent Mari ak Amazòn bèl sen
k'ap selebre mistè pouvwa fanm Ginen.
Li gade e pwoteje lakou a
li ban nou tandrès nan lavi kèmare
li fè n kado lesyèl nan lapenn.
Èzili se fanm mwen
Èzili se nanm mwen
Èzili se manman m
li louvwi e kouvwi solèy pou blayi frechè
sou tout kretyenvivan ki bezwen ladousè.
Èzili se limyè ki kontinye klere anba tè
li se bèl ti cheri an mwen
li melanje lagras ak maji zansèt yo
pou depoudre poud malediksyon,
O Èzili, fanm kokèt cham zespri libere !
wonga ou pirifye oksijèn souf lavi !

Ogoun-Feray se yon sòlda mawon
yo voye pou defann jistis inivèsèl ;
rasin li tranpe nan tout kontmaltaye
ki kreye tansyon sou latè kou lesyèl
pou l blayi dife kouwè Neron nan Ròm.
Ogoun mande pou lwa yo pran pouvwa
e pou yo pa chante chan bliye nanm pèdi.

..................................................

Papa Gede-Nibo te mèt tout koze nan lakou
ki konn tout sa ki pral oubyen ki ka rive ;
li jwenn avèk Legba, Agasou e Shango
pou louvwi baryè pou mòtèl san lafwa.
Lespri li te terib si w pa ka kontante l
si w pa ba l mayi ak diri ak bweson
l ap fè tonè gwonde nan vant solèy klere ;
si w pa selebre grandyozite glwa li
si w pa satisfè chimè mistè Gede
le san ap vin koule sou latè malakwa.

Ti-Jean te rwa Long Iyland nan Nouyòk
anba besment lakay sè m manbo dirijan ;
Ti-Jean konn fè sè m bwè ronm nan zòrèy
jiskaske li vin di Abraham di sètase !
Manmzèl fè l pwotestan pou sèvi lòt Bondye ;
li pa t fasil pou li pou l te viv nan lakwa,
nan redevans anvè lespri lwa temerè.

Ou pat ka wè Simbi san ou pa disparèt
devan similak sen l louvri pou l tante w ;
bèl mouda l dirije w vè paradi nan dlo
pou fè w viv mèvèyman lanmou etènèl :
Yo pap janm tande pale de ou ankò
paske nanm ou vin delalay nan absans,
Simbi dezoryante w kou yon vivi nan dlo
detounen w kou oun bakoulou yo pran.

Menm seremoni pou akonpaye mò yo
malgre tristès vwal nwa alantou lakwa
malgre tètchaje nan lakou pigatwa
te selebrasyon pou salye cham lavi.
Yo te resisite monnonk Kamelo
anvan menm lanmò te reklame l
lamès nwa te dire sèt semèn
pou rekole gwobonnanj andetrès
avèk tibonnanj li ki te deja nan wout ;
ason nan men goch e laso nan men dwat
ougan an kòmande tout hounsi kanzo yo
pou plase asòto sou lestomak monnonk
pou tout moun vin bat yon rit petro-nibo
Tam ! Tam ! Tam ! monnonk te ret anvi
menm apre dèzane dekrepitid lanmò.

..................................................

Nan sezon yanm sezon solèy leve
nan anbyans kasròl pwason seche
melanje ak odè lafimen ansans
vèvè alawonn zantray potomitan
Kouzen monte hounsi l kou yon bòzò
e di tout moun gen dwa pou yo manje
dwa pou yo dòmi e reve
dwa yo pou selebre bèlte grandè Ginen.

Jete dlo ! Jete dlo ! lespri yo konvoke
pou ranvwaye movezè ka mèt li—
yon ti van te soufle pou beni gwosès,
beni mèvèyman manmzèl lavi ;
gwosès pou delivrans solèy nan nofraj
pou viktwa sou kochma lapenn lamizè ;
verite kont malpouwont malmaske.

Zonbi te retounen je-klere
apre syèk pèdisyon nan lakou Ozanfè
sirèt li te souse nan govi Agasou
te pwazon chita tann kou pwa tann
ki te fè li kaba anvan menm l te jonnen.
Aidawèdo ! Aidawèdo ! Oye Dambalah !
zonbi te rele pou l reprann konsyans.

............................................................

Peyi m se latè mouye ki jèmen lespwa
menm nan kalamite nan Zafra ;
nou refize adore sen ki pat sot nan govi
sen ki pa konn chay bourik nan ravin.
Peyi m se peyi Cedye ak Maryela-San-Fil
moun nan tristès k'ap viv nan lajwa
moun san jodi k'ap viv pou demen
elevasyon pou bay kreyasyon yon rezon.

............................................................

Lè Baka ap fè w ri
se lè pou w sou gad ou
dan l griyen kou timoun inosan
l'ap vin fè mwèl sot nan nanm ou
cheve w drese san w tresayi ak perèz
pou l sèlman rele : Ah ! Ah ! Ah ! Ah !
Nan yon lalin briye nan syèl nwa

............................................................

ki kouvri lanfè mizè malè
Èzili-Je-Wouj t'ap reve an silans
sou batay pou livre pou delivre lavi.
Vijilans entelijans se zye kalvè pèp
Je-Wouj te zye limyè nou
nourisman lafwa nou

Poetica Agwe

zam aspirasyon nou
sajès destriksyon ouragan !

..........................................

Lwa nou yo konbat lapenn
pou sove inosans nan chagren ;
Ayiti te refij yo
perestil enspirasyon yo ;
yo kwè nan lagras wonga byenfektè
ki kapab geri nanm pèdi nan nofraj ;
yo kwè nan lavi libere—enèji degaje
pou kreye yon lòt etènite.

Zaka te retounen inosan kè kontan
apre yo te lage l nan prizon plantasyon ;
mechan yo te pèdi konba a
peyizan te regwoupe an mas
pou selebre maryaj petro-rada-samba
nan konstelasyon bèlte toupatou ;
lwa yo reprann kontwòl tout linivè
yo jwenn pitit esklav sou latè degrade
pou fòme yon gepye lespri revòlte.
Sa a se listwa nanm lajwa pèp mwen
k'ap goumen pou libere latè.

## II. Solèy ki pran lwa

Sekous ak sekous sou yon rit anvalou
tout bagay transfòme kou yon monte-osyèl
nan santè pafen, swe kò ak rèl aplodisman
plis asòtò k'ap bat Tam ! Tam ! Tam ! Tam !
Ayibobo ! Ayibobo ! Shan ago ! Shan ago !
hounsi yo reprann nan linison
vwal ak ròb blanch yo al voltije nan van
zye yo vire kou nwaj k'ap janbe lespas.

Sibitman tout moun vin sispandi anlè
san kò san pwa san gwo bonnanj, Ayibobo !
tanbou a limenm ak kontinye ap bat
nan yon imateryalite benyen nan dlo zye
dlo san ak vomi bwesonyè malmakak
plis gagari poufe kleren blanch
chwal lwa maspinen sou zòt san respè ;

saliv li kalonnen dife toutalantou vèvè
sou tout potomitan manm vanyan ;
lwa a entèvni avèk tout majeste l
ansanm ak manbo a ki transfòme an gid
pou mennen sèvis la jiskobou ;
lwa a pandansetan te deja moute
chwal sò Altagras k'ap lanse pa ki long
li ponpe—l li lanse l isit, li lanse l la
epi li chita janm li louvri bò vèvè a,
li vire anwon souplalsòl oumfò a
epi l leve e grape yon gwo boutèy piman
melanje l avè ronm e rele, Ayibobo !
li vide l nan pla men l yon mannyè deside
e li badijonnen nan tout tipati li. Ayibobo !
Ayibobo ! Ayibobo ! li rele nan oun ton fò ;
sa Bondye ba li a te vin wouj dife
wouj piman pike, wouj san, Ayibobo !
lwa a te vini avèk elevasyon.

...............................................

E pwezi te blayi nan tout katye a
nan yon tyaka maji wouj ak mirak
moun yo t'ap ri danse rejwi kò fatig la
nan yon moman divinite k'ap jwi ak lavi
lwa yo te vini e ale pou tout bon
rejwenn mistè sa lespri yo ye e vle ;
yo fè yon ti dènye koze anvan yo te ale
ki mande pou zansèt reprann lòlòj yo.

...............................................

Lenglensou te vini san anyen (...)
men l te mande defann pirite zespri yo
li di : « Pa mande zespri yo redamsyon
si ou pa pechè ki vle chanje chimen w
w'a plase pikan nan asansyon Sò Rada
si w imanize lwa l yo pou jebede touris »
li sèmante pou l travay pou lavi vin pi bèl.

Menm nan mitan enposibilite revri
nan yon mond ki pyeje avèk trajedi
zespri k'ap trepase nan dram e dezespwa
mwen mande pou yon timoman libere

Poetica Agwe

yon pwomnad nan mwèl sen forè a
oubyen yon jwèt lago bò laplaj lanmè a
pou m sèlman fè plezi ak Dantò
—zespri yo konn viv rejwisans lavi.

(1997)

* Powèm sa a te pibliye pou premye fwa kou yon rekèy bileng (ayisyen e anglè) an 1997.

## Glosè (definisyon) mo ak ekspresyon vodou

- **Agasou** : Mo ki deziye prens afriken, Agasu, yo di ki se zansèt tout Dahomeyen ; lwa oubyen zespri ki pa gen ankenn karaktè patikilye ; lwa sa a gen repitasyon mechan.

- **Agoe** oubyen **Agwe** : Loa, mistè lanmè, vwayaj, ekzil.

- **Aidawèdo** : Loa ki konsidere tankou madanm Aidawèdo. Ekspresyon vodou pratikan itilize pou montre admirasyon gras lwa sa a, ansanm ak Danmbala pou li pote gras anfas kalamite lavi.

- **Anvalou** oubyen **Yanvalou** : Yon rit dans vodou.

- **Ason** : Yon tchatcha pou seremoni yo fè avèk kalbas sèch e ki itilize nan tout sèvis rityèl vodou.

- **Asòtò** : Tanbou ki pi gwo pami twa tanbou nan seremoni ; pratikan yo kwè li gen yon pouvwa espesyal.

- **Ayibobo** : Salitasyon pou zespri yo ; espresyon ki itilize pou bay lwa yo onè-respè (labyenveni).

- **Baka** : yon ti lwa ki pa two grade nan panteyon oubyen tanp donè vodou a ; lwa sa a gen repitasyon li renmen fè moun pè pou l ka pase moun lan nan tenten.

- **Baron Samdi** : Mistè ki se gadyen tout simityè. Li jeneralman kou premye moun ki antere nan yon simityè ; li se yon gwo asosye Gede.

- **Bòkò** : Yon sòsye oubyen yon oungan ki fè wout lemal.

- **Dambalah** oubyen **Danmbala** : Mistè dahomeyen pou syèl, lespas oubyen lakansyèl, li reprezante sou fòm koulèv. Konsidere tankou mari Aidawèdo.

- **Dosou** : Timoun ki fèt apre yon marasa ; yo di li gen pouvwa espesyal ki kapab, nan moman kritik, netralize menm pouvwa espesyal marasa yo.

- **Erzulie** oubyen **Èzili Dantò** : Mistè rada pou lanmou, koketri, sajès.

- **Èzili-Je-Wouj** : Mistè petro pou temerite, lanmou, jeni fanm.

- **Gede Nibo:** Tinon jwèt Gede ki se mistè lanmò, men ki ka tou reprezante libido (enèji seksyèl), ouvèti seksyèl ; li renmen di betiz.

- **Gwobonnanj** : Pati kò yon moun, ann opozisyon avèk pati espirityèl li, tibonnanj li ; yon zonbi se yon moun ki kenbe pati gwo kò li men ki pèdi lespri li, nanm li, konsyans li.

- **Kouzen Zaka** oubyen senpleman **Kouzen** : Mistè ki reprezante peyizan, agrikilti, semans. Pratikan yo rele pouvwa li pou l vin pote fètilite nan moman sechrès oubyen pou selebre jenewozite Manman Lanati. Kouzen gen repitasyon yon lwa ki gen yon pouvwa trankil chaje ak sajès, menmsi pafwa li yon ti jan ròk.

- **Laso** oubyen **Frètkach** : Kòd a manch yo fè avèk pit trese oubyen kui trese yo sèvi nan sèvis anpil seremoni vodou.

- **Legba** : Mistè ki gade kle tout oumfò/peristil tout lòt lwa yo ; pa ekstansyon ki gade kle tout vwayaj, opòtinite, rechèch, bonè ekzistansyèl.

- **Lenglensou** : Mistè rit petro, li gen yon repitasyon mechanste, renmen fè vanjans, mannyè dyabolik.

- **Loa** oubyen **Lwa** : Espri oubyen « mistè » nan relijyon vodou ; yo konsidere l tankou mesaje oubyen entèmedyè ant Gran Papa/ Bondye ak moun.*

- **Maldyòk** : move sò, malchans.

- **Manbo** oubyen **Mambo** : Grann pretès vodou, li gen menm pouvwa avèk yon oungan.

- **Marasa** : frè jimo oubyen sè jimèl ; yo gen repitasyon yo gen pakèt pouvwa espirityèl.

- **Mèt Minwi** : Zespri redoutad ki renmen mache nan lari chak minwi. W'ap vin mouri oubyen w'ap vin gen move sò tonbe sou ou si ou kwaze li nan chimen ou. Pafwa yo pran l pou Baron Samdi, byenke Mèt Minwi gen yon karaktè ki pi redoutad.

- **Nanm oubyen Ti-bonnanj** : Tibonnanj siyifi nanm men li gen lòt sans ki pi konplèks ki vle di pran konsyans, lespri, klèvwayans, vijilans, fakilte konesans. Souvan yo refere de li kouwè « esans » yon endividi. Yon zonbi se yon moun ki pèdi tibonnanj li.

- **Ogatwa** : Yon ti kote beni pou adore mistè a, li reprezante souvan sou fòm yon ti kabinè pratikan an kenbe lakay li.

- **Ogoun Balagi :** Yon lòt non pou Ogoun ; yo pafwa refere avè l tankou frè Ogoun Feray.

- **Ogoun Feray :** Mistè dahomeyen pou fè e dife ; ou toujou wè l avèk yon manchèt oubyen yon epe. Li se yon metafò (yon lòt fason pou reprezante) lespri revolisyonè peyizan an.

- **Ounfò:** Peristil oubyen tanp vodou.

- **Oungan** oubyen **Houngan :** Gwo monpè ou prèt vodou, li gen menm pouvwa avèk yon manbo.

- **Ounsi** oubyen **Hounsi :** Yon initye, sèvitè, yon manm enpòtan vodou trè souvan lwa a chwazi pou li monte sou li.

- **Papa Dòk** oubyen **Papa Doc :** Tinon jwèt diktatè François Duvalier, ki refere ak pwofesyon medikal li anvan l te vin prezidan Ayiti (1957–1971).

- **Pè Savann :** Yon pè san òdinasyon, mwatye katolik, mwatye hounsi, youn nan fonksyon prensipal li se chante libera moun ki mouri nan simityè diran entèman.

- **Petro :** Rit vodou ki soti nan zòn nò Okongo, non an soti de yon oungan ki te rele Don Pedro nan zòn sid Dayiti ; yo konsidere li tankou kote « cho » nan vodou, li asosye avèk dife, avèk pouvwa pou li kwape fòs advèsè l yo.

- **Poto-mitan :** Poto ki nan mitan yon peristil ; li gen yon siyifikasyon espesyal antanke kote tout lwa yo konvoke.

- **Rada :** Rit vodou ki soti nan yon vilaj dahomeyen ki rele Arada ; li konsidere tankou kote « mou », « *cool* » vodou.

- **Rivyè Sous Pyant :** Yon rivyè ann Ayiti ki trè santi (non li soti de fransè « source puante »); li trè koni akoz de pouvwa pou trete moun malad yo di l genyen ; chak ane plizyè milye pratikan vodou al fè pelerinaj la. Odè santi rivyè a ranfòse nan zye pratikan yo pwisans majik yo di l genyen ; yo di si ou benyen ladann l'ap pote chans pou ou.

- **Samba :** Yon rit vodou, se posib non li ka vini de jan Endyen anvan Kristòf Kolon yo te bay powèt ak mizisyen ann Ayiti.

- **Sèvitè :** Kwayan ki pratike vodou.

- **Shango** oubyen **Chango :** Lwa, mistè ki reprezante loraj nan rit petro vodou a ; li gen repitasyon vyolan.

- **Ti-Jean Dantò** oubyen **Ti-Jean Petro** : Yon lwa yo asosye avèk bòn chans ; li gen repitasyon yon lwa ki renmen jistis, men ki renmen montre fèmte. Li reprezante nan toulède rit vodou yo, rada e petro.

- **Vèvè** : Desen ou grafik ki siy labyenveni pou lwa yo, ou souvan wè vèvè yo layite atè oumfò a, bò potomitan an de preferans.

- **Wanga** oubyen **Ouanga** : Yon fetish oubyen talisman oubyen yon asanblay majik yon bòkò prepare espesyalman pou l pini you moun yo make oubyen pou atire bòn chans.

- **Zombi** oubyen **Zonbi** : Yon moun ki sipoze mouri pa wonga vodou. Bòkò ki te « tiye » moun lan resisite l e kenbe l nan yon eta demi-konsyan, mwatye mouri, mwatye anvi pou l ka fè l fè tout sa bòkò a vle. Men, si zonbi a t'a vin goute sèl, l'ap reprann konsyans li e, souvan, goumen ak bòkò a.

* Majorite non loa yo gen karaktè maskilen, men anpil fwa tou lwa yo pa montre yon idante seksyèl an patikilye. Anpil loa a karaktè feminen tankou Èzili ak Aidawèdo gen menm pwisans avèk lwa a karaktè maskilen kouwè Danmbala ak Ogoun.

# Epilòg

Jounen 12 janvye 2010 yon kokennchenn tranblemanntè ki gen yon pwisans 7.3 nan evalyasyon Richter frape Ayiti e detwi yon grann pati nan Pòtoprens, Petyonvil, Kafou, Leyogàn, Tigwav, Jakmèl ak anpil lòt lokalite nan zòn sid-wès la. Moniman istorik enpòtan kouwè Katedral Pòtoprens la e Palè Nasyonal la kraze, e se sèlman yon ti pwayen nan ministè Leta yo ki chape—yon dekonstobray ki andikape plis ankò yon gouvènman ki te deja pat ka reponn ak dezas. Yo estime ke gen plis ke 200 000 moun ki pèdi lavi yo, plis plizyè milye ki blese e ki enfim pou lavi. Plis ke yon milyon moun te vin tounen sanzabri.

Konbinezon efè tranblemanntè a sou gouvènman an, mank enfra-strikti pou sekou ijans, kantite moun sou moun nan Pòtoprens ak lòt minisipalite yo, mank de kòd reglemantè sou konstwiksyon, povrete endiy ak soudevlopman peyi a, tout bagay sa yo ansanm agrave vilnerablite sitiyasyon pitimi-san-gadò zòn ki afekte yo e ogmante kantite dega ak moun ki viktim de yon tranblemanntè ki, otreman, te ka koze mwens destwiksyon e tiye mwens kantite moun. Natirèlman kondisyon malouk sila yo agrave tou depandans anvè sekou e asistans letranje—ki pa diferan de istwa resan peyi a anvan tranblemanntè a. Poukisa kondisyon malouk sa yo ekziste ann Ayiti ? Mwen reponn kesyon sa a nan esè mwen ekri ann angle e ann ayisyen an ki titre « *Itopi kou posiblite* ».

Pataj santiman lapenn avèk Ayiti, repons aktif ak solidarite entènasyonal la te fòmidab. Moun te sot toupatou nan lemond, sekouris swen ijans, enfimye/enfimyè, doktè, ponpye, mason, misyonè relijye, repòte medya, selebrite/vedèt ki te santi yo konsène, politisyen, elatriye, te vini bay èd ak rekonfò a viktim Ayisyen yo ; jefò sa yo te kontribye sove anpil lavi moun. Sa te vrèman rejwisan lè w te wè sa m rele nan yon powèm « limanite ann aksyon » an pou ede Ayiti.

Gen kèk moun ki twouve reflèks pwisans sèten peyi pat apwopriye nan sitiyasyon an, kouwè paekzanp kontwòl militè pa Etazini lespas, ayewopò ak rad ayisyen yo ; men menmlè gen kèk moun ki denonse konpòtman Etazini kou yon envazyon enperyalis ki kache anba mask sekou imanitè, gen lòt moun ki wè mysyon etazinyen an kòm esansyèl-man imanitè, ki, devan absans yon Leta fonksyonèl ann Ayiti, te ranpli yon vid ki te merite ranpli.

Sou plan politik, nou dwe chache konprann kontèks jeopolitik global tranblemanntè a te rive kote atansyon Etazini fikse sou de lagè l'ap mennen, men menmlè a tou yo pa vle pou moun akize yo, apre eksperyans Katrina a, de endiferans nan kriz ka yon peyi vwazen ki konsidere fè pati zòn enfliyans Etazini—ni tou yo pat vle bay legen nan lagè pwopagann k'ap mennen avèk Kiben, Venezwelyen, Franse ak Izraelyen yo. Barak Obama te jwenn bèl mo ki te apwopriye pou li montre bòn dispozisyon Etazini e l te ekspedye èd reyèl bay peyi a. Men anpil moun rete mefyan sou entansyon Etazini, e sou entansyon Bill Clinton ki konpòte li tankou prokonsil ann Ayiti.

Pèp ayisyen an gen rezon pou li mefye li de enkonpetans gouvènman souplas la nan yon peyi kouwè Ayiti ki gen yon long tradisyon koripsyon nan gouvènman ak lòt pratik malfini. Men, yon peyi pa renonse ak souverennte li paske li frape pa yon dezas natirèl. Yon prizanchaj pa Etazini oubyen LONI innaseptab. Ayiti sètènman bezwen sipò Etazini pou rekonstwiksyon li, men diskisyon an dwe rete nan kad paramèt sila a, kòm se larèg nan relasyon entènasyonal. Pèp ayisyen an gen Etazini anpil rekonesans pou èd imanitè yo bay yo, men malgre gen moun ki mande pou Etazini ta senpleman grapinen (anekse) Ayiti, grann majorite pèp ayisyen an trè nasyonalis e trè mefyan vizavi entansyon Etazini, menmlè yo apresye èd yo nan mentnans pò, ayewopò ak sant distribisyon èd nan yon moman kalamite lenfè. E m pa doute ditou pèp la ap kenbe rezistans pou l bare wout vòl peyi Dayiti anpil magouyè ap manniganse. Magouy sa a pap pase. Rezilta trajedi tranblemanntè 12 janvye a pa dwe vin plis kontwòl enperyalis ak depandans peyi a anvè charite entènasyonal, men, okontrè, yon pi grann solidarite avèk pwojè liberasyon nasyonal li e yon rejetasyon total paradigm ki abouti ak enpwisans Leta ayisyen pou l ede peyi a nan moman kriz grav.

Mwen eseye eksprime nan epilòg sila a pwosesis pwòp panse ak santiman pa m sou tranblemanntè a. Kouwè m fè nan tout rès pati liv la, mwen eksprime yo alafwa an pwezi e an pwoz. Eksepte entwodiksyon epilòg sila a ke m tradui nan toulètwa lang yo, oubyen esè ki titre « Itopi kou posiblite » ki tradui ann ayisyen, esè an fransè ki titre « La Katrina d'Haïti » a pa tradui, ni powèm yo—byenke tout tèks sa yo ap adrese menm pwoblematik la e ap eksprime menm emosyon yo.

# Itopi tankou posiblite :
# Ayiti e pwojè imen inivèsèl la

Nan yon atik ki titre « The Underlying Tragedy » (« Trajedi anbachal la ») ki parèt nan jounal *New York Times* jounen 14 janvye 2010, David Brooks blame kilti ayisyen kòmkwa li se lakoz povrete peyi a : « Kouwè tout nasyon pòv nan lemond, Ayiti soufri de yon latriye mongonmay ki reziste enfliyans kiltirèl pwogrè. Genyen enfliyans relijyon vodou a ki simayen mesaj lavi se yon bagay ki kaprisye eke planifye se pèdi tan. » Pou reponn a kesyon « Poukisa Ayiti pòv ? », misye konpare Ayiti a peyi kou Babedòs ak Repiblik Dominikèn ki gen, selon li, menm istwa avèk Ayiti : « [Ayiti] genyen yon istwa opresyon, esklavaj ak kolonyalism. Se menmman pou Babedòs, men Babedòs ap boule trè byen. Ayiti esperyanse diktatè sanginè, koripsyon e envazyon etranje. Menmman pou Repiblik Dominikèn, men Repiblik Dominikèn pote l konbyen fwa pi byen. » Lè w wè kòmantè sa a vini touswit apre kòmantè Pat Robertson lan ki denonse « kontra avèk Satan » Ayiti swadizan te fè kou lakoz kalamite l'ap soufri yo, yon moun sezi pa kalite rasism ogranjou ki dèyè tip de kòmantè sa yo (san menm pale de parès entelektyèl yo manifeste). Selon rezonnman Brooks la, pou yon moun rive about pwoblematik povrete a ann Ayiti, li annik dwe ranplase « kèp pati nan kilti lokal la pa yon kilti ki mande yon pakèt jefò, pa yon gwo doz entansif kilti akonplisman...»

Daprè aparans ou ta di Pat Robertson mete remak li a nan nivo espirityèl, men lè w gade byen nan esans li, mouvman konsèvatè misye a gen pwoblèm avèk enpak pratik revolisyon antiesklavaj ayisyen an te genyen sou sistèm plantasyon ki te ekziste Ozetazini an, e ki te koze fayit anpil enterè ki te baze sou kontinuite li. Se sa ki eksplike raj eritye ideolojik sistèm lan ki pa janm padone Ayiti pou peche sa a, paske yo kwè ke kolonizasyon, esklavaj ak politik enperyalis Etazini fè pati de « destine manifès » li, de *raison d'être* li.

Kritikè kouwè Mark Danner e Bill Moyers deja diskredite konparezon avèk Babedòs e Repiblik Dominikèn lan ; yo montre kokennchenn enpak negatif pliske yon syèk pèyman Lafrans enpoze sou Ayiti pou l rekonèt endepandans li, e yon demi syèk anbago pa Etazini kapab genyen sou pwojè devlopman Ayiti. Men li pa san enpòtans pou nou pote plis atansyon sou kontèks li.[1]

Dega tranblemanntè a koze se konsekans nòmal yon moun ka atann de yon tranblemanntè 7.3 nan evalyasyon Richter ka genyen sou yon peyi tyèsmond ki gen yon tikras enfrastrikti ak pwoblèm jeolojik nan fayit plak tektonik li. Men etandone istwa espesyal Ayiti e plas anbivalan, deranjab, li genyen nan sansiblite peyi oksidantal yo, anpil lòt faktè vin antre nan jan moun gade tranblemanntè a. Pi gwo nan faktè sa yo se lefètke Ayiti se sèl peyi revòlt esklav *te reyisi* nan listwa imanite. Antanke istwa se yon resi ki enteresan e ki fè pati domèn lejand ak fab, men mwen pa kwè konpreyansyon li byen anrejistre nan gran piblik la, ni tou byen sezi li se yon istwa reyèl ki rive nan mond nou an pa gen twò lontan de sa.

Wi efektivman, si yon moun fè jefò pou l konprann *kontèks* povrete Ayiti a, sètadi klima istorik, jeopolitik e epistemolojik peyi a te pran nesans, li pa si difisil pou konprann movèz kondisyon ekonomik li ladann jodia : Rankin twa pwisans ewopeyen—Lafrans, Espayn ak Angletè—, youn nan yo enpoze sou li, anba menas envazyon, yon pèyman pou rekonèt endepandans li ki dire pliske yon syèk (de 1825 a 1947) ; yon lòt pwisans, Espayn, ki kontinye ap fè l lagè pou pèt koloni li (Repiblik Dominikèn) ; plis yon pwisans k'ap monte, Etazini, vwazen zòn nò li, ki enpoze sou li yon anbago kòmare ki dire senkantwit tan, paske li rayi l pou lefètke li bay « movèz ekzanp » e vin parèt yon menas pou ekonomi l ki toujou baze sou travay esklav. Pou Angletè limenm, menmlè li pat angaje aktivman nan sabotaj kont Ayiti, li te pratikman asepte tout sa lòt rival li yo t'ap fè kont li. Si ou ajoute sou sa anpil dekad okipasyon etranje e non-envestisman nan devlopman peyi a, e konplisite sousesan san fen ant bankye entènasyonal, boujwazi parazit e gouvènman tiranik, foto a vin pi klè. Natirèlman, pou moun kouwè Pat Robertson e David Brooks, se pito ideoloji, pa iyorans, ki motive rayisman yo pou Ayiti.

Nan repòtaj medya oksidantal yo sou tranblemanntè a yo pa janm manke ajoute litani ke Ayiti se « peyi ki pi pòv nan emisfè oksidantal la ». Kesyon yon moun dwe mande, tou dabò, se kouman yo defini « richès » an relasyon ak opoze li « povrete », e ki kalkilasyon degre ki fè yo deklare Ayiti peyi « pi pòv » ?

Si ou defini « richès » an tèm mezi kantitatif pwodiksyon ; an tèm konbyen bank ki genyen, konbyen moun k'ap travay, e konbyen moun ki vin rich so do moun pòv yo, ki ap vin pi pòv e pi pòv ; si ou defini « richès » an tèm konbyen moun ki gen kay gwosè chato ak kantite kare tè, an relasyon avèk plizyè milyon moun sa yo (nan yon popilasyon total de 9 milyon) k'ap viv nan bidonvil e nan kay pay ; an tèm konbyen moun ki manje selon jan yo vle e ki resevwa bon swen medikal lè yo malad, an relasyon ak lòt yo ki al dòmi grangou prèske chak lannwit e ki mouri pa santèn de milye pa mank de enfrastrikti medikal e swen ; si ou defini « richès » an tèm de degradasyon anvironnman an, pwazonnaj li e frajilite lavi ; wi, si ou aplike tip estatistik sa yo e metodoloji meziraj sa a, Ayiti ap sètennman pòv, e plismenm « peyi pi pòv nan emisfè a », selon frazoloji a.

Men si okontrè ou defini « richès » pa yon diferan meziraj metodolojik e pèspektif epistemolojik, pa yon yon diferan estanda e kritè, pa yon diferan valorizasyon ontolojik de Genyen ak Ye, w'ap sètennman vin jwenn, lè ou evalye Ayiti, yon diferan valè grad. Paekzanp, konpare avèk laplipa peyi nan lemond, Ayiti istorikman genyen yon kantite ekstraòdinè de atis, ekriven, powèt, tirè-kontè, mizisyen, atispent, eskiltè, elatriye, parapò ak popilasyon li. Sa a se yon fè tout moun toujou obsève—e konplimante.

Si ou defini richès an tèm resous, debrouyadiz ak rezistans imen ; an tèm de validasyon e akonplisman entelektyèl e filozofik ; an tèm potansyèl imen e bèlte peyizaj peyi a (malgre deforestasyon ak polisyon tè a) ; si ou defini « richès » an tèm valè Revolisyon Ayisyen an nan fondasyon modènite nou an, an tèm de alafwa enpak dirèk Revolisyon an genyen an sou tablisman eta-nasyon libere nan emisfè oksidantal la (èd sou fòm zam, lajan ak moun pou liberatè sid-amerikèn Sebastian Francisco de Miranda an 1806, e Simon Bolivar an 1811), e referans senbolik li kay esklav sou plantasyon nan Etazini yo ; si ou defini « richès » an tèm de akizisyon, pa Acha Lwizyàn lan, ki pèmèt Etazini akeri pliske mwatye tè li te genyen nan epòk 1803, yon lavant revolisyonè pro-endepandans e anti-esklavaj ayisyen te fòse Napoleon fè pou l te ka finanse lagè li t'ap mennen kont yo e kont Angletè ; si ou defini « richès » an tèm de pozisyon antikolonyalis Eta Ayisyen nan politik mondyal, ki benefisye anpil peyi nan lemond ki t'ap goumen pou endepandans yo, pami yo Grès ; si ou defini « richès » an tèm imanism e ospitalite pitit peyi a ; wi, si ou itilize okontrè meziraj sa a, Ayiti pami peyi ki pi rich nan lemond.

Erezman, gen ti richès bèlte lavi oun moun ka jwenn menm nan dekonstonbray trajik e menm nan reyalite ki montre rekonstriksyon an ap mande travay pèseverans k'ap dire dèzane : Pami richès bèlte sa yo se santiman pataj doulè ak solidarite imen reyèl, inivèsèl, tranblemanntè a fè soti. Lè w melanje l avèk volonte pèp ayisyen an pou li sèvi de tranblemanntè a kou yon opòtinite pou l rebati peyi a sou baz ki miyò e pi solid, solidarite entènasyonal—ou entèpèp—la, si li ret djanm jan l ye a, ka vin yon pwojè imen transandantal ki gen dimansyon inivèl. Yon pwojè pou bati yon bagay ki bon, ki bèl e ki leve grandèt moun nan debri fatra destriksyon, kawos e soufrans. Se te pwomès Revolisyon Ayisyen an.

Sa ka se itopi, men itopi osèvis byennèt ak elevasyon moun se pa yon move mo—ni yon move jefò.

(Mas 2010)

## Nòt

1. Pou yon analiz ann anglè byen djanm sou kesyon Dèt Endepandans Ayiti a, mwen rekòmande nou li atik Anthony D. Phillips la ki titre « Haiti's Independence Debt

and Prospects for Restitution » ke ou ka jwenn sou sit Institute For Justice and Democracy in Haiti: http://ijdh.org/wordpress/wpcontent/uploads/2009/11/Haiti_RestitutionClaim-ArticlePhilipps05-09.pdf

2. Li tou atik mwen an « La France doit restituer à Haïti la rançon de l'indemnité » nan jounal *Haïti Liberté* dat 25 dawout rive premye septanm, 2010: http://www.haiti-liberte.com/archives/electronic_edition oubyen tou nan *AlterPresse* dat 30 dawout 2010 : http://www.alterpresse.org/spip.php?article9913

## Michan malè dekonstonbray
(Konplent lespwa pou tout sa k ale yo)

Li rive jouk konsa
sibitman soti nan Dangololay
li blayi sou kat pwen kadino
nan nannan nanm Montay Nwa
nan Petyonvil delalay
Otèl Montana bakalaw
desann lavil kouwè fou pèdi
k'ap voye wòch toupatou je fèmen.

Li rive jouk konsa
anba vant lanmè rad wout sid
lè solèy te pare pou l ale leve rak
lè yo pat atann lavi ka pi mal.
Se te yon malè ki koze laterè
ka sa yo ki pat benefisye malvi lòt
kou lòt yo ki te pwopriye swe bourik.

Anba detrès yon vil ann agoni
rivyè dlo nan je ak lapenn
timoun ki pèdi paran
paran ki pèdi pitit
menm Palè Nasyonal senbòl gwokòlèt
senbòl pouvwa malfezan kraze zo
akwoupi anba kout pye latè andyable
ki demantibile san l pa gade dèyè.

Ni Bondye ni Ledyab pa gen anyen nan sa
se koz kwazman kolè latè ak fayit imen
pou demantibile sa ki ekziste
se tout kesyon ki pou poze
lè se lavi ak lanmò moun ki an kesyon.

Kesyon mèt latè dwe poze
ke l se lapè ant tout pèp pou bati Miyòla
nan espas kolektif bèlte apwopriye
oubyen rapas Bon Papa malfini
kache anba jakèt dan sourit imanitè :
Èske se konchon nwa yo ki retounen
oubyen kochon blondèl prensès ki rete ?
Èske bouch li tulututu oubyen li woukonnen ?
Èske l se sa Ginen vle ?
Èske l se sa Ginen ye ?
Èske l pa boutik sikisal bèl vitrin
reprezantan lakoloni nan kapital ?
Èske l pa modèl levanjil globalite
sou nouvo plantasyon modènite ?
Se tout kesyon ki pou poze
paske se sa avni nou ap vin ye.

Anba kout beton ak fèy tòl k'ap vole
yon latè andyable ak lanmè menasan
moun yo rele anmwe, yo soti nan lari ;
anba sakay dekonstonbray ki pote ale
Katedral Pòtoprens ki te drese kò li
kou yon majeste, silwèt li anpenpan
lonbray li blayi lespas ak mistè ;
li te yon pwotektrès tout lavi sou Bèlè.

Anba kout masou replik aprèchòk
enprevizib kou malfini sou savann
ki ka pote w ale kou ou vire tèt ou
nan espas yon sekond movèz sò ;
devan malfezè lafirè lanfè sou latè
nou te wè byenfezans menm sa yo ki viktim
pou ede frè ak sè yo kan Leta ape dodomeya ;
moun yo louvri bra bay bonte letranje
voye bèl lwanj bay pou solidarite
tout sa yo k sot alawonnbadè sou latè
pou sove lespwa nan kè malakwa.

Devan frajilite desten kretyenvivan
ki nan lespas yon sekond kapab tounen fatra
pou gozye fòs komin nan mitan Montay Nwa ;
anba rèl toupatou pou pote sekou
nou salye tout sa yo, grenadye limanite,

ki fè desandelye osèvis sa ki bon
nou leve bra louvri
pou sa yo ki pote sitèn dlo ak ponpye
ak manje pou sove lavi
nou leve bra louvri
nou onore bèl kalite yo reprezante.

Ginen pap asepte twonkay mèt lakay
pou redevans anvè mizè dekonstonbray
nou kwè konsyans tout pèp latè
ap kontinye voye je pou sove memwa
sove memwa verite libète
sove memwa 1791 lespwa li te limen
sove aspirasyon Ginen ki t'ap krapinen
nan lanfè zile labatwa negriye.

Labyenveni pou sa yo ki sot lwen
sa yo ki swiv chimen ideyal fon kè yo
sa yo ki konnen soufrans yon manman
se soufrans yon lòt manman
sa yo ki kwè se yon sèl mond ki genyen
nou salye ou
oumenm ki swiv bonnanj ou
pou pote lavi bay malvi nan ziltik ;
nou salye kouraj pèp nonm Toma
ki pote sekou ak bra vid
nou salye sa yo
manm ki deja kofre anba chay
ki vin louvri tinèl pou solèy lavi ;
nou salye limanite ann aksyon
pou transande malè pa bèlte
pou louvri je lespwa nan lenwa
pou afime esans sa lavi ye.

Nou salye tout sa yo
ki wè latè anvan kalvè
nou salye w
oumenm ki kwè tout moun se moun
nou salye w
oumenm ki pataje rèv nou.

Nou onore Beyonce ki voye halo pou Ayiti,
halo pou tout nanm zansèt yo k nan zafra

halo pou kenbe lespwa djanm
pou drese orizon pou yon lòt demen
pou bati yon Ayiti miyò
pou renouvle konfyans nan zile madichon
pou resoude lyen ki ini tout konsyans
halo pou fè leve yon lòt jou.

(Somerville, 5 fevriye 2010. Powèm sa a pibliye tou nan revi *Tanbou*
nimewo prentan 2010)

# Français

# Introduction

J'ai abordé dans ce livre les notions de la résistance et de la paix dans un rapport dialectique où l'une n'existe pas sans l'autre et où toutes les deux dépassent leur respective tentation au réductionnisme. Sans la présence toujours vigilante de la résistance, la paix n'est que l'imposition de l'ordre du vainqueur ou de la classe dominante. Mais sans l'idéal de la paix en tant qu'objectif existentiel, la résistance n'est qu'une confrontation instinctuelle d'autant plus pernicieuse qu'elle n'a aucune emprise sur la réalité.

Il y a un slogan des manifestations populaires aux États-Unis qui dit : « No Justice ! No Peace ! » Pas de justice, pas de paix ! C'est essentiellement le credo du présent livre : La paix est à la fois la résistance contre le mal, l'établissement de la justice et le droit à une vie décente. Pas de justice, pas de paix, mais aussi pas de résistance, pas de paix. Car sans la résistance pour sauver l'idéal d'être, la notion de la paix est impossible.

## Trois langues, même thématique

J'ai fait le pari d'écrire un livre en deux parties et en trois langues différentes. La première partie consiste en sept essais ayant leur traduction littérale correspondante dans toutes les trois langues. La deuxième partie consiste en essais et poèmes qui ne sont pas traduits d'une langue aux autres (hormis quatre ou cinq pour cent d'entre ceux-ci). Tout en poursuivant un même thème—la résistance, la paix, la finitude, l'amour et la poursuite du rêve d'être—, les poèmes existent par eux-mêmes dans leurs langues respectives, celles-ci confrontées l'une à l'autre dans leur autonomie parallèle légitime. De plus, le livre est composé d'une façon qu'un monolingue qui parle n'importe laquelle de ces trois langues aura une lecture substantielle indépendamment de sa compréhension des autres langues.

J'ai été toujours fasciné par la magie des mots, et pouvoir écrire en trois langues me procure beaucoup de plaisir. Ma relation à chacune d'entre elles est fonction de mon histoire spéciale vécue avec l'une ou l'autre. J'ai appris le français à l'école comme à la fois langue d'instruction et sujet d'étude, mais à part les babillardes entendues à la radio, au cinéma, à la télévision et un court séjour en France, ma langue de communication quotidienne a été plutôt l'haïtien—plus généralement connue comme le créole ou le créole haïtien—, mais celle-ci a été pendant toute mon enfance et ma jeunesse, la langue méprisée, infériorisée dans les relations de pouvoir en Haïti[1]. Quant à l'anglais, si on excepte les leçons élémentaires apprises dans les classes secondaires, je l'ai adopté quand j'atteignais déjà ma vingtaine, et ce après une longue résistance contre le fait même de l'apprendre, que j'assimilais à la capitulation à son hégémonisme culturel.

Une langue est un héritage universel que les humains partagent et vivent ensemble, et puisque écrire dans une langue—fût-elle maternelle ou adoptive—, c'est réinventer cette langue, je me sens très privilégié aujourd'hui d'avoir ces trois outils linguistiques à ma disposition et de pouvoir ainsi participer à la construction d'un nouveau langage.

### Reversant l'anthropologie

Ayant vécu la majorité de mon âge adulte en exil en Occident, mes essais et mes poèmes sont à la fois des données anthropologiques et des témoignages lyriques. Excepté que cette fois, l'anthropologie est *reversée,* au lieu du colonisateur regardant le colonisé comme objet, c'est le colonisé cette fois qui regarde le colonisateur ou l'héritier du colonisateur, peut-être non pas comme objet mais comme un intérêt anthropologique. Pour une fois, le Nord est scruté par un regard qui n'est pas, comme le dirait Frantz Fanon « une conscience de lui-même », ni une réflexion de sa propre mégalomanie.

La notion d'une anthropologie *reversée* ouvre un nouveau terrain de recherche, en ce sens que, pour la première fois dans l'histoire intellectuelle récente, depuis peut–être le mouvement de la Négritude et l'affirmation fanonienne de l'Autre comme sujet, le paradigme de valorisation occidental est contesté par un « Étranger » qui questionne tout, y compris non seulement la nature injuste des relations ambiantes de pouvoir, mais aussi la justification intellectuelle qu'elles proposent. Essentiellement, c'est une réflexion intellectuelle paradigmatique qui *reverse,* déplace, inverse, l'étroitesse de vue de l'Eurocentrisme et son système de référence du Nord au Sud, par ce que Fanon appelle « le regard de l'Autre », interpellant le biais culturel de sa machine de production de la réalité qu'il pose comme le prototype universel. L'*observateur* est maintenant observé, le *voyeur* vu.

L'évocation de *Agwe,* le dieu vodou de la mer et du voyage, dans le titre du livre est comme le parrainage de son esprit par ce *loa*[2] dont la mission est de retourner l'âme des trépassés Africains—originalement les *enslavés*[3] transbordés dans le soi-disant Nouveau Monde—au sein de l'Afrique mère où tout a commencé et prendra fin. Dans cette instance, elle symbolise à la fois mon exil de mon pays, la douloureuse expérience de l'aliénation sur des terres étrangères, le bonheur de la rencontre avec d'autres peuples, d'autres pays, d'autres races, et le rêve de bâtir un demain meilleur.

## Idéologie et poésie

Le radicalisme politique de ma poésie est la résultante des abus socio-politiques et des traumatismes de l'environnement que j'ai observés et rencontrés tout au long de ma vie. C'est le sous-produit d'une expérience empirique. Contrairement à mon idéologie qui est un direct réquisitoire contre la structure de classe de la société, ma poésie est *ambivalente*, dans le sens qu'elle est un effort vers la transcendance. Pour moi, être c'est résister, résister non seulement l'oppression socioéconomique causée par la cupidité et l'égoïsme des autres, mais aussi, également, l'état d'âme et la justification intellectuels qui l'accompagnent et qui génèrent à leur tour la zombification et la haine de soi chez l'opprimé.

Bien que je préconise l'élimination de tous les systèmes d'exploitation et d'exclusion, appelant pour l'établissement d'une société humaniste, égalitaire, socialiste, je ne voudrais pas qu'on commette l'atrocité ou l'élimination physique d'aucun être humain réel pour que cela arrive. Si je comprends bien que les peuples opprimés ont le droit de choisir leurs propres moyens de résistance quand leurs frères, leurs pères, leurs femmes et leurs enfants sont à l'instant même massacrés par des puissantes armées d'occupation, et que la condamnation morale doit aller les deux côtés, je reste croire que la fin ne doit pas justifier les moyens. Comme j'ai dit dans un éditorial au sujet des attentats du 11-Septembre : « La façon humaine dont vous traitez l'ennemi fait partie de la finalité humaniste de la lutte. (...) Tuer par autodéfense ou pour gagner une lutte pour l'autodétermination est acceptable selon les Conventions de Genève concernant les conflits armés. (...) Mais la terreur et la cruauté contre les civils ne devraient jamais être consacrées comme des moyens appropriés et acceptables de la dissidence. La lutte armée est une option du dernier ressort, non pas un carnaval de la peur ni une célébration de la mort. » Ma poésie devient mon idéologie quand il n'y a plus de place pour un compromis, dès lors il incombe à l'idéal d'être de définir le paramètre de la vie—et non vice-versa. Dans ce cas-là l'idéologie n'est plus un point de référence et de départ, mais plutôt un processus dialectique de rejet ou d'immersion ayant pour objectif l'accession à la liberté totale. Liberté étant définie comme l'état d'être quand la conscience se libère de toute sorte de conditionnement social et de pressions, répondant d'une manière sincère à l'ultime question de qui est bien ou mal, ce qui n'est pas vraiment si difficile à discerner en dépit de l'imbroglio confusionnel créé par l'action conjointe du conformisme social institutionnel et de la distraction des médias de communication de masse. La poésie, c'est quand l'esprit individuel défie, souvent au prix de la marginalité sociale ou même la mort, les puissantes forces de l'aliénation.

Parmi tous les autres genres de l'expression communicative, la poésie est peut-être celui qui capture le plus l'essence de la vie comme processus de création et de récréation. Ce qui *est* devient ce qui *était* et ce qui *sera* et peut être assemblé dans une sorte de linéarité atemporelle. Ce que j'ai vécu et observé aux États-Unis n'est pas seulement au sujet de moi-même, l'individu, l'être humain autonome appréhendant la liberté—en termes à la fois subjectif et objectif. Mon appréhension touche aussi d'autres personnes et est relatée aux expériences d'autres personnes, ne serait-ce que dans l'initiation commune à l'expérience de comment est-il de vivre aux États-Unis ; ce qui ne peut être qu'une bonne chose dans la mesure qu'elle promeuve la compréhension, la solidarité communautaire, l'empathie humaine. Ma poésie, en dernière analyse, est une poésie de la libération, pour la libération.

## Poésie pour changer la vie

Presque tous mes poèmes sont au sujet de gens réels, des émotions réelles et de la vie réelle. J'essaie de faire un scandale de toutes les choses scandaleuses que j'ai observées et déplorées partout où j'ai vécu. Bien que j'aie connu la pauvreté en Haïti, j'étais scandalisé de la voir en France et, plus tard, aux États-Unis. J'ai sitôt réalisé que ces pays, tout comme en cela Haïti, ont besoin d'une révolution. Révolution à la fois au niveau du construit socio-infrastructurel et du processus de pensée superstructurel. Par exemple quand bien même une majorité de personnes aux États-Unis voit la condition de sans-abri comme une part normale de la vie et de la fonctionnalité du système capitaliste, pour moi elle est totalement inacceptable ; je l'ai toujours considérée comme une aberration parce que les États-Unis ont des ressources énormes pour pouvoir l'éradiquer.

« L'enfer, c'est les autres », proclame un personnage du théâtre sartrien, dans le sens que les petites péripéties quotidiennes, les angoisses, l'horreur de ne pas savoir d'où viendrait le prochain repas, bref l'instabilité mentale et existentielle, sont conditionnées par l'action empirique de nos prochains, de nos frères et sœurs, de nos dirigeants du gouvernement et des classes dirigeantes. L'enfer, c'est la décision du sous-comité d'attribution de terminer la subvention des rations de nourriture et de vêtements ; l'absence ou la coupure de la couverture médicale au malade ; le licencié ou le chômeur auquel on refuse le moyen de payer son loyer ; la solitude face aux malheurs de la vie.

S'il y a deux leçons que je voudrais que les lecteurs retiennent du livre, l'une est que la paix, loin d'être un idéal transcendantal, reflète le rapport de civilité et de justice que les communautés humaines cherchent à établir entre elles. Et l'autre, que la paix très souvent ne dépend pas des peuples qui sont les objets d'agression par les puissances militaires dominantes, qui utilisent la guerre, comme l'a dit Carl von Clausewitz, pour des fins essentiellement politiques.

Bien heureusement les guerres, les revers, les difficultés économiques, les désespoirs situationnels du moment ne sont pas signes d'une perdition existentielle irréversible. Les hommes et les femmes ont toujours le pouvoir de changer la vie, si tel est leur souhait.

Finalement, comme nous suivons le passage du temps, les questions demeurent les mêmes comme elles étaient initialement formulées : Comment en tant que société ou nation avons-nous soutenu l'aventure de vivre avec autant d'équité que possible ? Comment vivons-nous et laissons-nous vivre les autres ? Comment pouvons-nous structurer la société et les relations internationales d'une manière qui garantisse que notre liberté soit la garantie de la liberté de tout le monde ? Que faire pour prévenir la destruction de notre écosystème par les chacals, sachant que c'est le minimum *sine qua non* de la condition de survie pour chacun de nous ? Comment en tant qu'êtres autonomes créons-nous la justice, la paix et la beauté sur notre Terre ? Telles sont les questions.

## Notes

1. Lire à ce propos mon livre *Critique de la francophonie haïtienne,* éd. l'Harmattan, Paris, 2008.

2. Dieu ou esprit dans le vodou haïtien.

3. Néologisme d'esclave.

# Propagande et grande distorsion de la réalité

Nous savons que l'invasion de l'Irak en mars 2003 fut la matérialisation d'une option et des objectifs spécifiquement articulés des années auparavant par les intellectuels néo-conservateurs, dérisoirement appelés *néocons,* et plus tard adoptés par l'Agence nationale de sécurité (NSA) comme partie intégrale de la doctrine de défense des États-Unis. La diabolisation de Saddam Hussein et l'exagération de son supposé arsenal d'armes de destruction massive étaient de simples prétextes pour justifier les desseins bien définis par les États-Unis de *restructurer* tout le Moyen-Orient dans un sens que leur puissance et contrôle ne soient jamais défiés—et quand ça arrive, la menace doit être contrecarrée par d'extrêmes, draconiennes actions. Comment donc l'Establishment intellectuel et politique des États-Unis a-t-il laissé cela arriver ? Cupidité ? Paresse intellectuelle ? Automyopie et autocensure ? Contrôle microgestionnaire par des chefs d'entreprises ayant des intérêts dans la guerre ?

Dans son livre, *Imperial Ambitions,* Noam Chomsky a noté que le premier usage de la propagande comme politique officielle a eu lieu en Grande Bretagne durant la Première guerre mondiale, l'objectif déclaré était de « diriger la pensée de la plus importante nation du monde ». Mise sur pied par le Ministère de l'information, la cible et l'objectif principal de la machine de propagande étaient de pousser les États-Unis à s'engager dans la guerre. Ils y ont réussi brillamment. Président Woodrow Wilson s'est non seulement joint à la guerre, il a mis sur pied son propre Comité de l'Information Publique, « déjà orwellien » commente Chomsky.

S'agissant de l'Irak en particulier, Chomsky a mentionné le cas du marine qui « qui a perdu sa tête au milieu du combat et tué un Irakien blessé ». Les médias l'ont sensationnalisé et en font un important événement informationnel. En fait, dit Chomsky, c'était un incident mineur, « nous l'avons agrandi comme un moyen de supprimer les véritables crimes » commis par l'offensive étatsunienne en Irak, « tout comme ils ont fait avec My Lai », un village vietnamien où en 1968, dans un emportement, des soldats étatsuniens tuaient jusqu'à 500 civils vietnamiens. « My Lai n'était qu'une note d'en bas de page dans la guerre du Vietnam », dit Chomsky, « il faisait partie d'une vaste opération militaire, Opération Wheeler, qui était dirigée par des gens comme nous-mêmes, habillés de cravate et de veston, s'asseyant dans des bureaux climatisés et ciblant les villages avec B-52 ».

Chomsky a comparé l'offensive étatsunienne à Fallujah, en Irak, en novembre 2004 avec celle des Russes à Groznyi, en Tchétchénie, en décembre 1994. Mais à lire les journaux ou à regarder la télé, on avait l'impression que c'était une opération militaire ordinaire, engageant des groupes adverses bien armés, et non de systématiques massacres des milliers de civils. Beaucoup d'experts en droits humains ont parlé de crimes de guerre et de violation des Conventions de Genève par les États-Unis, notamment quand les militaires étatsuniens repoussaient les réfugiés de Fallujah qui fuyaient la zone de guerre, ou encore quand ils occupaient l'Hôpital Général de Fallujah parce qu'ils l'accusaient d'être « un centre de propagande contre les forces alliées », qui produisait des « statistiques démesurées sur le nombre de victimes civiles ». Conclusion de Chomsky : « L'attaque russe contre Groznyi a été considérée avec raison comme un majeur crime de guerre. Mais quand vous faites le même à Fallujah, c'est la libération. Les journalistes qui accompagnaient l'armée étatsunienne se lamentaient de la souffrance des marines qui subissaient la chaleur et qu'on tirait dessus tout le temps. 1»

Il est intéressant de voir les similarités existant entre le reporté massacre de civils à Haditha, en Irak, en novembre 2005, et la formule utilisée à My Lai. Dans une rafle de cinq heures faisant suite à la mort du Caporal Miguel Terrazas, un marine, par une bombe routière, un détachement de marines tue à Haditha 24 civils irakiens, y compris des femmes et des enfants, plusieurs d'entre eux tués en style d'exécution. Bien que la nouvelle du massacre ait été connue au moment, il a mis aux médias étatsuniens plusieurs mois avant de la propager, et autant de temps aux forces armées des États-Unis de la reconnaître. Encore une fois, le blâme était dirigé contre « la poignée de marines maniaques » qui ont tiré la gâchette, et non contre la hiérarchie militaire et civile qui a devisé la stratégie de « rafle de balayage » contre les insurgés. Le *New York Times* a cité un caporal Michael Miller qui a dit : « En Irak, tout ce que vous faites doit être autorisé par un officier supérieur. Vous ne pouvez pas aller déblayer les maisons sans la permission des supérieurs. 2»

Effectivement, les rafles de balayage, les « *clearing house* » ont eu lieu à travers tout l'Irak, notamment dans les zones considérées comme les « bastions des insurgés ». My Lai, encore une fois, revient à l'esprit. Examinant les atrocités commises par les États-Unis dans les guerres du Vietnam et d'Irak, Chomsky s'étonne du grand contraste dans les critères de criminalisation et de responsabilité par rapport au Tribunal Nuremberg : « À Nuremberg, le procureur n'allait pas après le soldat du terrain, il poursuivait les commandants civils. »

Dix ans dans le nouveau millénaire, les puissances occidentales n'ont toujours pas appris les leçons tirées des aventures impérialistes du passé qui sont tournées en tragédie. L'ancienne problématique, résultante du paradigme de la force faite droit, demeure inchangée.

N'aurait-il pas été préférable que Napoléon Bonaparte parle à Toussaint Louverture, au lieu d'envoyer 32 000 soldats pour détruire les aspirations de liberté des *enslavés* africains ? Même après l'invasion Toussaint voulait encore parler, acceptant de rencontrer un haut émissaire de Napoléon dans un endroit secret. Comme ils arrivaient sur le lieu du rendez-vous, Toussaint et ses assistants furent encerclés, ligotés et enlevés. Les ravisseurs plaçaient Toussaint dans un bateau à destination pour la France et le jetaient dans une prison affreuse, le Fort de Joux, située dans les montagnes du Jura, sur la frontière suisse, où il expirait de la pneumonie une année plus tard, le 7 avril 1803.

L'enlèvement et la mort de Toussaint avaient pour effet immédiat d'inciter davantage la colère des Afro-créoles en rébellion, renforçant leur radicale impulse pour une totale indépendance envers la France. Le lieutenant de Toussaint, Jean-Jacques Dessalines, plus révolutionnaire que Toussaint à bien des égards, prit la tête de l'insurrection après son départ et lança une victorieuse guerre de l'indépendance contre la France. Les insurgés déclaraient l'indépendance d'Haïti le premier janvier 1804.

## Notes

1. Cf. Noam Chomsky, *Imperial Ambitions* : *Conversations on the Post-9/11 World,* Henry Holt and Company, New York, N.Y., 2005. [Notre traduction de l'anglais]

2. Cf. *New York Times* du 30 mai 2006. Le 17 juin 2008 un juge militaire étatsunien a rendu un arrêt de non-lieu au profit du plus haut gradé des officiers, le colonel Jeffrey Chessani, accusés dans ce massacre. Quatre ans plus tard, les charges contre d'autres personnes liées à cette affaire sont toujours irrésolues.

# L'espoir aux États-Unis*

L'Histoire est souvent, en dépit de nombreuses adversités, un assemblage de petites victoires des opprimés contre les machinations de l'oppresseur. Un élan d'air frais dans un désert d'illusion, une éclaircie dans le tunnel d'horreurs, un petit chemin d'émerveillement devant l'impasse de la perdition, petit chemin poursuivi à petits pas, mais souvent parcouru à grands bonds d'énergie et de détermination pour pousser la lutte vers l'affirmation de l'Autre.

Pour le philosophe français Jean-Paul Sartre, l'Être est affirmé quand l'individu—ou la collectivité—défie le déterminisme des structures sociopolitiques et le réductionnisme des analyses schématiques des grands gueulards de l'Université et des médias, pour montrer l'existence de l'être humain autonome, motivé non pas par une foi prédéterminée, mais par la foi dans les possibilités de la vie, dans l'authenticité de l'être, encourageant la mise à profit de la praxis politique nécessaire pour fonder, matérialiser le changement révolutionnaire.

J'ai observé dans l'élection présidentielle des États-Unis de novembre 2008 un effort collectif par une multiplicité de personnes engagées, provenant de différents milieux, pour faire de l'élection d'un président noir l'expression de leur revendication pour le respect de la dignité de l'être. Après une série d'élections frauduleuses gagnées par les républicains en usant la désinformation et la manipulation médiatique, le peuple étatsunien en avait assez d'être berné. On a vu cette détermination reflétée dans la consistance des sondages sur l'intention de vote. C'est une sorte de pari sur l'authenticité de l'être au lieu de la facticité du paraître. La volonté d'affirmer la force politique de l'altérité, c'est-à-dire l'existence autonome d'une autre personne, laquelle peut être exercée et vécue—en dépit de l'histoire de répressions et d'ostracisme—, par n'importe lequel des pavés de la mosaïque multiraciale, multiethnique et multiculturelle des États-Unis.

Dans un article dans le *New York Times* du 8 octobre 2008, l'ancien ministre du travail de Bill Clinton, Robert Reich, a noté qu'une proportion de un pour cent (1%) de la population s'approprie vingt pour cent (20%) du revenu total du pays dans les récentes années. Avant et jusqu'à l'arrivée de Ronald Reagan à la présidence en 1980, cette proportion se tenait à l'entour de huit pour cent (8%) du revenu total. Reich a observé que la dernière fois où un pour cent de la population s'appropriait vingt pour cent du revenu total du pays, c'était en 1928, soit l'année précédant le grand « Crash » de 1929...

Ce parallèle montre non seulement aucun changement dans le degré de cupidité des classes dominantes des deux époques, mais également une corrélation inéluctable entre l'enrichissement dévergondé d'une toute petite minorité sociale et l'appauvrissement non moins dévergondé de l'écrasante majorité du pays, y compris les classes moyennes.

Ce n'est pas par hasard que l'augmentation de l'appropriation du revenu national par un centième de la population commençait à partir de l'administration Reagan-Bush, qui a adopté la politique du laissez-faire économique prônée par Milton Friedman, que les autorités du magistère intellectuel—la *superstructure*—ont consacré Prix Nobel, et qui décourageait toute régulation par l'État des spéculateurs du Wall Street. Les successives administrations qui suivaient celle de Reagan, y compris celle du démocrate Bill Clinton, continuaient plus ou moins cette politique. Avec sa politique de franche alliance avec les milieux aisés et les industries, l'administration de George W. Bush viendra consolider cette tendance jusqu'à l'outrance, plaçant ouvertement le prestige de la présidence étatsunienne au service exclusif des intérêts privés.

## Le pays avec ses folies et ses rêves

Cent quarante cinq ans après la fin de la guerre civile, dont l'un des majeurs enjeux était l'abolition de l'esclavage, le pays est pratiquement un pays à la fois neuf et pétri, comme toujours à chaque émergence d'une nouvelle génération, dans ses doutes et confusions. Tout au long de l'histoire du pays, ces doutes et confusions contribuent, ça et là, à des bonds vers ce qu'il croit être son rêve : la liberté—liberté existentielle et liberté comprimée dans les rigidités institutionnelles. Heureusement, c'est aussi un pays dynamique, à la fois microcosme du monde, son rejet et partie intégrante de ses folies et de ses rêves.

Obama a été élu dans un moment particulièrement troublant et exigeant de l'histoire du pays. L'économie connaissait une récession des plus terribles, le chômage était galopant, les moyens d'achat s'amoindrissaient, les gens s'inquiétaient, certains désespérés. La plaisanterie dit que les Blancs ont décidé de donner le pays à un Noir seulement quand ses conditions économiques et politiques se détérioraient pour pouvoir le blâmer pour sa faillite.

C'était certainement une blague, car les États-Unis sont aussi connus comme le pays des réalisations impossibles, la terre des miracles et des grands épanchements ; le pays qui a placé les Noirs d'Afrique en esclavage, mais qui a donné à Frederick Douglass un organe pour dénoncer ses injustices ; le pays qui a exécuté John Brown, assassiné Malcolm X, Medgar Evers et Martin Luther King, mais qui a voté le Civil Rights Act pour appuyer les droits civils des Noirs ; le pays dont les bombes, les missiles et les blindés ont incinéré tout Vietnam, le pays qui a soutenu inconditionnellement l'occupation israélienne au dépens des malheurs des Palestiniens ; le pays qui a envahi Irak, détruit ses institutions et son environnement vital et massacré son peuple, mais c'est aussi le pays qui a ouvert les relations avec Mao, qui invente le jazz et qui vote Obama président.

## Grande victoire et acquis historique irréversible

C'était presque marrant de voir qu'en dépit des nouvelles quotidiennes du taux grandissant des licenciements, des saisies de maisons pour cause de non-paiement, et de l'augmentation des sans-domicile-fixe (SDF), l'humeur du pays restait bien optimiste, encaissant les horreurs de la crise dans une sorte de stoïcisme bien rassurant. C'était remarquable de voir en jeu cette dialectique du mauvais et de l'espéré, cette transcendance de la *mal-vie* par une volonté active d'espérer une vie meilleure.

Il y a déjà une grande victoire et un acquis historique irréversible dans le fait qu'Obama soit élu président des États-Unis. Une victoire symbolique certes, mais comme nous disions ailleurs, parfois dans l'Histoire les victoires symboliques ont autant d'importance que les victoires pratiques, en tout cas cette élection constitue une brèche importante dans l'idéologie pernicieuse de la domination blanche représentée dans le maintien de la tradition d'un homme blanc dans la fonction de président—le plus grand honneur de la République—dans un pays où près de la moitié de la population est d'une race non caucasienne.

Il y a une histoire qui restera à jamais gravée dans la mémoire de l'humanité : celle du fils d'immigré africain qui a conquis le cœur des Étatsuniens de toute provenance jusqu'à se faire élire le premier président noir du pays dans une élection où se présentait une pléthore d'excellents candidats blancs. Puisant les meilleures âmes de l'Establishment politique, il a mis en exécution la campagne politique la mieux organisée de l'histoire du pays sans tomber dans la démagogie, ni dans la diffamation de caractère.

L'un de ses grands mérites aura été de résister les facilités d'une culture politique prédominante qui privilégie les effets d'écran, les attaques personnelles et les finalités pratico-mondaines, au dépens de la quête du vrai, du beau, de l'authentique. Sa campagne pour la présidence avait fait la fierté à la fois des peuples du tiers-monde et du premier monde qui l'acclamaient comme l'antidote de l'expérience cauchemardesque qu'a été l'administration de George Bush le petit 1. Kenya, le pays natal du père d'Obama, a déclaré jours fériés les trois jours qui suivent son élection. De ma vie je n'ai jamais vu une si bonne disposition, quasi-universelle, presque partout dans le monde, à l'endroit des États-Unis.

Depuis Karl Marx qui prédisait que la première révolution socialiste aura lieu aux États-Unis, jamais tant d'espoir avait été investi dans la potentialité de l'ingénuité révolutionnaire du pays. Le monde entier a voulu être prêt pour accueillir la rentrée des États-Unis dans la normalité des pays civilisés, applaudissant son exploit, sa façon de mettre en tourbillon à la fois les vérités, les mensonges et les incertitudes.

Sous cet angle, les exploits d'Obama sont déjà de l'ordre de l'extraordinaire, un grand bond d'appel au changement qui résonne de partout, et surtout l'exemple d'une discipline de caractère qui défie la réalité politique existante. Je me rappelle mon désaccord avec son refus d'attaquer Hillary Clinton même quand celle-ci vociférait ses plus vénéneux dédains à son égard, pratiquement l'accusant d'être un envahisseur de foyer, selon l'image du sociologue Orlando Patterson. Il gardait son cool, et son succès lui a donné raison. En le nommant « l'homme de l'année 2008 », le magazine *Time* a relevé « son habilité exceptionnelle à lire les impératifs et les possibilités de chaque nouveau moment et à s'organiser ensemble avec les autres pour anticiper le changement et le traduire en opportunité ».

Je dirai de ma vie que j'ai vécu l'avènement au pouvoir du premier président démocratiquement élu en Haïti, Jean-Bertrand Aristide, et de celui du premier président noir aux États-Unis, Barack Obama. Ce constat n'entend pas faire un parallèle historique entre les deux. Il faut noter toutefois que Toussaint Louverture lui aussi a été un superlatif élogieux : le premier des Noirs, le Spartacus noir, le Napoléon noir, le traceur des chemins impossibles. Il finit emprisonné dans un misérable cachot sub-humain. Aristide a été kidnappé et exilé en Afrique du Sud. Que fera-t-on d'Obama ? Que fera-t-il de lui-même ?

## Note

* Ce texte est extrait d'un plus long essai sur le « phénomène Obama » écrit en français « Barack Obama et la revanche de l'altérité » publié pour la première fois dans les journaux *Tanbou* et *Haïti Liberté,* respectivement en octobre 2008 et janvier 2009.

1. En allusion à Victor Hugo désignant Napoléon III comme « *Napoléon le petit* ».

# Le coup d'état franco-étatsunien en Haïti : l'intention néocolonialiste

En Haïti, précisément en cette nuit du 28 au 29 février 2004, la relation colonialiste entre *grand-blanc* et *petit-nègre*, qui était pratique courante durant l'esclavage, était rejouée avec une vigueur inusuelle dans l'intervention militaire des États-Unis et de la France dans la crise haïtienne, sous le prétexte de prévenir un bain de sang et de sauver la démocratie.

La coopération franco-étasunienne dans la mise en application du coup de force a permis à la France de faire d'une pierre plusieurs coups : Prendre sa revanche sur l'embarras que lui a fait essuyer Jean-Bertrand Aristide dans sa demande de la restitution des 21 milliards de dollars (montant d'aujourd'hui) versés à l'État français entre 1825 et 1947 comme indemnité pour reconnaître l'indépendance d'Haïti ; humilier un État d'anciens esclaves qui portait le coup d'envoi contre le colonialisme moderne et l'empire français ; et aussi, se rapprocher des États-Unis après la rupture sur la guerre contre l'Irak.

En effet, l'opposition de la France à la guerre contre l'Irak ne l'ayant apportée que des ennuis (hostilité des États-Unis, perte d'influence et de contrats alléchants, etc.), et la toute-suprématie de l'unique-superpuissance EUA l'ayant permise de faire ce qui bon lui semble de toute façon, la politique de la France, depuis au moins le lancement de la guerre, a été de se rapprocher des États-Unis. La crise haïtienne lui aura procurée l'occasion d'or.

La véhémence des critiques de la France contre la politique irakienne de George W. Bush avait fait oublier que les deux gouvernements, conservateurs et interventionnistes, avaient plus de points de convergence que de divergence. Leur rapprochement se fera donc sur le dos d'Haïti.

Ce n'est pas la première fois que la France et les États-Unis collaborent dans une jointe approche envers Haïti. En février 1986, face à l'insurrection de plus en plus violente et révolutionnaire du peuple contre le régime autocratico-fasciste de Bébé Doc, François Mitterrand et Ronald Reagan manigançaient une sortie en douceur pour celui-ci, faisant en sorte, au demeurant, que les rênes du pouvoir restent dans les mains des satrapes du régime, sauvant ainsi le système d'une possible révolution populaire.

En 2001 le gouvernement de Jacques Chirac soutenait sans sourciller la politique d'embargo sur l'aide contre Haïti décrétée par la nouvelle administration de George W. Bush, bloquant ainsi une aide cruciale négociée et consentie par la Banque interaméricaine de développement à Haïti ; tandis que la France usait de ses influences pour décourager toute possibilité d'aide de l'Union européenne au gouvernement d'Aristide.

En fait, la France n'a jamais pardonné aux Haïtiens la perte de non seulement sa plus florissante colonie, appelée jadis Saint-Domingue, mais aussi de la Louisiane que la défaite de Napoléon à Saint-Domingue l'obligeait à vendre aux États-Unis pour financer la guerre que la France menait alors contre l'Angleterre. Loin d'être reconnaissants envers Haïti pour leur avoir favorisé l'achat de plus du double de leurs territoires d'alors, les États-Unis le voyaient plutôt comme une preuve supplémentaire du « mauvais exemple » que celle-ci représentait en tant que nation d'anciens esclaves, donc négation du système esclavagiste toujours en vigueur chez eux. Il a mis ainsi aux États-Unis plus de cinquante-huit ans (1804–1862) pour reconnaître l'indépendance d'Haïti, soit sous l'administration d'Abraham Lincoln qui poursuivait au moment une guerre contre les sécessionnistes sudistes, partisans du maintien de l'esclavage aux États-Unis.

L'intervention de la France et des États-Unis dans la crise haïtienne et leur renversement d'Aristide du pouvoir constituent deux actions illégales qui ne peuvent pas être *a posteriori* justifiées ou légitimisées, en dépit du fait qu'elles pourraient avoir prévenu des batailles rangées—et donc possiblement un bain de sang—entre les insurgés armés et les forces progouvernementales. De toute façon, la probabilité de la prise du pouvoir par les insurgés était très mince, étant donné que ceux-ci constituaient à peine deux cents hommes, tandis que Port-au-Prince regorgeait de groupes armés réguliers et irréguliers, beaucoup d'entre eux partisans d'Aristide, prêts à le défendre et à résister toute offensive des insurgés sur Port-au-Prince. La force qui vaincra Aristide en dernière instance, c'est le coup d'État interventionniste des unités militaires françaises et étatsuniennes qui manipulent les agents de sécurité (étatsuniens) assurant la sécurité d'Aristide. On a du mal à ne pas penser à l'astuce employée dans l'enlèvement de Toussaint deux siècles auparavant.

Ce qui était sûr par contre, c'est que plus de personnes ont été tuées, plus de maisons et d'établissements étaient pillés, plus de dommages, physiques et émotifs, étaient causés après le rapt et l'exil d'Aristide que durant toute la période de la phase finale de la crise, qui commençait le 5 février 2004, quand Gonaïves tomba aux mains des insurgés.

L'intervention a profondément subverti la régularité constitutionnelle haïtienne et imposé une option unilatérale établissant la prépondérance des intérêts impérialistes propres de la France et des États-Unis (le Canada et le Brésil jouant le rôle de suppôt), quoiqu'en dise leur propagande secouriste. C'est un cas classique d'imposition des intérêts des plus forts dans les droits internationaux du moment, comme on l'a vu en Afghanistan, en Irak ou en Côte d'Ivoire. Dans leur hâte d'intervenir en Haïti, ni la France, ni les États-Unis n'avaient cure de demander l'autorisation du gouvernement d'un État souverain, même si Aristide, il est vrai, semblait inviter George W. Bush à intervenir—en sa faveur bien sûr—dans son interview à CNN deux jours avant l'invasion.

Cette action illégale ne reflétait pas positivement sur la prétention de la France et des États-Unis à la civilisation. L'image qui était renvoyée à travers le monde était celle de *grands-blancs* imposant leur volonté sur un pays souverain ; une image qui n'était pas trop différente de celle des méfaits de Napoléon à Saint-Domingue deux cents ans plus tôt ou celle de Mussolini en Éthiopie, ou celle des incursions israéliennes dans les territoires occupés—en dépit de l'invocation de l'intention « humanitaire » comme justification du coup de force.

Un autre phénomène d'hypnose propagandiste en évidence dans la crise haïtienne mais présenté pour quelque chose d'autre, c'était l'insinuation de la notion que l'invasion franco-étatsunienne était une bonne chose pour Haïti. Une distorsion qui avait particulièrement affecté la gauche européenne (contrairement à la gauche étatsunienne qui était plus sceptique). Une étrange logique qui suggère que si vous envahissez mon pays, détruisez mes institutions, créez le chaos dans ma société, tuez et humiliez mon peuple, tout cela devrait être OK aussi longtemps que votre intention soit pure !

Au cour des deux années que dura le régime de facto installé après l'intervention franco-étatsunienne en Haïti, les conditions économique, politique et sécuritaire ont empiré à plusieurs degrés, faisant paraître l'ère d'Aristide comme une oasis paisible en comparaison (la situation de totale horreur s'est comme quoi améliorée après l'élection de René Préval en mars 2006). Il n'est pas ici question de choisir un mal à un autre. Notre souhait est de dépasser, transcender leur limite, leur étroit horizon, et de reposer, à la place, de nouvelles questions en termes de la libération radicale d'Haïti de l'oppression, de la pauvreté, de la domination étrangère, aussi bien que de l'opportunisme des petits-bourgeois.

En dépit des structures d'oppression qui sans doute la façonnent une certaine façon, la crise haïtienne, d'alors et d'aujourd'hui, n'est pas une crise structurelle à proprement parler ; c'est essentiellement une lutte de pouvoir entre les protagonistes au sein d'une même classe politique, qui comprend les politicos de la bourgeoisie dirigeante traditionnelle, les grand propriétaire terriens latifundistes et les intellectuels petits-bourgeois de la dite « classe moyenne ».

À la vérité, l'opportunisme des petits-bourgeois et la malfaisance de l'Empire n'étaient pas les seuls éléments responsables de la défaite du gouvernement Lavalas en février 2004. Les velléités populistes d'Aristide et son autocratique exercice du pouvoir, la tradition clientéliste et la corruption d'une société pétrie dans le survivalisme, la quête de l'intérêt personnel comme finalité politique poursuivie par certains, y compris certains de ses supporteurs, qu'on lui reproche de ne pas trop faire pour stopper, tout cela a aussi contribué à la faillite du gouvernement Lavalas et, par extension, du mouvement populaire.

Bien entendu, Haïti est un infirme facteur dans la problématique globale de la domination occidentale, mais ce qui arrive en Haïti informe sur l'orientation générale des impulsions et objectifs du néo-impérialisme dans le contexte géopolitique global. Avec l'invasion d'Haïti en 2004, l'administration de Bush avait voulu signaler plusieurs messages à la fois, spécialement en cette première année de l'invasion de l'Irak qui commençait déjà à être problématique. L'invasion d'Haïti était conçue pour montrer la détermination des États-Unis (spécialement leur contrôle continu sur leur propre hémisphère), tout en permettant aux zélés extrême-droitistes du parti républicain de se débarrasser de leur bête noire Aristide, et en même temps aider leurs amis de l'élite haïtienne.

C'était tout de même une surprise de voir l'ancien ambassadeur étatsunien en Haïti, Brian Dean Curran, reconnaître explicitement et condamner une politique de la Maison Blanche qu'il avait lui-même aidée à appliquer 1. Il l'a fait certainement, au moins en partie, pour prendre ses distances à l'endroit d'une action gouvernementale dont les conséquences désastreuses devenaient de plus en plus évidentes (plaçant de préférence le blâme sur Stanley Lucas, l'homme de main du terroir en charge de superviser les sales boulots de l'Institut National Républicain dans le pays). Comme Georges Clemenceau l'a dit un jour, le succès a beaucoup de pères, tandis que la faillite est orpheline.

Tout comme dans l'invasion de l'Irak en mars 2003, le conditionnement préalable de l'entendement avait bien réussi dans le cas d'Haïti. Le « prêtre rouge » était devenu si indésirable pour les réactionnaires français et étatsuniens et leurs homologues dans la bourgeoisie haïtienne que son renversement s'avérait inévitable. Comme on l'aura vu dans l'attitude israélo-étatsunienne vis-à-vis de l'élection du Hamas à Gaza en janvier 2006, souvent on n'a même pas besoin du prétexte de la démocratie pour justifier l'hostilité envers la résistance des peuples.

## Les temps présents post-tremblement de terre

Pour maintenant, c'est-à-dire au dernier quart de l'année 2010, soit après deux ans de régime de facto et plus de quatre années de gouvernance de la deuxième présidence de René Préval, et un tremblement de terre dévastateur, le pays est toujours confronté à une crise politique, économique et écologique dont il n'est pas prêt de s'en tirer. Mais l'espoir est permis : la résilience et la combativité du peuple jointes à une authentique solidarité internationale (et interpopulaire) peuvent accomplir des miracles d'une envergure révolutionnaire.

Ce livre était déjà en fabrication quand la campagne pour l'élection présidentielle haïtienne, fixée pour le 28 novembre 2010, prenait de l'intensité à cause de la candidature du superstar hip-hop Wyclef Jean. Naturellement le même intérêt sensationnaliste qui a fait de Jean un événement médiatique immédiat a aussi fait porter attention sur sa non qualification à cette haute fonction de l'État. Éventuellement les responsables du CEP (Conseil électoral provisoire) ont finalement conclu à ce qui était évident au départ : Wyclef Jean ne remplissait tout simplement pas les conditions requises de résidence stipulées dans la Constitution d'Haïti.

On a dit que Wyclef Jean représentait le peuple et la jeunesse et que son élimination de la course présidentielle est aussi celle du peuple et de la jeunesse. C'est une vision fantasmée, médiatisée à merveille, de la réalité. Quelque admirable que soit le continuel engagement de Jean à son Haïti d'origine à travers sa fondation humanitaire, *Yele Haiti* (il pouvait comme beaucoup d'autres simplement oublier Haïti, s'entichant uniquement du glamour de Hollywood), il est avant tout un artiste du show-business qui approche la politique avec le même détachement théâtral qu'un film d'action. Si sa candidature persistait, malgré la disqualification évidente, il aurait été une distraction qui détournerait l'attention sur les problèmes réels que confronte le pays.

Il faut dire qu'à la lueur du grand défi que confronte Haïti avant et après la tragédie du 12 janvier 2010, l'important n'est guère l'élection à la présidence de n'importe lequel ou laquelle des candidats déclarés, mais plutôt la constitution d'une large coalition autour d'un gouvernement de salut national qui s'adonne exclusivement à la reconstruction du pays sur des bases beaucoup plus saines que celles de la période pré-tremblement de terre.

Il faut ériger avec, contre ou à côté du gouvernement constitutionnel, un regroupement des forces sociales haïtiennes qui serait différent de la soi-disant « société civile » d'André Apaid dont la principale fonction était de renverser Aristide et d'ouvrir le pays à davantage de contrôle étranger, mais plutôt une coalition engageante pour œuvrer à la fois à la reconstruction du pays et à la défense des valeurs démocratiques, humanistes et socialistes susceptibles de soutenir les bénéfices du rétablissement.

Dans le texte bilingue « Utopia as Possibility : Haiti and The Universal Human Project/ Itopi tankou posiblite : Ayiti e pwojè imen inivèsèl la[2]» j'ai salué la solidarité internationale dont Haïti a été l'objet durant le tremblement de terre, exprimant le souhait qu'elle continue qualitativement dans le temps. Cependant, j'ai oublié d'ajouter que le destin d'Haïti est avant tout un impératif haïtien dont les Haïtiens ont au premier chef le devoir et la prérogative d'honorer et d'exécuter. Dans les termes des valeurs de l'autodétermination nationale il y a l'élément national qui n'est peut-être pas fondamental, en dernière analyse, mais qui est néanmoins un *marker*, une indication du degré d'avancement que les sociétés humaines ont atteint, particulièrement en termes de solidarité entre nations, de tolérance et de respect envers l'Autre, envers les autres.

En bref, la plus percutante des actions, dans le cas haïtien, sera de constituer, avec une vision du futur et une conscience du présent, un corps d'hommes et de femmes qui veuillent sérieusement aider—et non pas pour le super-ego ou pour de l'argent—à placer des structures infrastructurelle, institutionnelle et fonctionnelle solides dans l'intérêt de la reconstruction du pays en termes de nourriture et d'habitat pour ses affamés et sans-abri, d'écoles et d'hôpitaux pour ses jeunes et ses malades, de travaux et de responsabilités pour ses chômeurs et ses exclus, de respect pour sa dignité et pour son identité culturelle. C'est essentiellement ça, la libération nationale.

## Notes

1. Lire pour plus de détails l'article de Walt Bogdanich « Mixed U.S. Signals Helped Tilt Haiti Toward Chaos » dans le *New York Times* du 29 janvier, 2006. Lire aussi l'article d'Allan Nairn « Our Payroll, Haitian Hit » dans le magazine *The Nation*, édition du 9 octobre 1995.

2. En français : « L'Utopie comme possibilité : Haïti et le projet humain universel ». Malheureusement ce texte n'est pas traduit en français.

# Une guerre qu'on ne peut pas ignorer

Pour un nombre considérable d'Étatsuniens, l'invasion de l'Afghanistan en 2001 était grandement justifiée : il y a eu un lien de complicité indéniable entre Al Qaeda, les Taliban et les massacres du 11-Septembre. De plus, les Taliban étaient haïs pour leurs extrémismes anti-femme et anti-culture. Depuis, et pour des années, ce sophisme dominant demeurait incontesté, et peu de personnes posaient des questions quant à la justesse de la guerre. Jusqu'en juin 2008, quand le nombre mensuel des tués étatsuniens en Afghanistan dépassait celui de la guerre en Irak—soit 23 contre 22.

Effectivement, les pertes afghanes et OTAN-étatsuniennes augmentaient constamment en Afghanistan, mais elles sont devenues des nouvelles dignes de la une des médias après la comparaison avec Irak et après le nombre fatidique de 500 tués a été atteint[1]. En juillet 2009, les pertes étatsuniennes ont atteint 44 pour seulement ce mois. Le mois d'octobre 2009, à son tour, dépassera tous les records des mois précédents : 55 morts. Le premier mars 2010 le nombre total des morts étatsuniennes a atteint 1 000. En juin, 80 soldats de la coalition États-Unis-OTAN sont tués en Afghanistan, faisant de ce mois le plus meurtrier depuis le lancement de la guerre. Et le compte continue, sans compter bien entendu les plusieurs milliers de morts parmi le peuple afghan.

Tous les observateurs et reporters crédibles ont révélé que l'élection présidentielle du 20 août 2009 a été biaisée et frauduleusement gagnée par le gouvernement-marionnette de Hamid Karzai, installé par le tandem OTAN-EUA. Un deuxième tour a été imposé par les occupants. Éventuellement, le principal candidat de l'opposition, Dr. Abdullah Abdullah, a décidé de se retirer, ayant déduit qu'il n'a aucune chance de gagner dans un système si politiquement pourri—, non sans dénoncer le gouvernement pour corruption et fraude électorale.

Noam Chomsky, généralement un excellent critique des guerres hégémoniques des États-Unis, a dit qu'il s'inquiète « de l'autorité non précédente octroyée au général Stanley McChrystal—un assassin des forces spéciales—pour diriger l'opération. Le propre conseiller [du général] Patraeus, David Kilcullen, a décrit les politiques de Patraeus-McChrystal comme une 'erreur stratégique' fondamentale qui puisse aboutir à 'l'effondrement de l'État pakistanais', une calamité en comparaison aux crises actuelles[2] ». Naturellement, les faucons de l'administration, les Républicains et les Néo-cons applaudissent Obama.

Une année plus tard, soit en juin 2010, Obama a raté une excellente occasion de corriger l'erreur de cette nomination et réorganiser toute sa stratégie afghane quand le magazine *The Rolling Stone* a publié un article contenant des propos très irrespectueux formulés par McChrystal et ses assistants à l'endroit du président et de son administration, peignant le président comme un peureux et se moquant de la similarité de ton entre le nom du vice-président, Joe Biden, et « Joe Bite-Me » (« Joe Mords-Moi »)[3]. Obama était obligé de révoquer McChrystal, mais il l'a remplacé par personne d'autre que David Petraeus, le patron et mentor de McChrystal !

Une très malodorante compagnie de va-t-en-guerre qu'on puisse s'associer avec, comme en témoigne la « force résiduelle » qu'Obama a retenue après le retrait supposé des troupes étatsuniennes en Irak, c'est-à-dire l'adoption d'un subterfuge, par le moyen d'un euphémisme, pour prolonger l'occupation du pays. Une force « résiduelle » en outre assez robuste de 50.000 pour tuer sur place, localement, par voie des forces spéciales, ou à l'aide des avions drones, stratégiquement placés n'importe où dans les cieux, qui font le travail à moins de frais et d'autant plus efficacement et sans émoi qu'ils sont autopilotés ou non humainement pilotés. En bref, ils tuent avec la même impitoyable distance les enfants tuent quand ils jouent le Nintendo.

Barak Obama arrivait à séduire l'électorat grâce essentiellement à son opposition à la guerre contre Irak, une pluralité des électeurs devenant fatigués de voir leur compatriotes être tués dans une guerre qui est pour le moins inutile. Après sept années d'endurance des politiques militaristes, répressives des droits civils et pro-entreprises de Bush et Cheney, le peuple voulait entendre des idées neuves, et Obama les leur a procurées avec sa relative jeunesse et sa volonté de questionner certains stéréotypes venant à la fois des Blancs et des Noirs.

Sitôt après cependant, spécialement durant les points chauds de la campagne présidentielle, on commençait à observer une *nuance* dans la pensée d'Obama sur la guerre : il disait maintenant que les troupes étatsuniennes devront être repliées d'Irak *et* déployées en Afghanistan, qui est pour lui une guerre plus justifiable, une guerre plus gagnable. Une bien étrange logique venant d'un candidat anti-guerre dont le propre credo politique préconise que les États-Unis doivent entrer en pourparlers avec ses ennemis, non seulement les bombarder. Toujours est-il que ce conflit, en dépit des milliers de morts afghanes et OTAN-étatsuniennes, est vécu dans un tel niveau d'abstraction de la conscience, qu'Obama est capable de promouvoir l'escalade de la guerre tout en étant perçu comme anti-guerre. Dans une allocution à la nation le premier décembre 2009, Obama a réussi cet exploit d'ordonner le déploiement de 30 000 additionnels soldats en Afghanistan tout en essayant de plaire aux pacifistes en annonçant une bien douteuse date de sortie.

L'ancien commandant de l'OTAN en Afghanistan, Général Dan McNeil, a calculé qu'une occupation victorieuse de l'Afghanistan nécessiterait l'engagement de 400 000 troupes, comparé au présent engagement (été 2010) de 120 000 troupes de EUA-OTAN. Et plus de troupes et de civils des deux côtés perdraient aussi leur vie, uniquement pour l'objectif de refouler momentanément l'inévitable, tout comme les occupants britanniques et soviétiques l'avaient appris avant. Certains commentateurs avancent qu'Afghanistan n'a aucune importance réelle en termes de la guerre contre le terrorisme : les comploteurs du 11-Septembre passaient plus de temps de préparation à Hambourg et en Floride qu'à Kaboul[4].

Un authentique produit du système politique étatsunien, comment ne pourrions-nous pas prédire qu'un président Obama aurait besoin d'avoir lui aussi des vilains ? Bien que la présidence Obama ait apporté un grand changement symbolique dans une culture politique habituée à voir un homme blanc dans ce principal siège du pouvoir, sa rhétorique pro-guerre afghane et sa poursuite de la guerre finissent par ressembler au bourbier d'Iraq. Il y a une grande leçon à apprendre de l'histoire de la guerre du Vietnam où, en partie pour apaiser les va-t-en guerre anti-communistes, à la fois John Fitzgerald Kennedy et son successeur Lyndon Johnson en arrivaient à escalader la guerre, avec les conséquences que l'on sait. La fixation d'Obama à l'Afghanistan aura connu un destin similaire s'il a failli d'utiliser sa sagesse pour y trouver une porte de sortie.

## Notes

1. Lire l'article du *New York Times* « 500: Deadly Milestone in Afghan War », du jeudi 7 août 2008.

2. Cf. Noam Chomsky « Crisis and Hope: Theirs and ours » in *Boston Review* de septembre-octobre 2009.

3. Cf. Michael Hastings « The Runaway General » in *The Rolling Stone,* 22 juin, 2010.

4. Lire l'article « The Wrong Force for the 'Right War' » par Bartle Breese Bull, dans le *New York Times* du 14 août 2008.

# La paix avec l'ennemi

Ne serai-il pas préférable qu'Israël parle avec Hamas au lieu de répéter le cercle vicieux de la violence ? Ne serait-il pas préférable que les États-Unis parlent avec tous les insurgés irakiens, sunnites, shiites, saddamistes, ou négocient avec le gouvernement iranien, au lieu de continuer la stratégie de la canonnière ? Les États-Unis devraient-ils parler avec Al Qaeda ? Les États-Unis devraient-ils parler avec les Taliban ? Si ces dernières questions vous semblent déplacées, c'est parce qu'on vous a déjà conditionné à penser comme les va-t-en guerre veulent que vous pensez, oubliant que nous faisons la paix avec nos redoutables ennemis, et non avec nos inoffensifs amis.

Les guerres en Afghanistan et en Irak lancées par l'administration de George W. Bush respectivement en 2001 et 2003, son renversement, en 2004, d'un gouvernement haïtien légalement élu, sa négligence vis-à-vis de la tragédie Katrina en 2005, tout cela a montré que les éléments du tragique, de l'absurde et du *maléfique* sont liés ensemble dans une sphère globale de destructuration et restructuration qui moule et module la vie dans un sens qui n'est pas toujours bénéfique à celle-ci. Dans tous les quatre cas, la Maison Blanche de Bush a redéfini le débat en termes de sécurité des États-Unis. L'action de l'Empire est vue comme motivée par une droiture manichéenne : La défense de la paix mondiale contre les armes de destruction massive ; la démocratie contre la tyrannie ; le monde libre contre le terrorisme ; la fierté des prouesses technologiques contre le déficit d'empathie ; les Étatsuniens de souche contre les immigrants menaçants ; la perception contre la substance (comme vue dans les maintes visites de Bush à La Nouvelle-Orléans après Katrina pour conjurer le très empirique effet de la négligence gouvernementale).

La guerre déclarée par l'Occident au terrorisme ne trouvera jamais une conclusion satisfaisante parce que la paix n'est pas part de la mission. Au cours des mois précédant la guerre contre l'Irak, il y avait un encart publicitaire dans le *New York Times* qui montrait Osama Bin Laden, dans une posture de l'Oncle Sam, pointant son index à l'endroit d'un interlocuteur imaginaire et disant, avec une mine de satisfaction mitigée sur son visage : « Je veux que vous envahissiez Irak ! » Cette publicité anti-guerre impliquait que l'attaque en planification contre l'Irak ne fera qu'enhardir les terroristes, augmentant leur rang et leur résolution ; ce qui bien entendu s'avèrera prémonitoire.

La façon dont les conflits de ce nouveau millénaire sont résolus jouera un grand rôle quant à ses caractéristiques et promesses. Si la guerre des civilisations est le meilleur fleuron que nous puissions exhiber, le mot civilisation lui-même a besoin d'une réévaluation. L'interprétation mani-chéenne de Bush des conflits internationaux est dangereuse parce qu'elle rejette la possibilité de leur résolution par la diplomatie, la négociation ou par tout autre moyen pacifique, puisque les conditions de victoire de chaque camp implique la négation de l'autre (par la subjugation ou l'annihilation).

Barack Obama semble avoir l'intuition indispensable, mais ses véritables actions politiques ne diffèrent guère de celles de l'administration de Bush, au moins concernant sa politique étrangère, bien qu'il ait une tendance plus tolérante. Comme « l'unique superpuissance », les États-Unis doivent appeler pour une sorte de Grand Négoce Conférence où toutes les cartes et revendications seront placées sur la table, y compris le principe d'un monde multipolaire où différents centres de pouvoir coexistent et s'interagissent pacifiquement tout en se faisant contrepoids.

Parler avec l'ennemi est inhérent à la quête de la paix. Après tout les Israéliens eux-mêmes se sont engagés dans des pourparlers avec les Palestiniens (avant et après la parenthèse d'hostilité causée par la victoire de Hamas aux élections législatives de janvier 2006). Au juste les puis-sances occidentales embrassent maintenant le colonel Mohamar Kaddafi, alors que ces mêmes puissances l'avaient des décennies qualifié comme la personnification du terrorisme—même si cette embrassade s'est un peu refroidie suite à l'accueil célébrant fait par Kadhafi au plastiqueur de Lockerbie Ali Mohmed Al Megrahien en 2008. Même le dirigeant de la Corée du Nord Kim Jong Il, l'un des trois pays désignés par George W. Bush comme faisant partie de « l'axe du mal », a finalement accepté de négocier avec les États-Unis, offrant l'inactivation de ses armes nucléaires en échange de l'aide et des garanties de sécurité par les États-Unis. Ces avances auront un jour abouti à un véritable processus de paix entre les deux pays.

Saddam Hussein et Osama Bin Laden sont seulement la dernière addition d'une longue liste de figures haïes des puissances occidentales qui commençaient peut-être avec Gengis Khân, le fondateur de l'empire mongol au Moyen Age, qui avait la réputation d'être cruel envers les peuples qu'il a conquis ; la liste a continué avec les chefs indiens dans les Amériques comme Caonabo, Geronimo ou Crazy Horse, jusqu'à Mahmoud Ahmadinejad, en passant par Maximilien Robespierre, Toussaint Louverture, Jean-Jacques Dessalines, Simon Bolivar, Vladimir Lénine, Joseph Staline, Mao Tse-Tung, Ho Chi Minh, Pol Pot, Fidel Castro, Idi Amin Dada, Gamal Abdel Nasser, Ramírez Sánchez (dit Carlos le Chacal), Yasser Arafat, Mohammad Kadhafi, Manuel Noriega, Jean-Bertrand Aristide, Hugo Chavez, etc.

Ironiquement, malgré l'ampleur de ses crimes, Adolf Hitler ne figure pas dans la liste des figures haïes par l'Occident. Il était un d'entre eux, tout au moins du même cru. On l'a apaisé et toléré pour longtemps, jusqu'à ce que la conscience (et les intérêts affectés) n'y tenait plus. Beaucoup de ces figures honnies avaient été en outre d'anciens alliés de ces puissances occidentales qui se sont tournés contre eux, comme Toussaint Louverture, Manuel Noriega, Saddam Hussein ou Osama Bin Laden qui tombent en défaveur quand leurs intérêts divergent avec ceux des puissances occidentales.

La culture de la tuerie est un sous-produit direct des guerres de conquête et de domination qui ont lieu depuis le commencement des temps historiques. Certains peuples et espèces tuent pour des impératifs de la survivance ; mais notre soi-disant temps moderne a vu la prépondérance des tueries et des destructions pour des raisons qui semblent souvent gratuites. Bien sûr la guerre peut apporter des bénéfices tangibles aux guerriers conquérants, excepté que souvent ces bénéfices—la terre, l'eau, les ressources naturelles, l'accès à la mer, etc.—peuvent être acquis ou partagés par des moyens pacifiques.

Nous avons pour des millénaires devisé différents systèmes sociopolitiques dans l'espoir de bâtir un ordre social stable, fonctionnel et juste, au moins au niveau conceptuel. Malheureusement, les plus puissants d'entre nous se font un point d'honneur de perpétuer l'oppression et l'inégalité sous prétexte de continuation de la tradition—ou simplement par pure avarice. Mettre fin à ce réflexe est un grand défi pour notre temps présent. La question existentielle par excellence, qui transcende les époques, les races et les frontières nationales, est celle-ci : Comment préserver et partager ensemble l'espace naturel et en même temps soulager les besoins humains, honorer nos valeurs éthiques et esthétiques, y compris la finalité de liberté pour tout le monde ?

À la fin, comme le corps se détache de l'âme, continuant sa trajectoire naturelle ; comme l'évanescence infuse son creux et la fin s'approche ; ce moment quand la volonté est toujours là mais où le mouvement est absent ; à ce moment de vérité quand tout ce que vous voulez est un dernier souffle de vie, un dernier repas délicieux, un dernier sourire, ce moment où rien d'autre importe, excepté les gens que vous connaissez, que vous aimez et respectez ; ce moment où le drame humain et nos rêves sont ré-appréhendés avec une nouvelle intuition, ce moment où l'ultime vérité est révélée, c'est le moment de la reconnaissance de la destinée commune de nous tous.

# Poèmes en français

## Poèmes pour la résistance et pour la paix

## Dire

*(dédié à la paix et à la solidarité entre les peuples)*

Dire sous ce soleil
Ce soleil d'automne qui rayonne d'éclats
Ce qui sort de ton cœur épris de sa beauté
Dire sous ce vent
Ce vent sans visage et sans pouvoir
Qui pourtant te berce sans nulle obligation
Que tu es bien en vie, que tu ris et souris.
Dire la paix
Dire une simple tendresse au milieu de l'ennui
Et dire aussi pourquoi ce morceau d'île de là-bas
Doit être un repoussoir pour ses propres enfants.
Dire nos amours et nos peines
Ou la plus profonde de nos pensées intimes ;
Dire que nous sommes fâchés
De la sueur de la mère de l'enfant chagriné
Dire que nous nous révolterons
De l'injustice faite à nos frères prisonniers
Dire nos souhaits et aussi nos reproches
Au sort réservé aux sans-abri qui se meurent.
Dire nos convictions
Dire que nous serons ensemble rebelles et libérés
Pour rebâtir la vie, ses forêts et ses âmes !
Dire notre joie à la lueur d'une éclaircie
Dire notre bonheur d'entendre d'une bouche aimée
Une simple parole d'amour.

Dire aussi sous ce soleil
Notre honte devant nos mesquineries
Notre faillite face à la splendeur éternelle
Dire nos malheurs et nos haines de nous-mêmes
Et de nos autres frères et sœurs de la *malvie*
Que nous asservissons avec des armes d'enfer
Pour le simple plaisir de corrompre le Destin
Par notre volonté de comprimer la vie
Dire la merde ! Dire nos hypocrisies
Dire notre ignorance des lois de l'existence
Dire nos émois d'enfant gâté cherchant un horizon
Parsemé de bonheur et de simples épanchements.

Dire nos épiques pour les héros sandinistes
Dire nos condamnations du FMI
Dire nos respects pour Castro et pour le FMNI
Dire notre solidarité à la lutte haïtienne
Cette lutte de va-nus-pieds cherchant la dignité !
Dire nos refus du capitalisme
Et nos dédains pour l'impérialisme
Et nos mépris pour l'aristocratie !
Et dire aussi notre haine de l'Apartheid !

Et dire aussi n'oubliez pas surtout !
Que nous allons gagner et changer pour toujours
Nos vies d'hommes aliénés amants de la liberté
Nos vies de femmes fatales cherchant un cœur épris
Qui défie et transcende la difficulté d'être.

Dire pourquoi il y a tant de pleurs
Dire pourquoi tu es si ignorant et lâche !
Dire que tu vas demain rire
Et chasser les coquins du temple
Dire que nous allons tout dire.

## Le petit dictateur

Quand un petit dictateur, pervers paranoïaque
Expulse, bâtonne, emprisonne, humilie ou tue
Toute âme vivante qu'il disait l'emmerder
Il se croit sincèrement dans son moi estropié
Capable d'expulser, emprisonner et éliminer
Tout le peuple frustré qui veut le déchouquer.

Quand un petit dictateur et sa garde prétorienne
Exilent, répriment, saccagent, maltraitent ou font taire
Toute voix révoltée humiliée qui demande justice,
Qui leur dise de foutre le camp avec femmes et enfants
Ils se croient sincèrement à-vie pour dix mille ans,
Oubliant de feuilleter un simple manuel d'Histoire.

Quand un petit dictateur et ses tueurs mafiosi
Accaparent sans gêne le patrimoine sacré
Par le feu, par le sang pour en faire un enfer
Ils se croient investis d'un pouvoir invincible
Capable de diriger le vent même de l'Histoire :
Pourquoi par la sagesse ne se suicident-ils pas ?

Quand un petit dictateur et sa clique de salauds
Qui par défaut d'êtres plus vilains qu'eux-mêmes
S'emparent sans vergogne de la magistrature d'État
Vous faisant croire qu'ils sont vos Bons Sauveurs,
Ne manquez pas de leur dire d'aller se faire chier
Au diable ou n'importe où mais loin de votre vue.

Quand un petit dictateur ou tout sot démagogue
Vous redisent et redisent que l'aube est imminente
Et que par la magie de leur bassesse d'esprit
La lueur démocratique va briller dans votre vie,
Demandez-leur qui leur donne cette noble permission
De se mêler ainsi en intrus de vos affaires d'État ?

Quand un petit dictateur et son Tonton Sam Sangsue
Veulent vous dire comment vivre entre vous-mêmes
Sans qu'il leur saute aux yeux malgré leur perfidie
Qu'ils sont la cause première de vos difficultés,
Demandez-leur dans une voix simple et chaleureuse
S'ils ne voient pas que vous allez koupetètboulekay ?

(Septembre 1987)

## L'eau qu'on boit et qui noie*

*(L'Aigle majestueux et le retour du Coq angélique)*

L'Aigle des grands desseins, élancé, majestueux
Sillonne les collines et survole les monts
Dans une allure conquérante et souriante,
Tandis que le peuple joyeux célèbre le Retour ;
Le tout enrobé dans une surréalité troublante.

Le paysage est beau ; belle aussi la protection divine
Des vingt mille marines à mines satisfaites.
Le paysage est beau mais conscient restera le regard
Qui transcende le moment et qui touche l'Au-delà,
Défaisant le conditionnement de la conscience violée.

Le Président est retourné, célébré par son peuple ;
Ce fut sa grande demande et ce jour-là sa victoire
Sur un régime de honte qui l'accablait d'angoisse.
Le Président est retourné, et l'on chante et l'on chante ;
Espérons que le rêve encore ne change en cauchemar.

Hélas ! les égorgeurs temporels de ce peuple
Sont issus de partout, des casernes fortifiées
Comme des bureaux climatisés éblouis de data ;
Ils viennent des massifs déboisés, des universités,
Ou de l'autre côté de l'océan infecté de nos morts :
Ils se réincarnent aujourd'hui en dollars bien vernis !

L'Aigle des grands sentiments, des gloires conquérantes,
L'unique super-larron de la foire, bel ange de l'espoir
Plonge irrésistible au cœur de la plaine des douleurs ;
Il retrouve son âme au sein de Port-au-Prince. Princier.
Les richesses de la bâtisse vendues aux enchères. Pas chères.

Le Président est retourné, et millions de dos écrasés,
De poitrines éventrées, de familles et femmes violées
Descendent sur le Champs-de-Mars, de l'air respirant.
Malgré l'Aigle tout-puissant cette victoire est la leur,
Fruit de leur dextérité à détourner le 82ème Airborne !

Je crains qu'on ne le dupe encore, ô grand peuple !
Va-nus-pieds des sentiers épineux sacrifiant le symbole
Comme jadis il brûla toute la ville en défiance à l'horreur
Pour sauver l'espoir et boire un bol de lait, en repos ;
Dans le repos tranquille du loup endormi. Domestiqué.

Ça m'étreint le cœur et m'accable le corps jusqu'aux os
De ne pouvoir célébrer la défaite de mon peuple joyeux
En cette victoire à la Pyrrhus qui sent le poison.
Je crains qu'on ne trahisse encore son rêve de liberté !
Balayons ! Balayons ! Chassons toute la vermine du sol !

Les cérémonies sont des exorcismes et des aveuglements
Qui masquent le macabre derrière de beaux sourires.
Après la performance, après les clairons mélodieux,
Après les battages médiatiques annonciateurs de rêves,
Encore restera un grand besoin de l'air et du soleil !

Tout comme l'oppression et la terreur infligées
Par le régime d'horreur abêtissant l'humain,
L'État de droit qui se laisse ligoter sous les bottes
D'un empire cajolant qui piétine ses rêves
S'enivre de l'eau qu'on boit oubliant celle qui noie.

Dupé et malmené mon peuple n'est pourtant pas blasé ;
Il tient ferme même mystifié par l'oracle enchanteur
De l'Aigle ange gardien et de la *réalité virtuelle* :
Se contente-t-il encore des miettes de l'injuste partage
Il se réveillera encore dans un vaste *tyouboum* !

Le peuple est victorieux qui sème sa liberté dans la sève
Du défit de sa propre résistance aux forces de l'oppression.
Contre la peur, la terreur, contre le vide de la servitude
Il garde son principe, sa rébellion intrinsèque, sang vif
Pour réinventer l'ivresse, pour regagner l'espace libéré.

Aux abois et vaincue, humiliée et huée par le peuple
Une clique des escadrons de l'horreur et des pleurs
Prend une fois encore la route de l'exil luxueux,
Emportée par l'avion de service des dictateurs déchus.
Et l'on chante et l'on chante, et la vie continue.

On nous tue par l'ivresse des prêches salvateurs
De l'épée inspirée dans la paix de cimetière ;
Nous mourons idolâtrant l'étau étouffant
des images d'ombre embellissant le cauchemar du vécu :
S'ils sont vraiment partis pourquoi a-t-on perdu la vue ?

Surveillons les espaces conquis sur la terre brûlée,
Le grand jour de joie est une grande veillée funèbre
Des lendemains piégés dans l'euphorie de l'instant.
Surveillons le marché d'esclaves liés jusqu'aux âmes
Au dogme du grand frère grand faiseur de miracles.

L'horreur est remplacée par la charmante tromperie ;
Le grand bénitier de rebelle devient grand défenseur
De l'ordre gentiment officiant à la réconciliation
Entre le mal et l'absurde dans un vaste jeu de miroirs :
On nous vend de la charité pour notre miséricorde.

Un regard de loin, par-dessus les brouillards de la vue,
Est notre seule lueur dans la quête du sens dans l'abîme ;
Libres sont la femme, l'homme ou l'enfant révoltés
Qui cherchent la réponse dans l'audace du risque :
À qui cherche son âme les voies sont souvent des épines !

Oui nous serons libres demain sur une plaine épluchée
Des marines, des voyous et des classes égorgeuses
Qui obscurcissent l'oppression sous des traits d'idéaux
Dans un théâtre de l'absurde et scène de mystification :
Libres nous le serons un jour—comme la vague du torrent !

(Boston, octobre 1994)

* Ce poème fait allusion à l'intervention « amicale » des États-Unis en Haïti en octobre
1994 pour restaurer Jean-Bertrand Aristide au pouvoir qui lui a été ravi par le coup
d'État militaire du 30 septembre 1991.

# Pour Antoine Thurel

Le moment le plus dramatiquement poignant de la communauté haïtienne de Boston fut sans doute l'auto-immolation d'Antoine Thurel, le 31 août, 1987. Ce jour-là, défiant et résolu, Thurel se dirigea tout droit, un gallon de gazoline à la main, vers le portail du State House (le palais d'État de Massachusetts). S'arrêtant là, en plein dans un trafic de passants et de fonctionnaires pressés, le dos tourné vers le parc Boston Common et le regard dressé vers le dôme du palais, il dénonça les répressions politiques en Haïti, la complicité de l'impérialisme étatsunien avec le régime proto-fasciste de Henry Namphy, les conditions de *malvie* des opprimés haïtiens, puis se mit en feu.

Le courageux autosacrifice de cet humble homme pour la libération du pays avait beaucoup ému la communauté. Mais celle-ci l'avait sitôt assumé comme à la fois un laurier de gloire et un cheval de bataille : ses funérailles y occasionnaient une vaste manifestation patriotique, avec chants guerriers, revendications des droits du peuple, dénonciations du régime et ses supporters, et serments pour continuer la lutte jusqu'à l'avènement d'un changement politique en profondeur, révolutionnaire, en Haïti.

Quoique l'auto-immolation, en tant qu'action individuelle non organisée, ne doive point être recommandée comme tactique militante idéale, puisqu'elle sacrifie une vie qui pouvait être autrement utile, le sacrifice de Thurel avait pourtant, sans aucun doute, contribué aux pressions de tout bord qui accéléraient le pourrissement général du régime militaire duvaliériste-sans-Duvalier qui succéda aux Duvalier. En conférant à sa mort une aura de sainteté, de par l'ultime sacrifice de la chair au principe de l'Être, au rêve de la libération de la vie, l'auto-immolation avait, paradoxalement, *re-soudé* le lien organique entre la vie et la politique, dans le sens qu'elle avait comme *sauvegardé* la dignité de la vie—partant, son ultime valorisation—même quand elle est dégradée dans les vicissitudes de la lutte des classes.

Tout comme toutes les autres morts de la tragédie haïtienne, la mort de Thurel ne fut pas inutile : elle témoigne à la fois de la *résilience* de la praxis de résistance tous azimuts du peuple haïtien contre la perdition, et de la radicalité de sa persévérance pour la matérialisation de ses aspirations libérationnelles.

J'ai composé le poème suivant, « Le destin d'un mort », en septembre 1987, pour saluer la mémoire de cet homme du peuple qui a utilisé sa propre mort comme une arme de combat. Il fut publié pour la première dans la revue *Haitian Affairs,* en mai 1988. Il est republié ici avec de mineures modifications dans deux ou trois lignes.

# Le destin d'un mort

*(pour Antoine Thurel qui s'immola à Boston, en août 1987, au nom de la libération d'Haïti)*

Ton sang et tes cendres au portail du Palais d'État
D'où dans ta colère contre la misère des hommes
Tu t'immoles pour sauver un peu de dignité
De la terre dégradée qui nourrit nos cauchemars
Resteront bien vivants même quand tu n'es plus là.
Tu sais, ami, ô mon ombre du désespoir !
Le sacrifice de soi dans une lutte si ardue
Est toujours un trésor légué à l'avenir,
L'avenir d'un peuple vaillant qui refuse son sort !

Te souviens-tu, Antoine, des vagues prémonitoires
D'il y a vingt-quatre mille ans en une nuit d'automne
Quand toi et moi clamions le feu de notre désir
De voir notre Haïti devenir une oasis,
Un champ d'arbres et d'ivresses et de vies libérées ?
Te souviens-tu encore de ton baptême de feu
Dans un square à Boston, cette ville d'extra-terrestres,
Quand tu m'as dit : « Tu sais, fiston, nous sommes ici
Parce que nos dieux de la Guinée sont encore en servage ? »
Et la neige ce jour-là tombait comme Raboteau,
Comme un pan de *malvie* sous la poussée humaine.

Ton sang et tes cendres, mon frère sacrifié
En l'honneur d'une cause qui transcende le temps
Demeureront un symbole mémorable et luisant
De tous les peuples du monde qui combattent l'oppression !
Ton sang et tes cendres par-delà l'évanescence
De la bêtise macoute et du caprice des dieux,
Malgré les démagogues et leurs larmes de crocodile
En dépit de l'imposture du monstre impérialiste
Sont par ton peuple déjà reçus comme un don d'or
Dans son riche patrimoine d'audaces et de défis.
La Mort dans son néant, comme tu l'as témoigné,
Peut être une arme terrible contre la honte d'une survie
Dont la fausse séduction masque la prostitution.

Ton sang et tes cendres dans les années prochaines
Quand bien même ils auront été un simple fait divers
Dans la mémoire de ceux pour qui la lutte d'un peuple
N'est qu'un détail de trop dans un théâtre absurde

Garderont pour nous autres gouverneurs de la rosée
Une lueur d'inspiration et de brave engagement
À forcer le rideau de fer, de peur et de haine
Qui empêche le soleil de pénétrer notre hutte.
Que ton sang et tes cendres, ô ami bien-aimé !
Nous aident à aujourd'hui trouver
Les armes qu'il nous faut
Pour lancer la grande lutte de notre libération.

(Boston, septembre 1987)

## Panama, Décembre 1989
*(dédié au peuple nicaraguayen et aux Sandinistes)*

Airborne 82nd Quatrevingtdeuxième Division aéroporté,
blindés, terrifiants, décidés, air anges de la Mort,
Marines en habits léopards, fossoyeurs, sans vergogne,
atterrissant comme des faucons sur des poules
au cœur d'un peuple paisible, abusé.
Viol des États-Unis sur l'Amérique latine !
Vous me faites honte « Défenseurs du Monde libre » !
Vous me faites honte, ô États-Unis !
de seulement résider dans votre pâturage !
Vous savez, le monde existe dehors ?
et la conscience et le Droit tout comme
la vérité d'un décès dans la famille...
Le monde existe dehors ! et même Panama !
Panama ! cette petite fille de treize ans, perverse,
adorable, maudite, tendre et gracieuse à la fois
qui vous pousse à avouer malgré vos prétentions
l'intrinsèque barbarie qui guide vos grands préceptes.
Pourquoi ? Pourquoi ? Pourquoi cette nouvelle Guernica*
quand tout le monde dehors essaie tant de changer ?
De changer ! De vivre dans de nouveaux rapports
où l'oiseau et l'humain, la bête et la sagesse,
la beauté et la liberté s'épanouissent ensemble
dans l'ambiance d'harmonie de nos vrais sentiments !
États-Unis ! Vous êtes un grand coquin, vous savez ?
Un bandit sans émoi, raciste dominateur
qui pacifie le monde dans un vaste cimetière.
Vous vous trompez grandement malgré vos faux procès
intentés par la force à ce pauvre Noriega
que vous aviez longtemps corrompu, perverti,

avant de le mater quand il s'ouvre les yeux ;
vous vous trompez grandement : nous existons !
nous Nicaragua, Panama, Haïti et les autres peuples
du monde, défiants, fiers, que vous croyez détruire
par votre seule arrogance de Méphisto armé !
Nous existons ! Et nous continuerons d'exister,
de défier, de résister et nous résisterons
jusqu'à ce que des fauves de votre trempe
déguerpiront sans traces de la surface du monde !
Nous existons ! Et nous résisterons jusqu'à ce que
un beau jour nous replacerons et le droit et l'amour
et la vie dans leur cours naturel. Sans gendarmes !
Sans Yankees ! Sans Gringos prétentieux, arrogants,
qui compriment la vie dans une boîte computer.
Nous existons ! Et nous continuerons d'exister
même sous les tirs appliqués de vos engins de mort !
Ô Nicaragua ! Que tu me rendes fier de t'aimer d'amour !
Petite, maltraitée, violée par une superpuissance,
tu défies et t'élances épanouie comme un vent libéré
pour défendre dans l'honneur à ton corps défendant
toute la destinée de l'Amérique latine ! Fière !
Je suis fier de toi, Nicaragua ! Et tu es ma patrie,
mon autre petit pays, beau, noble, riche d'espoir ;
tu nous défends tous contre notre propre lâcheté.
Ô États-Unis la belle ! Putain sans sentiments !
Vous dites que Noriega, votre ennemi mortel,
est dangereux et drogué et sans notion de droit,
mais ne voyez-vous pas, vous la force faite droit,
que vous êtes pire que lui qui tuez des enfants,
des jeunes filles, des jeunes hommes innocents,
détruisez des villages et incendiez des plaines
se trouvant à mille lieux de distance de vos plages.
Vous êtes faux ! Hypocrites tout comme l'Europe ridée
qui s'enorgueillit tant de la Civilisation !
Où est l'Europe républicaine ? Où sont les gros mots
de droits de l'homme et de la non-intervention ?
Où sont les versets rédempteurs de l'Église catholique
sacrifiant Noriega sans même sauver son âme ?
Où sont les principes de la souveraineté inviolable
d'un pays ayant droit à la paix et à la dignité ?
Vous savez ? Vous colons, impérialistes et banquiers,
vous êtes faux, malades, stupides, indignes d'être !

Poetica Agwe

Airborne 82nd Quatrevingtdeuxième Division aéroporté,
blindés terrifiants, Marines en croisade qui,
par cris, pleurs, peur et surtout par lavage de cerveau
d'un peuple abusé, zombifié, ont fait régner la paix.
Pax Americana ! Paix de Wall Street, du FMI et des blindés !
La paix des bottes souillées de sang,
des squelettes sans même d'os,
des malades, estropiés et infirmes sans béquilles,
la paix peut-être d'un accouchement retardé, différé.
Par cris, pleurs, humiliation et de beaux discours de dupes
infligés à un peuple endormi mais combattant sans cesse ;
les États-Unis auraient implanté la démocratie au Panama !
Démocratie entre les esclaves et le maître ! Démocratie !
Démocratie par menaces de bastonnade, par invasion,
par des liasses de dollars et par un beau sourire,
un sourire à gant et à dents de fer. Sourire de souris.

Mais demain les vagues destructrices et d'émerveillement
venant du lointain des Andes et du Bassin des Caraïbes
traverseront ensemble jusque sur le Rio Grande
les frontières d'artifices tracées entre les hommes ;
elles les briseront et planteront à leur place un rosier
et un grand terrain pour jouer du football, du tennis ou
du marbre entre des peuples retrouvant leur destin, leur
vrai destin de libérés ! leur destin de vivants et non
de zombies endormis par les mirages émis par Hollywood !
Vivants ! Vivant et s'épanouissant dans la liberté regagnée,
dans la justice entre gens qui veulent seulement vivre,
vivre sans penser qu'une épée de Damoclès terrifiante
est dressée sur leur tête comme une malédiction !
Vivre dans la lumière ! Une lumière multicolore, vive !
Une lumière d'enchantement et de projets rebelles !
Et puis soudain, dans l'espace d'une nuit sans abri,
nombre de guérilleros s'amèneront, rebelles, révoltés,
s'amèneront demain pour redessiner et changer le monde,
pour lutter, dénoncer et faire une déclaration d'amour,
amour entre hommes et femmes, amour entre tout le monde ;
amour libéré, sans blindés ni Marines ni même Vatican ;
et l'Amérique latine, souffrante, prostituée,
jouira dans l'espoir sa pleine destinée.

* Guernica est un village de l'Espagne qui fut bombardé et détruit par Franco, avec l'aide
de l'aviation de l'Allemagne nazie, durant la guerre civile espagnole, 1936–1939.

## Gaza, Haïfa et Qana

*(dédié à toutes les victimes de la guerre hégémoniste d'été 2006 au Moyen-Orient)*

Jamais dans mon siècle
ne pensai-je un jour
en ce jour-ci et là
devenir si intimement
un témoin oculaire de l'horreur.

Mon propre tyran, c'était longtemps
Hitler était englouti sous les décombres
les crémations ont été vérifiées
et avilies comme un malheur.

L'Olympique à rebours
la dissuasion qui en a las
un coup de poing
je vous coupe le bras
si vous osez tirer un *fistibal*
je vous descends avec mon Uzi neuf
si vous utilisez un Qualiskosov
mes blindés cracheront un tonnerre
une roquette, c'est une autre histoire
votre destruction doit être complète
terre renversée et villes aplaties
fresques sortis droit de l'enfer
la douleur et la souffrance objectifiées.
Pire qu'un simple concept
c'est la réalité de Qana
le peuple était en deuil
en détresse et en stress.
Pire qu'une tragédie
c'est la désolation de la gloire
Nasrallah devenait le héros
le nouveau Saladin
conscience violentée
et humanité dénaturée
dignité regagnée
ou paix de cimetière.

Pire qu'une grande perte
c'est la misère du rêve d'être

l'Occident souffrant du malaise
le grand vide de l'émoi régnant
la Révolution devenant aspirine.

Et les pleurs, dites, les pleurs
le grand chagrin qui détruit l'épanchement
les missiles qui tueront pour longtemps
l'odyssée, nous en ferons une leçon
une grande sagesse pour bien vivre
la gloire d'être.

Ils vivent encore, les peuples
même après le désastre
les roses redéploieront leur charme
un autre enfant sourira avec joie.

Ils étaient malheureux
les combattants éperdus de la folie
leur gloire, ils la savent illusoire,
ils étaient aussi heureux, disaient-ils,
leur perte étant la récompense de l'être.

La fille violée, ange incomprise
encore garde tout ce qui fut elle
ses ravisseurs la gardent toujours
mais elle fixe l'horizon infini
le grand cri de conscience.

Gaza, on en a las
fatigue d'empathie
au-devant du sang vif
à Haïfa innocents comme coupables
meurent pour le crime des autres.

Nous tuons par la peur et la haine
par l'angoisse face à un matin sans du pain
pour le maintien de la réalité
la sagesse face à l'ordre, le confort ;
on nous a conditionnés, animaux incompris,
pour acquérir la terre
et vivre comme une névrose
nous tuons
par l'ennui
par la paresse et la myopie

pour survivre dans l'infinité
pour boire le vent impossible
et chier le monstre sacré !

Nous tuons
parce que nous en avons les moyens
Air Force comme métaphore
du grand Dieu qui détruit et console ;
nous sommes les maîtres du lieu
et avons total contrôle sur l'âme
et sur la Bourse
et les faiseurs de bonheur
nucléaire et *whatever.*
Nous sommes les juges
et les complices du crime
le fripon qui sauve l'authenticité.
Gaza, Haïfa et Qana et Tyre,
rêve et vivacité pour un demain meilleur
victoire des peuples en lutte ;
la souffrance est universelle,
globale échéance, sommes-nous,
malheureux objets du destin.

Tu survivras, ô Liban
comme tu as survécu des millénaires
avant Charlemagne, Alexandre,
Napoléon, Empire Ottoman et Sharon ;
tu survivras à la fois les missiles
et la réalité détournée
et la conscience ajustée à la peur
l'absurde présenté comme la vie
le vide d'être.

Tu survivras aussi, Haïfa,
parce que tu as vécu pire tragédie
que la duperie des petits comités de belliqueux,
tu as vécu d'amples mauvais temps de malheurs,
comme Gaza humiliée, maltraitée, écrasée,
judoka de la perdition qui reprend son souffle,
toujours amante de l'espoir.

# Poèmes de l'amour et de sa perte

## De l'amour

Au long boulevard cahoteux de ma jeunesse aventurière, j'avais assisté avec ironie aux défilés de ces déesses aux seins nus, porteuses de l'amour.

De l'amour, on m'avait maintes fois parlé. Ils étaient venus en nombre, ces amoureux de l'amour, me vanter sa puissance et ses charmes : certains en apôtres, d'autres en possédés, d'autres encore en conquérants, et presque tous en estropiés, victimes de l'amour. Sur le front de chacun j'en avais vu le stigmate, que je confondais avec la marque de la folie. Et j'en riais de bon cœur !

J'avais assis l'amour à la frontière de notre siècle, entre le passé et l'imbécillité. Certes je le fuyais, mais comme on fuit le fantôme d'un tyran. Et tel le tigre dans sa vieillesse, il m'avait paru loin d'être offensif...

Entre-temps j'ai connu une femme, la première, puis une deuxième, puis une troisième, ainsi de suite. La première, avec les doux coups de ses griffes repliées, a su explorer la vierge forêt que fut mon cœur. Ses armes ont été à la mesure de la cible. Je savais bien que je fuyais l'amour comme Villon fuyait l'école : par une sorte de prévention. Mais, hélas ! mon cœur, jusqu'alors immaculé de toute atteinte sentimentale, a cédé aux premières complaintes amoureuses d'une femme. Il avait beau résister : sa virginité fut sa perte.

J'aurai été amoureux plus d'une fois dans ma vie, mais chacune des expériences ensuivies m'avait comme sollicité, imploré, ordonné de détester davantage l'amour pour s'être révélé comme une continuité d'inquiétudes maladives ; un profond désespoir. En fait, mes amantes employaient beaucoup plus de temps, d'énergies et de ressources à me résister et à me combattre qu'à m'aimer et à être avec moi !

Naturellement, je ne suis rien d'un homme parfait croyant vivre dans une société égalitaire, déphallocratisée, où l'histoire de la domination de la femme par l'homme serait justement une histoire passée. Loin de là. Je suis donc un produit désaxé d'une civilisation malade : un homme. Rien qu'un homme.

Pourtant j'ai aussi sincèrement, tout au long de mon calvaire d'Éros insatisfait, poursuivi l'âme sœur avec des élans d'amour inépuisables. Je suis encore incertain de ce que demain m'apportera comme soulagement amoureux et paix d'âme et bonheur, mais une chose est déjà sûre : en dépit des blessures qui me seront si longuement infligées et dussé-je combattre mon propre penchant naturel vers le cynisme, je suis condamné à espérer l'amour, à être solidaire de mes frères et sœurs de lutte, à espérer qu'un jour un homme et une femme puissent vivre ensemble en esprit, en chair et en rêve.

De plus : et si tout n'était qu'un grand simulacre de vie ? Et si tout n'était qu'un piège, une mascarade, une grande illusion, ou bien, malgré nos professions de foi humanistiques, une insidieuse attaque collective, une offensive calculée contre la vie innocente ? Ou un choix délibéré de mal faire ? Et si derrière les beaux sourires radiants d'amitié et les gestes cajoleurs d'amour que nous exprimons n'était cachée qu'une tactique de parcours ou une grande entreprise de célébration de la Mort ?

Allons donc ! mes amis, finissons la comédie !

## L'incompris et la lueur éclatante
*(dédié à Gillian et Bérénice)*

L'ange dans son aura céleste
n'aura pas surpassé ta présence de ce jour
ce jour d'une force mortelle
où elle choisit de couper le nombril
de notre long dialogue d'incompris.
Tendre enfant aux charmes miraculeux !
J'envoie pour ta bonté
ta douceur enivrante
une gerbe de fleurs d'amour
un baiser de tendresse fraternelle.

(Oui dis-lui, cite-lui cet axiome des premières vérités que l'homme dans son orgueil a cru bon de piétiner. Dis-lui, si jamais elle l'oublie, que la vie ne vaut pas une larme de plus. Où avons-nous appris que nous devons toujours sacrifier nos épanchements naturels au profit des conventions douteuses ? Où avons-nous appris que nous devons souffrir, haïr, nous brouiller et cacher, au lieu de vivre, de nous aimer, de nous aider et d'être fiers de notre vérité humaine ?)

Elle fut un jour pour moi pareille à une source
une source jaillissante d'amour virginal.
Elle fut un jour pour moi—ô défunte tendresse !
ma berceuse d'enfant que la vie m'a ravi.
Nous nous étions compris sans parler
vibrés et naturellement reflétés par un souffle secret
par un sentiment doux de passion inaudible.
Elle fut un jour moi peut-être un simple calcul !

(Et j'étais parti ce jour-là, livide, accablé du sentiment de l'évanes-
cence de nos efforts, du néant de notre être, de l'impossibilité d'être
nous-mêmes dans ce monde où tout se renferme, se vit et s'explique
par une rationalité implacable.)

Dans les bois une nuit enlacés, épanouis
Gillian telle une lueur éclatante, caressante
luisait la nuit noire de mon cœur dépéri.
Elle savait par moments comme un jardin de printemps
secréter ces rosées d'une fraîcheur tressaillante.
Je sais que je mourais plus d'une fois dans ma vie :
Est-ce qu'une larme de plus renversera l'océan ?

(Et j'allongeais la Commonwealth Avenue, tracassé par des senti-
ments terriblement contradictoires, certains me déprimant, me faisant
réaliser la difficulté d'être ; d'autres, adoucissants, me réconfortant
dans l'espoir d'une humanité retrouvable. Il faut dire qu'entre la mère
et la fille, entre la colère malheureuse, excédée, de ma pauvre douce
amie et la compréhension sympathique de la fille, j'aimerais profon-
dément en moi-même replacer toutes les deux, tous les trois, dans une
intense et commune nirvâna de paix et de bonheur.)

Et je m'en allais regrettant de mon amour coupable
enfermé solitaire dans mon drame existentiel.
Hé ! Demande-lui pourquoi elle se sacrifie, elle
si explosive de vie pour des âmes ingrates,
pour des ingratitudes qui la survivront demain ?
Demande-lui pourquoi ces pierres tombales,
pourquoi ces pleurs inutiles pour des destins jaloux
qui s'apprendront d'eux-mêmes ?

Et je m'en allais en me disant : tant pis ! Je montai dans le train et je
pensai à Baudelaire quand il disait :

« Je t'adore à l'égal de la voûte céleste
Ô vase de tristesse, ô grande taciturne
Et je t'aime d'autant plus, belle, quand tu me fuis
(...) Je m'avance à l'attaque et je grimpe aux assauts
(...) Dis-moi, ton cœur parfois s'envole-t-il, Agathe ?
La mer, la vaste mer console nos labeurs
(...) Comme vous êtes loin, paradis parfumé ! »

(Boston, automne 1983)

## Tendre Rebelle

*Désir...*

À l'orée de ma voix de lyre souffrante
Orée péremptoire, austère tel un adieu,
Tracée par ma Belle pour contrer mon élan,
Tuer dans son œuf la splendeur de ma cour,
J'oppose en ange rebelle des amours interdites
Que ces simples regards débordés de tendresse.

Enfant rare d'un empire pavoisé de grands risques
J'affronte sans peur aucune l'indifférence des âmes
En fidèle Centurion des grands sentiments.
Oui, en cela les hirondelles ne peuvent que m'envier
Voyant que je ne redoute les hivers de l'amour !

Je connais plus d'une fille, oh ! assez pour ignorer
Celle-là qui ne vient d'aucun Bois. Ainsi,
D'un pas incertain au milieu d'un vide d'être
Je chercherai son cœur autant que sa présence.

Oui, je franchirai mille lieues, gravirai mille montagnes,
Poursuivrai Prométhée tout au bout de l'univers,
Car je veux allumer autre feu que ces sombres étincelles,
Étincelles empruntant les airs d'une piteuse complainte :

« Je voudrais bien parler, rire, chanter, voler
Comme si j'eusse été le seul dans l'univers
Et que mon premier cri d'action fût de la découvrir.
J'aurai été son découvreur,
Et elle, la terre jamais souillée par l'ironie de l'or !
Je voudrais bien caresser autre bonheur, autre chose
Que cette crainte de moi...
Ensemble alors nous goûterions d'autres délices inconnues.
Je voudrais bien noyer sa morne solitude
Dans l'océan enflammé de mon chaud amour ;
Nous serions alors non deux montagnes de glace
Mais une symbiose d'amour !
Je voudrais la sentir plus près de mes souffrances
Et que je serais d'un pas de sa faiblesse.
Nous serions alors deux peines assombries,
Perdues dans le bonheur.
Ô quelle mission de mon cœur j'aurais accomplie !
Je voudrais enfin... tout, tout ce qui touche à cet oiseau
Qui semble refuser ma branche.

Ce réfugié que je suis d'un monde pulvérisé
Déjà inexistant
Voudrait bien sauver du déluge de ce monde
Ignorant des grandes grâces du cœur,
Le seul être qui encor entend les hymnes d'Orphée. »

Quand tarira la source de mes noirs déboires
Quand plus de pleurs n'y couleront et que la fleur brille ;
Quand brillera l'aurore des demains du bonheur ;
Quand sur mon arbre d'amour mon oiseau se posera,
Je déposerai le doute et son cortège de peines,
Chasserai les chevaux bridés par l'amertume,
Et enfin ce grand jour, jour des cœurs unis,
Deux oiseaux entonneront les refrains du bonheur !

## Pour ma Belle d'aucun Bois

*Espoir...*

L'endurci d'un paysage de flammes éteintes
Nageant à pas de loup dans les cendres du néant
Je le fus et le suis, je l'avoue de toute force !
Je remue sous mes os et les entend craquer :
Point d'autres preuves senties de ma prochaine vie,
De ma nouvelle vie.

Hé ! les larves de la mort
Ô Marie l'Immaculée ! comme si elles fussent bénies
De l'eau sainte céleste, versant dans l'étang
Grand étang creusé pour la gloire d'une naissance,
Un souffle de vie qui revêtira mon être.

Ainsi je revivrai
Oui je revivrai pour ma Belle d'aucun Bois !
Du Ciel je planerai sur une Terre nouvelle
Où les arbres, les oiseaux, les chants, les belles amours,
Pleins d'enthousiasme réel, les monstres étant châtiés,
S'uniront pour ombrer un couple d'amoureux.

C'est vrai qu'ils étaient notre couple du redevenir
Deux enfants hébétés s'ignorant comme deux pôles
Au début comme hier mais que l'air de l'amour
Entend maintenant unir aujourd'hui comme demain !

(Brooklyn, 9 novembre 1976)

## L'Inconnue
*Appréhension déchirante...*

D'un bond imprévu comme la chute d'un rêve
Je m'enfonce dans sa vie.
« Chose aisée ! » pensai-je de ce sanctuaire fragile
Jusqu'au jour d'entre deux portes l'une m'était fermée.
Dès lors s'est livré un long et triste combat
Dont les deux figurants comme dans ces jeux de cartes
Chacun jouant pour soi attend que l'autre parle
Pour augmenter l'enchère.
Jeu dangereux d'où l'amour ne sort que bien réduit,
Avec ce rire au cœur il ne faut badiner.

Paix ! ma fille, brûle comme moi le rideau
Qui ne t'apportera jamais que d'amères amertumes.
Tu vois : le Ciel s'éclaire, le soleil s'illumine ;
Les noires ombres s'éclipsent
Sous les roues d'un beau jour ;
Demain s'annonce heureux, délivré de l'angoisse ;
Les ignobles champs d'ivraie
À leur suite les grandes peines
S'en iront emportés par le déluge du Bien.
Alors, dis, de joie, que t'en restera-t-il ?
Ah ! je crains fort mon amie, fort de mes sentiments
Que ton spectre solitaire n'en trouvera refuge.

Pauvre cœur que celui de cette charmante enfant
Sourd aux tendres dictons de tous les Roméo.
Je convierai pour toi ma fatale inconnue
d'Afrique pour notre monde
Les grâces rédemptrices de notre mère Erzulie
Tu ne seras plus seule désormais dans ta morgue.

L'aigle rapace des ennuis s'il faut qu'il mange une proie
Trouvera dans son fief deux âmes bien enlacées
Enivrées de bonheur dans un grand Capitole !
Et ce ne seront pas, ô idylles immortelles !
Ces Légions temporelles qui briseront ce Temple !
Alors, dis, de peine, que t'en restera-t-il ?
Ah ! je crains fort, mon amie, fort de mes sentiments
Que toute ma vie durant tu me sois inconnue.

(Brooklyn, novembre 1976)

Poetica Agwe

[Ces trois derniers poèmes font partie d'un quaternaire incluant le poème « Vierge errante » publié dans un précédent recueil (*Cri de rêve*, 1976). À remarquer que tous les quatre poèmes ont une sorte de sous-titre, celui de « Vierge errante » étant « Triste évidence...»]

# Poèmes du questionnement existentiel

## La Carmenia

Elle portait sa détresse du vécu
illuminée dans une sorte de grâce triste ;
ses yeux clairs et remuants, plongés dans l'intensité
de la merde sociale, reflètent l'élégance.
Ô, combien elle était saccagée, la Carmenia !

Pourtant elle demeura même épuisée la folie indomptée ;
défiante et révoltée elle enjambait les lacs de Boston,
ses environs et les océans et mille lieux de calamités
pour maintenir ce qu'elle appelait sa fierté menacée
son orgueil organique quand bien même désolée,
son essence qu'elle gardait
heureuse de son propre défi !
son défi et désir
son petit goûter à la liberté.

Sur son chemin fait d'hécatombes les obstacles
ne cessaient de s'allonger en cauchemars quotidiens ;
ses trois enfants devenaient ses talons d'Achille
dans le vaste combat contre l'abêtissement—
ils étaient aussi la semence de sa régénération ;
tombés malgré eux au milieu d'un conflit
entre leur chair et leur sang et leur épanchement
ils jouèrent le jeu tragique ; le garçon somnolant
dans une pathologie du refus qui inquiétait tout le monde :
il mangeait à vingt-deux heures
faisait la télé toute la nuit
et dormait la journée à l'instar de la chauve-souris ;
ses grands rires étaient aussi beaux qu'effrayants
dans leur franche candeur pour mieux semer le doute ;
il voulait rendre la vie difficile pour mieux la décoder.

Ses deux filles innocentes dans un monde tourmenté
vivaient la tragédie comme une belle comédie ;
elles ne s'arrêtèrent pas d'être enfants
même quand par leur simple candeur elles jugeaient

les manquements et tracasseries d'un monde déterminé
par les données fichées de l'Assistance sociale.

Elle fut battue et méprisée, la Carmenia,
dans l'orbite machismo tout au long de sa vie ;
ses escapades vers l'Étoile du Nord
au milieu de l'angoisse quand cherchant le réveil
constituèrent sa plus grande révélation de sa liberté !

Elle parcourait l'Inter-State et s'échouait à Hull
une enclave endormie perdue dans la mer ;
pourtant elle restait encore tête dressée, la Carmenia,
pour confronter le néant avec la sagacité du soleil.

Je l'aimais fou, la Carmenia,
d'un amour fait de solidarité
la présence du beau dans la laideur ;
ses beaux yeux reflétaient la confiance
dans une âme autre et pure représentant autre chose
ou une non-chose imperméable à la fluidité du Cosmos ;
je l'aimais fou, la Carmenia,
et nous ne pouvions même pas le dire.

(Juin 1994)

## Écrits de cloche pour un fou nommé Jacques Prévert

On le dit fou parce qu'il est doux,
vulgaire parce qu'il est populaire,
mais il est autre, c'est un apôtre ;
Un apôtre ? Non, un pote.
Il écrit sans poésie
en poésie sans poésie.
Il rit
on vit
et hop ! vive la vie !

Qui est-il au juste ?
Un puriste ou un juge ?
Les deux dirait Massillon,
« moi-même » dirait Villon ;
mais un quidam d'Amsterdam
portant canne ricane :
Ah ! Ah ! Ah ! C'est un malfrat !

Tous : Molière, Lamartine,
Musset, Racine, Malraux
et Hugo et Senghor
et autres juges caudillos
font le procès de la pensée
en insensés !
Pire qu'un mythe
c'est un classique.

La pensée, ô Dieu !
pauvre d'elle, adieu !
On la commande
décommande
conditionne
déconditionne
scolarise
déscolarise
jusqu'à ce que enfin
elle devienne des fins
c'est-à-dire pour tout dire
loi sous la loi et hors-la-loi
consommation, sanction,
finance, inflation,
sans abri sans santé :
impossible !

Ah ! La poésie se meurt
elle est trop en demeure ;
hélas ! mille hélas !
Nous sommes las !
Les bourgeois sans foi
font la loi dans le moi
Ah ! Quel émoi !

Le poète en cage
ne peut être qu'en rage
même quand restant sans âge.
La poésie la muse la pensée
étant sans présent sans futur sans passé
sont rebelles à tout temps toute mesure
dans la nature en nature
mais sans mur sans armure :
Un Démiurge !

La liberté et la pensée
sont deux sœurs incréées
jumelles siamoises certes
mais sans aînées sans cadettes :
Jeteuses de bombes !

Pour un peu je deviendrais gigolo
tant je hais les caudillos
ils maltraitent le corps
monopolisent les âmes
et *abécédent* la pensée
n'épargnant ni la vie ni l'amour.

Et Prévert ? Ah ! Qu'il est bien ce mec !
ni athlète ni grand-bec
ni officier ni sorcier
sans fusil ni amphy
il chante la vie l'amour la putain
la cour le trou partout
et l'oiseau rit le jour sourit
la misère pâlit et resplendit
vive la vie ! vive demain !

(1979)


## Discours sur l'évanescence

Ma vie est une éclaboussure de mort,
Un gros bocal plein de fiel et de peur,
Brin d'herbe sur un champ de bataille ;
Pourtant je méprise Napoléon dans sa grandeur !
Parlez-moi de vos villes et de vos forts,
De l'oiseau qui survole les immenses océans ;
Parlez-moi d'Hitler qui finit sous les décombres,
De Staline redevenu poussière,
De Louis-Soleil redevenu néant
Ou de Papa-Doc grand Baron-Samedi ;
Parlez-moi de tout ça
Et je vous dirai ceci : pauvre homme.

(Pourtant... Pourtant, quand bien même l'évanescence est la seule vraie
réalité de l'homme et des choses, l'alternative n'est point le masque ou
le désespoir, mais plutôt briser le masque pour fonder l'espoir d'une
humanité assumée, c'est-à-dire acceptée à la fois comme absurde mais

nécessitant un effort permanent pour sortir de la barbarie. Sinon, nous nous désespérerons toujours de ce gigantesque carnaval d'imbéciles et d'animaux qu'est la vie.)

## Dialogue de sourds et faux épanchement

Tu es libre comme le vent s'élançant
sur un long horizon d'aventures et d'explosion,
mais tu es aussi mon pauvre ami
un grand chagrin pétri dans l'aliénation.
Et dans le lointain de ton passé d'esclave
et dans ce moment de ton présent de *malvie*
et dans ton futur de louis-jean-beaujé ogouferayen*
tu existes seulement comme un symbole d'existence,
là dans ces monts d'enfer et ces vallées de haine
qui retirent à la vie toute sa splendeur.

Pourtant tu es déjà toi aussi splendeur,
splendeur et rayonnement et éclosion !
Tu jures comme Brel que les bourgeois sont des salauds,
des *kochon malpwòp* sans l'idéal d'être.

Tu jures que les racistes emprisonnent l'élan, et qu'il y a l'homme, la femme et les petits enfants qui sont des beautés pour anéantir l'univers de cauchemar. Et le remplacer par une simple caresse sous une nuit printanière. Tu es aussi, malgré ton auréole de saint, un simple petit malandren de la Cité Soleil. Ou un bum, un sans-abri dans le centre de Manhattan. Ou peut-être un poète de la misère humaine qui traverse la chaussée en pensant aux étoiles. Détendu comme cet astrologue sur l'échelle qui scrute les planètes sans penser à la Terre, à la gravité, et qui s'est fait chuter par un petit caillou.

Tu dis merde à la peur et aux honneurs mondains. Et tu bois chaque matin un coup de rhum piqué pour emmerder l'espèce et jouir de ta victoire sur le sort aliéné réservé à la foule. Tu dis merde !

Fuck you ! À bas la misère ! À bas ce petit nazi de colon blanc voleur ! qui veut te faire penser comme un jakorepèt et qui t'a refusé le droit même d'aimer ! À bas le grand vide qu'on crée parmi les humains et qui les fait agir comme des robots sans cœur, déshumanisés, *désubstanciés,* réifiés, aliénés, ô comme simplement un gaspillage de vie !

Tu te rappelles ? Tu as aimé un soir une fille. Tu étais si épris tu lui as offerte une bague de diamant. Et tu t'en foutais bien si elle était Blanche ou Noire. Tu as aimé parce que ton cœur était là, ébloui, enivré de la satisfaction d'être. Un beau jour tu te trouves malade, affaibli, essoufflé

presqu'au bord de la mort. Et ta chérie t'a dit dans ce moment terrible :
Adieu, bon destin ! Et tu lui as répondu : Pareil !

* Louis Jean-Baujé : Un fameux trublion haïtien.
  Ogouferayen : Adjectif dérivé du loa vodou Ogoun Feray.
  Malandren : Clochard en haïtien.
  Jakorepèt : Imitateur.

## Mon credo

On m'appelle le Noir,
comme l'eût souhaité le martyr du Fort de Jour ;
on m'appelle Jeune homme de couleur,
comme l'eût admiré le Houngan du Bois-Caïman ;
on m'appelle l'Haïtien,
comme l'aurait aimé mon frère Césaire ;
on m'appelle l'Américain,
l'honneur que convoitaient Rochambeau et la Fayette ;
on m'appelle l'Africain,
comme l'auraient espéré les africanistes d'Europe ;
on m'appelle le Pauvre,
l'ambition suprême du Nazaréen.
Et puis, l'on m'appelle de partout
pour adorer des saints,
pour baiser l'orteil du pape,
pour faire l'amour avec Madame Thatcher,
pour jouer le golfe avec vice-président Quayle,
pour boire du champagne avec général Avril
et même pour posséder des résidences secondaires !
Suis-je donc fier
de cette pléthore de titres glorieux ?
M'enorgueillis-je
de ce calice à pierres multi-précieuses ?
Non ! Grand Dieu, Non !
Mon royaume n'est pas de ce monde ;
il est ailleurs mais pas au Ciel.
Je l'ai instauré mon royaume au milieu
de ces contrées méprisées de l'humanité
où les consciences sont aussi maltraitées
et misérabilisées qu'un organe atteint de sida ;
je l'ai instauré là où les âmes présomptueuses
n'ont jamais pénétré et souillé ;
là dans ces lieux sombres et resplendissants

que les arrogances n'ont jamais prostitués ;
là dans ces rez-de-chaussée des sociétés irréelles.
Mon royaume je l'ai planté dans ces trous d'abnégation
que Carl Brouard a mille fois méprisés et acceptés.
Ce royaume mon royaume
il est hors de portée des caprices de l'Histoire
n'étant bâti sur aucune gloire
aucune infortune ne saurait l'atteindre.
Mes sujets sont autant de rois dont je suis le sujet :
ils m'appellent *Majesté* je les appelle *Sire*.
Pourtant nous ne sommes ni la démocratie,
ni l'os desséché des dictatures,
ni un paradis divin de chrétiens,
ni compromis mi-pleur mi-rire :
Nous sommes l'existence des choses ignorées !

Mon royaume dé-rehausse l'orgueil
des souverains de la Chose officielle ;
il est le reflet renversé de l'hypocrisie dominante ;
il est fait de clochards, de *bums* et de *malandren* ;
il est le Château de Versailles des gens de ghetto !
Il est fait de Filles de joie,
de Filles-Messie plus terribles que Jeanne d'Arc,
vendeuses de chairs assouvissantes,
mais aussi courageuses et tenaces que la lumière !
Il est fait d'ouvriers sans pension,
de malades et exploités qu'on méprise comme du ver.
Mon royaume est l'ennemi des âmes auréolées ;
il est le refuge de ces enfants de l'autre monde,
ces gavroches de l'humanité blasphémée,
auxquels on donne le rond en détournant le regard
par honte et par dégoût ;
mais heureusement ils sont vivants,
aussi vivants que le vent,
aussi réels que la Terre !
Ils brillent comme le soleil
et ne marchandent fausse pitié aucune.
Ils sont mes sujets tels les poètes
des apatrides des patries ostracisantes,
défiant tout, même leur propre existence !
Leur patrie, oh ! je dois le dire,
c'est la poésie d'une condition assumée,

la chanson du dédain transcendé,
le courage face à un destin piégé !

Et je me crois riche parce que je n'envie à personne
les gloires d'une richesse sans vergogne
et parce que je suis fier de tout ce qui est moi,
de mes déboires
de mes choix
de ma colère
et si j'ai une ambition c'est seulement d'être nommé
le Poète de la face cachée de l'humanité !
Merde à vos mirages !

## Une petite poésie sublime

Le Bois-de-Chêne endimanché
en habits de feston et des grandes occasions
descend en vrac, implacable et comme illuminé
le long de la Bolosse maussade, sans vie.
Et dans un mouvement de terreur réprimée
dirige sa large vague vers le Théâtre de Verdure
où tout près de la piscine des *malandren sansal*
il s'arrête pour présenter les honneurs aux palmiers
majestueux et sublimes qui résistent sa furie.
Il choisit de bénir la chaussée et saluer même la boue
qui retrouve un peu de force auprès des forts palmiers,
ces grands symboles de la gloire de demain.
Et j'étais moi aussi là, petit enfant rêveur
d'une Haïti faite seulement de chansons
et de danses de samba en fusion avec nos loa.
Et soudain la tempête retentit, rebondit triomphante
pour défricher le sol des franges et des séquelles
de quatre cents ans d'agonie et d'ennui mortifiant.
Puis sillonnant le boulevard de mon calvaire,
calvaire d'homme qui ressuscitera de l'angoisse
je salue le coucher du soleil
et la verdure et la grande vision de noblesse rebelle
qui m'apparaissent dans mon petit coin d'oublié.
Et réapparaît charnel, terrible et comme réincarné
le Bois-de-Chêne endimanché et cette fois irrespectueux
qui monte vers l'Impasse Laveau, vers le haut de Furcy
et jusqu'au cœur du sanctuaire des Privilégiés

pour les présenter à l'autre Haïti de Vertières,
cette Haïti pétrie de douleur et d'angoisse ;
sans rancune, avec seulement un sens de justice.
Et j'étais moi aussi là, petit vaurien rêveur
rêvant que tout ce monde de ce morceau d'île
puisse demain comme hier partager un beau rêve.

# La Chanson de Cédié :
# Les grand méprisés

## I. *Marasa dans l'Enfer et l'Espoir*

Il descendait la colline vieux comme son père
Qu'il était le pauvre Cédié de Jacmel
Ce jour-là comme les autres jours qu'il vivra
Seule la mer semblait vraie et la vie s'absentait
Comme les autres jours qu'il vivra.

On l'assimilait au bon Dieu on l'aimait
Et il aurait été digne de la place céleste
Si son âme n'était déjà damnée par la misère terrestre
Mais on l'aimait au village et il n'en demandait mieux
Konpè Cédié vaillant garçon du Sud.

Il descendait la colline quand je l'ai rencontré
J'étais comme apeuré pensant au vieux baka
Le baka redoutable plutôt cirque du village
Cédié m'a dit konpè, konpè c'est une guêpière
La nuit tombait déjà nuit noire de l'île noire.

Il est de ce destin leur destin notre destin
Qui se rampe sur le ventre loin du long festin
Comme ces lampes tête-bambêche de nos paysans
Qui ne finissent jamais de s'éteindre de s'éteindre
Nous laisserons-nous mourir ou crierons-nous Assez ! ?

Assez ! Assez de zombies, zombies en agonie
Cédié a dû crier pour s'échapper de la mort
Dont il sait imminente ce divinò qu'il est
Mais au fond il sait bien qu'au contraire du trépas naturel
Celui-là plus absurde n'est le vœu de ses dieux.

Marasa dans l'Enfer ils le sont dans l'espoir
De sauter la baraque étouffoir des hommes libres
Baraque des hommes qui pleurent et d'autres qui piaffent
Des femmes qui meurent et d'autres qui se la coulent douce
l'Haïti perle chérie l'Haïti kokobée*
Non, une poignée d'arbres astucieux ou chanceux
Ne doit pas régner sur la forêt immense !

(Janvier 1984)

* Kokobée : Adjectif haïtien francisé signifiant « handicapée », « paralysée ».

## 2. Feu-Résurrection

Il y avait là-haut un grand étang de feu
Départageant les hommes de la terre immolée
En face, au-delà de la vie carcérale
Une poignée d'âmes rebelles, grands coucous incendiaires
S'en vont pour conquérir l'étang de feu mortel.

Comme nous faisions jadis, en d'autres temps terribles
Pour chasser de nos corps le virus oppressif
Oiseaux de mille bonheurs, de la vie partagée
Nous voulions voir la terre un immense nid d'amour
Oh ! Que fussent bons les temps d'idéalisme lutteur !

Mars n'est pas plus important qu'un coin de Port-au-Prince
Où la vie de Cédié vaut moins bien qu'un beau chien
On dirait de nous tous, saltimbanques de l'Histoire
Une grande classe d'élèves sourds jusqu'à la peur
À l'appel de bâtir la cité créatrice.

Dis, toi l'enfant de la terre méritée
Boat-people des rivages trempés dans la détresse
Des hommes enchaînés et des femmes asservies
Que d'océans immenses, de temps libérés
Tu puisses faire fleurir au jardin arrosé !

Merde que de s'entendre sur la nature des anges
Si la divinité s'attarde à l'étang traverser
Comme le Christ jadis saluant la lutte des classes
Pour poser l'amour le pain la liberté
Comme l'horizon premier des temps indéfinis.

Oh ! Que de mondes merveilleux, de champs embellis
Nous puissions faire jaillir des ténèbres macabres
Tout en rêvant de l'oiseau, voyageur de la clarté !

(1984)

## 3. *Auschwitz insulaire*

Il avait une amie dans cette tragédie
qui lui chantait la sueur de l'île dépérie
cette Auschwitz insulaire éjaculée d'une mer
Cédié a protesté quand son ami furieux
a craché sur la mer leur immense complice.

Manno était des villes et n'était pas bòkò
Cédié était des champs—maudit à sa façon !
Devant la terre malade et l'agonie des siens
une Danmbala de moins n'enterrera guère la foi,
la foi la rage l'espoir, mes frères—de malheur.

Manno était des villes Cédié était des champs
quand celui-ci charriait loin d'El Rancho en fête
sur sa tête spoliée les herbes humiliantes
ce revenant de Manno loin de Saint-Louis de Gonzague
fustigeait calmement le mensonge centenaire.

## 4. C'était hier

C'était hier
et nous étions déjà vieux
le printemps la vie la jeunesse
tout nous fut volé ô Haïti chérie !
île enchanteresse ! île cimetière !

Comme un bagnard innocent
nous nous sentions bernés
nous nous sentions de trop.

C'était hier
et nous n'étions pas de l'espèce *enfordimanchée ;**
non nous étions cultivés
nous étions dorlotés
on nous jetait la palme de l'esprit civique :
Fait-on jamais enfordimancher son zombie national ?
Oh non ! Nous étions la peur et l'angoisse
la malade qui se meurt gentiment.

Puis un beau jour Manno
Manno s'emparait d'une guitare
et a inventé une révolte en chanson
chanson sans joie et sans douceur
chanson de veillée funèbre
de la tombe fermée
chanson qui pleure et qui gémit
cri de l'oiseau qui veut voler
de l'homme qui veut du pain
de la femme méprisée
une révolte en chanson.

C'était hier
dans les nuits ternes mais étoilées
sous le vent méprisé de Port-au-Prince
que Grand Négresse m'appelait
quand l'aube se mariait à la nébuleuse
et ils s'étreignaient et accouraient
pour me caresser
et pour me caresser.

C'était hier
sous le vent sans honte de mon île
que Grande Négresse m'aimait
contre la folie prétentieuse de hautains frustrés
donc je la repoussais
sans la caresser
et sans la caresser.

C'était hier
dans la tragédie de l'île dépérie
que Manno chantait Grann'O
en crachant sur la mer
il a dû la trouver inutile
et nous avions tous applaudi
non sans nous dire secrètement
Ô la mer cajoleuse ! Notre seule richesse !

(1979)

* Enfordimanchée : néologie haïtienne francisée dérivant de la fameuse prison de Port-au-Prince nommée « Fort Dimanche ».

## Elle existe, Haïti

*(réponse à Depestre)*

Elle existe malgré nous
chansonniers de l'Empire
l'île qui invente le non
et où y pousse le manioc
comme le pois et le riz
l'île du cochon noir marron
la Ferrière en amont.

Elle existe, la mangeoire du Vieux Monde
le fournisseur en armes de Miranda et de Bolivar
la terre qui s'est brûlée pour semer la liberté.

Elle existe, la sorcière de 1791
vague d'espoirs pour les peuples assommés
elle est dans le konpa de Nemours et Sicot
le siwomyèl de Ti-Paris
la parodie sensuelle de Koupe Kloue
l'âme délivrante de Anaïka.

Elle existe malgré nous
grands gueulards de la nuit descendue
l'île qui ose l'impensable
meutes de zombies ré-goûtant le sel ;
elle existe avec son apocalypse de chaque jour
l'île du rire et du soleil
des dictateurs sanguinaires sans manman
comme des marrons de la liberté
l'île de Louise Bonaparte,
femme perverse de Leclerc
l'île des poètes de l'espoir
l'île de la première femme-roi
au cœur de l'hémisphère
Ô Anacaona, femme-jardin
et femme-flamme du feu éclatant !

Elle existe malgré nous
défaitistes défaits avant même l'affrontement
avant que l'aurore se dévoile.

Elle existe, Haïti
malgré le requiem
elle est encore là
avec son printemps éternel
son Ogoun Feray
la nouvelle Égypte de la connaissance
le grand champ de bonheur mondain
l'île de la magie du sens.

Elle existe
l'île des dieux téméraires
qui acceptent l'humain comme égal ;
l'île qui redéfinit le surréalisme

et la puissance de l'Autre dans l'Histoire,
réhumanisant le déshumanisé
redisant le non-dit
l'île du muet qui veut parler
du sourd qui veut entendre
de l'aveugle qui veut voir
de l'affamé qui veut manger.

Elle existe, vous savez,
malgré la fin de chaque jour
malgré la cohorte de déboires
et la lignée des chanterelles ;
elle existe par l'absence de ce qu'elle veut
le grand horizon au-delà des épines
elle existe avec son sourire quotidien
son soleil qui vous berce et qui brûle
son Erzulie d'yeux rouges voyageuse vigilante
l'île qui fait l'amour avec ses dieux.

Oui elle existe, Haïti
l'île qui fut le passé de l'Histoire
et le présent de ce qui doit encore naître
elle existe encore et toujours
l'île de la vie libérée.

(6 janvier 2006)

## L'Intrus

Je fus conçu à la manière de l'ortolan
Pour m'envoler de branche verte en branche sèche
Vers des lointains sans fond, égaré dans le temps ;
Ma genèse fut saluée quand on brûlait une crèche.

Mon premier printemps a avorté sans sèvres,
Les figuiers, les cerisiers, les chrysanthèmes avaient fui
Par la vue de mon front de passionné en fièvre
L'horrible tragédie que présuppose ma vie.

Dieu a trahi l'espèce en m'incluant dans la liste
Des gens pour qui il a grande ambition ;
Je n'ai jamais su suivre l'éthos de sa bâtisse
Remplie de créatures nées pour la Rédemption.

Je fus maudit dès le départ. Et sans appel.
Le jour de ma naissance, un jour plein de soleil
Un orage éclatait brûlant même les cervelles
De tous les nouveaux-nés qui se crurent sans pareils.

Personne n'a jamais su qui je fus, qui je suis
On me croit l'Anti-Christ quand je parle de l'amour,
On me prend pour un saint quand je bombe Haïti ;
Personne n'a jamais su si je suis nuit ou jour.

L'amour m'a toujours été un total inconnu,
Autrement dit quand j'aime je pleure et me passionne
La fille de ma vie change en un fruit défendu
Assurément créée pour une autre nature d'homme.

Je ne suis pas de l'espèce, je ne suis qu'un intrus
Dans une comédie que je n'ai pas choisie.
J'aurai fait mon possible pour habituer ma vue
À l'ambiance d'une vie qui ruine notre survie.

Mes « je t'aime » sonnent toujours pour horrifiées amantes
Comme un piège du chasseur pour mieux bafouer la proie,
Même mes efforts de plaire par des gestes galantes
Sont vus comme des astuces d'un trublion adroit.

En ce présent instant de ma vie de poète
Je ne sais pas encore ce qu'on attend de moi
Ni ce que je dois faire ne serait-ce que pour être
Pour montrer à mes frères et mes sœurs mon émoi.

Je ne veux pas mourir dans cet horrible vide
Qui désarçonne mes rêves et mes beaux enchantements ;
Je veux trouver en vous comme dans un vent torride
Le sens du destin qui recrée le firmament.

**Nota bene :** Ce poème du désespoir existentiel peut être aussi lu comme
à la fois un refus du vide d'être et un appel pour dépasser les limites
imposées à la vie. S'il reconnaît, en vivant leur contingence, que les
sentiments comme l'amitié, l'amour et la peur sont dans l'ordre du vécu,
le poème entend aussi questionner leur *contextualité,* pour leur opposer
un horizon riche d'émerveillements et de découverte de l'Être. C'est
en somme un poème du sentiment dans la *totalité* des états de celui-ci.

## Une nuit à l'Arcahaie

Doux instant d'allégresse
Que cette tombée du jour
Dans l'Arcahaie d'amour
De bonheur et d'ivresse

Nous étions six amis
Ce jour-là à vouloir
Fuir le rythme noir
De la monotonie

La voie verte des bananeraies
Tressaillant sous les caresses
D'un vent plein de tendresse
Nous ouvrait Arcahaie

Ô mère de notre emblème !
Je ne connais ta douleur
Mais l'enfant qui se meurt
Sort de ton sein d'ébène

Doux moment que cette nuit
Avec des charmantes gonzesses
Noyés librement dans l'ivresse
Nous dansions la symphonie.

(1975)

## Les gloires du Sarkozy

Il est marrant le Sarkozy
s'il est vraiment vivant
et pas un vain vaillant.

Il a le don le Sarkozy
même en dehors de son élément
le dix-neuvième siècle a eu
son Ab Lincoln et son Fred Douglass
la Cinquième République a eu
son de Gaule et son Mitterrand
son Georges Marchais et son marrais
aujourd'hui nous avons nous
le Sarkozy et le Bushman
la vie est pleine de splendeurs.

Il est différent le Sarkozy
parce qu'il se fout bien des étiquettes
des protocoles et des qu'en-dira-t-on
il a sa fabuleuse beauté éblouissante
ses amis milliardaires et son cafard
et ça le rend plus *disturbant* le Sarkozy[1]
parce qu'il a son stylet à la Bourse
parce qu'il a son doigt sur la gâchette
et ses bâtards et éplucheurs en haut lieu
à travers la planète
et dans notre inconscience.

Il est plus redouté le Sarkozy
parce qu'il a le langage quotidien
la peine et la fuite et l'ennui
l'honneur et l'instant creux.
Il est dangereux le Sarkozy
parce qu'il est élégant
et en fonction
en charge de la damnation
comme de la rédemption.

Il est marrant le Sarkozy
s'il est vraiment vivant
et pas un vain vaillant.
Il est marrant
et fait la poulette cascadant
dans les saisons grasses
et dans les grosseurs de l'Euro.
Il est marrant
et fait les travailleurs s'effondrant
dans les abîmes du Smic[2]
quand ce n'est dans le chômage.

Il en a marre le Sarkozy
parce qu'il se fout des immigrés
comme des souf-nan-tyou de partout[3]
venant de nulle part le Sarkozy
il veut tout de même être le centre
l'écosse de la légitimité
farceur en haut lieu.

Il a choisi la France impériale le Sarkozy
contre la République souffrante
Hollywood aux marécages de Marseille
Clichy-sous-Bois à la bravoure de Carthage
Versailles à Montpellier,
Il ne sera pas là, le Sarkozy
quand les gémissements changeront en grondement
quand l'assaut se mènera contre la nouvelle Bastille
quand les exploités réclameront justice.

Seuls seront là pour le Sarkozy
la confrérie globaliste du Wall Street
les zotobrés de Furcy en vacances[4]
les barrons de la fraternité pétrolifère
ceux qui brûlent tout pour sauver leur input
et ceux et celles qui regardent la télé
et s'enchantent joliment
sur les gloires de Sarkozy
et sur la sainteté de Diana.

Il est marrant le Sarkozy
mais nous resterons là vigilants
veilleurs de nuit du vol au grand jour.

(Juillet 2008)

## Notes

1. Néologisme crée par l'auteur, provenant de l'anglais « disturb » qui signifie
   « déranger », « troubler », ici dans le sens de « dérangeur ».
2. S.M.I.C. = Salaire minimum interprofessionnel de croissance.
3. souf-nan-tyou, mot créole signifiant « prétendant », « curieux » ou quelqu'un qui
   se mêle des affaires des autres.
4. Du mot créole « zotobre » signifiant « richard », ici francisé par l'auteur.

## Entre deux saisons

Il n'y pas longtemps la sueur
en sillonnant mon front
crachat du soleil excité
me fait jouir du vent doux.

Même la mer rugit
pourtant recluse retorse
du charme d'Héphaïstos*
j'adore bien l'embrassement
de l'envoûtement inaperçu !

Elle a certes duré
l'éternité de désirs non comblés
mais l'émerveillement du moment
comme à l'accoutumée revient
dans l'inattendu de l'oubli
la face hideuse de l'automne.

Cyclique la nature capricieuse
pourtant encore garde son culot
le froid reparaît un matin
et m'étant habitué au rêve
je retiens le bonheur
compas inversé du détour du néant
comme mon horizon.

(Septembre 2008)

* Dieu grec du Feu et des Forges.

## J'ai revu encore le campeur

J'ai revu encore le campeur
là dans le même coin du boulevard
avec la même posture d'égaré
le même regard de l'Au-delà
la même ironie dans les yeux
défiant l'esprit de sérieux
et le qu'en-dira-t-on
se moquant du réel
et aussi de la merde.
Il est toujours là
dans le même coin
la même mine d'inconnu
il est toujours là
vingt cinq années plus tard.

(15 octobre 2008)

# Poèmes de jeunesse et de rébellion

## L'agonie du soleil

« Wanted! » lit-on
Dans le cœur des Français :
Ils cherchent le soleil.
Sur cette terre, la France,
Le soleil est aussi rare que l'amour,
Il se lève par caprice.
Sa rareté le fit considérer
En Messie saisonnier.
Mais comme tout Messie
Il a son Ponce Pilate :
Les jours sombres de l'automne.
Il meurt plus d'une fois,
D'abord par le cynisme des météorologistes,
Ensuite par les premières provisions de combustibles !
Enfin, ô calvaire ! par le froid,
Le froid déclaré. L'hiver.
Puis, tout le monde l'attend encore
Pas pour un Évangile
Qu'on eût trouvé d'ailleurs inopportun,
Mais pour faire bronzer
Les peaux trop rudement hivernées
Et les cœurs trop rudement refroidis.
Tout cela, hélas, au mépris de l'amour !

(Reims, février 1976)

## Souvenir de la fille d'or

Ses cheveux couleur de l'or
Rimant avec l'ensemble de son corps
Font scintiller mille étincelles
Rendant sa présence vraie et éternelle.

Ses yeux couleur de l'arc-en-ciel,
Le bleu évoquant le ciel,
Le vert enchantant l'espérance,
Le jaune et le reste formant une danse
Créent un être de rêve.
C'est une Ève.

Son regard est un sort
Il terrasse et endort
Il fait naître la passion
Et inhibe la raison.

Je l'ai rencontrée plus d'une fois
Mais toujours me met-elle en larmes et en émoi.
La première fois au « Glue Pot »
Je tremblais sans dire mot,
Bénissant son apparition,
J'étais perdu dans sa constellation.

Un jour dans une bibliothèque
J'ai niché telle une marouette
Le goût de sa présence
Et depuis, elle ne m'est plus une absence.

(Reims, mai 1976)

## Tontongi critique de Picasso

Usage et visage de bleu
triste et lamentable
de la femme aux seins nus
Picasso dansait et volait
comme un trublion de cirque
dans une irréalité éclatante
l'irréalité de la femme aux seins nus
perverse qui m'a placé dans une forêt africaine
dans la fausseté de la magie d'être Picasso
qu'il a voulu créer peut-être
car la femme au voile bleu ou rouge
créature de l'espace lumineux
triste aussi comme la femme aux seins nus
ouverte et fermée comme une parenthèse
est sensée le destin incarné
Picasso créateur enchanteur
ses créatures d'amour et de haine accouplés
auront comme par malheur fait durer la vie
et ce monde qui finira
il y a l'autre qui commencera
et qui finira comme Picasso.

(1981)

## L'Errant malheureux

Lui qui aurait aimé
qu'il explique sans parler
et comprenne sans entendre
lui vivant dans ses rêves d'antan
cherchant à coup de pleurs
et d'espoirs renouvelés
l'humanité dans l'homme
et des gens à aimer.

Lui l'Errant le salaud
qui aurait aimé vivre
vivre la vie sans le charme
dans l'amour dans la joie
trouver sous l'océan de froid
de mépris et de misère
un îlot de chaleur
qui propulsera l'amour.

(Janvier 26, 1978)

## Une paire de criminels

Je les voyais regard fixé
sur la proie et les ombres
manière d'oiseaux prédateurs
pénétrés d'une agression calculée
en train d'être déversée
sur la précieuse victime.

Voyageant en paire éparpillée
double reflet d'une trajectoire commune
l'un marchant au pas sur le trottoir
l'autre calé dans une BMW digitalisée
l'un à l'épiderme lui d'un noir d'ébène
l'autre à l'aspect d'une rose épanchée
l'un fumant d'ébriété et du laisser-aller
inanimé par le regard hagard du crack
l'autre tenant un cigare à l'air bien cuisiné
l'un habitant dans une banlieue sans bruit
sans nuisance et sans âme et sans foi
l'autre agité dans les commotions urbaines,
au tréfonds des enclaves des vies rejetées,

happé par la sirène des pompiers et policiers
et ambulanciers pressés par le malheur
ou par les plaintes de douleur des malades.

Ils sont beaux, heureux, enivrés et puissants
ils vendent des rêves la nuit et non la charité
ils exultent d'une candeur infinie
ils tuent sans façon
dans un coin de rue en sourdine
ou dans la pleine voie sous l'éclat du lampadaire
ils tuent en plein air ou dans l'ombre
ils tuent pour deux sous ou pour un stéréo
ou pour des millions sous le nez du percepteur
ils tuent sans façon
ils sont le reflet de notre monde
exemplaires et impeccables
une noblesse du mal être.

(1996)

## Une aperception du campeur

Son visage est défait
tel un rebours de quoi que soit
depuis notre dernière rencontre
par les rides soudainement apparues
les ossements sous les assauts du temps
élongés tout au long du menton
comme si venant d'une longue traversée.

Je le revois le lendemain
d'une allure pressée et gaie
mais comme pour aller nulle part
il a perdu son calme regard d'introspection
qui questionnait en silence le destin
même si sans jamais le défier.

Je le revois marchant à grands pas titubant,
semblant se résigner au grand troc
de la dégradation galopante du corps
contre de fous moments de plaisirs de l'instant
dans les abîmes du non-retour
comme la voie tracée depuis longtemps
inéluctable comme une perdition.

Pour mieux vivre ses élucubrations
dans les néants de l'extrasensoriel
il s'est longtemps avoué vaincu
pensant que c'est le péché fondateur
qu'on lui fait croire d'avoir commis
qui le dispense de toute obligation.
Il n'est jamais retourné du voyage
qui l'a envoyé dans les ténèbres du temps.

(Juillet 2010)

# Deuxième partie

## L'Idéal d'être

# Avant-propos

Une bonne partie du présent livre de réflexions et de poèmes a été composée dans un moment particulièrement troublant à la fois de mon existence individuelle et de celle de mon pays, Haïti. Je parle plus précisément de cette période qui va des années 1986 aux années 1991, une époque embrasée par une grande fièvre d'espoir, mais aussi ébranlée par des grandes tribulations, des désillusionnements, et parfois même des découragements.

Tout comme mon pays, j'ai vécu de longs moments alternant entre des cris de raclée de fouet, des cris de chagrin, de petits sanglots en silence, des cris où mes amours difficiles me désespèrent de la vie, de la confiance dans les femmes, dans les humains, dans les fétiches existentiels, et aussi des cris de questionnement devant le cynisme ambiant, des cris d'émerveillement, de reconquête, des moments où je réalise que tout est possible, que je possède la Terre, le Ciel, l'Univers, et que Dieu et moi sommes en confiance et en complicité.

Après, en effet, la grande révolte populaire de 7-Février 1986 qui aboutissait à la chute de la dictature macoute duvaliériste, le peuple haïtien avait beaucoup espéré pouvoir jouir, finalement, non pas, comme je le déplorais dans mon livre de poèmes, *Cri de rêve*, d'un pèlerinage scénique de candidats à la présidence allant et venant de Diaspora-Haïti-Diaspora et discourant inlassablement sur la « démocratie », mais de l'avènement au pouvoir d'un gouvernement authentiquement révolutionnaire qui satisfasse ses revendications les plus fondamentales, c'est-à-dire son droit à la nourriture, à l'habitat, à l'éducation, à la santé, et à la dignité.

Ce qui était, bien entendu, loin d'être le cas avec la succession au pouvoir de cette clique de mafiosi qui a pour noms Henry Namphy, Leslie Manigat, Prosper Avril, et qui n'aura fait qu'empirer les choses par le fait de la loi sociale de la dégradation continuelle qui veuille qu'une situation mauvaise s'envenimera de plus en plus si une autre action adverse radicale de changement ne la contrecarre. Est-ce cette action adverse de changement possible et imminente en Haïti ? Oui je le pense infiniment. Peut-être ne serait-elle pas imminente dans le sens de l'avènement en Haïti d'un paradis providentiel du jour au lendemain, mais dans le fait que le peuple haïtien restera mobilisé—ne serait-ce que sporadiquement—, jusqu'à la satisfaction totale de ses revendications.

Je comprends que le lecteur puisse se trouver décontenancé par l'entrelacement trilingue du créole haïtien, du français et de l'anglais qui est fait ici. Et j'en suis désolé. La raison, c'est que je voulais toucher à la fois le lecteur haïtianophone, francophone et anglophone sans écrire trois différents livres, sans recourir à la technique traditionnelle de traduction fidèle d'un poème à l'autre, et tout en reproduisant *l'esprit fondamental* d'un seul livre dans les trois langues. Quand bien même j'essaie de rendre la traduction de la plupart des essais et des poèmes (dont seulement 5% sont traduits) aussi proche que possible les uns des autres, pour les poèmes j'utilise aussi ce que j'appelle la « traduction organique », c'est-à-dire écrire le même poème dans deux ou trois langues différentes sans recourir à la traduction littérale mécanique (ou tout au contraire utiliser la traduction littérale mécanique pour créer tout un « nouveau » poème). Au moins, cette technique (dont j'emploie ça et là toutes les deux composantes contradictoires) empêche la violence, inévitable, qui est faite à un poème quand on le traduit dans une autre langue.

Que le lecteur me pardonne aussi d'y avoir faire usage d'un certain langage non orthodoxe, de certaines images de style et des « haitianismes » ; je voulais simplement conserver un certain caractère *authentique* au livre, part de la résistance contre la conformité. Le lecteur me dira si j'ai réussi.

# Témoignages et réminiscences

## I. Irak, Katrina et Cindy Sheehan :
## Le tragique comme routine

L'ouragan Katrina qui a ravagé les côtes sud des États-Unis et détruit une bonne part de La Nouvelle-Orléans a montré ce que tout le monde pressentait mais ne voulait pas le dire : sous le régime politique contrôlé par les *néocons,* qui se préoccupaient à projeter la puissance globale des États-Unis à l'extérieur, les capacités économico-stratégiques du pays se sont considérablement affaiblies.

Ainsi, durant plusieurs semaines d'affilée le monde entier voit se dérouler l'image lamentable d'une superpuissance agissant tout à coup comme un pays incompétent, corrompu et sous-développé, avec un relent de racisme et d'indifférence au sort de ses propres citoyens. Quand Condoleezza Rice, la secrétaire d'État afro-américaine, était signalée faisant les courses pour souliers dans un magasin de luxe à New York pour un show à Broadway, son état natal, l'Alabama, était en proie au malheur de l'ouragan ; tandis que George W. Bush lui-même, un président qui menait sa campagne électorale sous la bannière de la compassion, prenait la sieste dans son ranch à Crawford, en Texas. La Louisiane était peu dans ses soucis. De plus ces négros pauvres, de réputation libidinale, n'étaient pas particulièrement une espèce qu'on voudrait préserver à tout prix. J'appelle cela la manifestation d'un inconscient génocidaire.

Colonie de peuplement rebaptisée en l'honneur du roi Louis XIV de la dynastie des Bourbon-Orléans, la Louisiane était une importante possession française avant d'être liquidée aux Étatsuniens par Napoléon en 1803. En effet, pour mâter la rébellion des anti-esclavagistes dans sa florissante colonie de Saint-Domingue, Napoléon y envoya, en 1801, une impressionnante armada de 32 000 hommes, composée des forces d'élite de l'armée française. Commandée par son propre beau-frère, le général Charles Leclerc, l'invasion réussit à kidnapper, par l'astuce d'une rencontre diplomatique, le chef anti-esclavagiste Toussaint Louverture ; mais cela ne fit qu'enrager les anti-esclavagistes qui étaient dans leur forte majorité des anciens esclaves eux-mêmes. Après maints sacrifices et sévices consentis, ceux-ci, sous le valeureux leadership de Jean-Jacques Dessalines, éventuellement défirent les forces de Napoléon, proclamant l'indépendance de Saint-Domingue le premier janvier 1804 (rebaptisé ce jour-là Haïti ou *Ayiti,* d'après le nom original signifiant « île montagneuse » donné par les natifs Indiens avant leur génocide).

Beaucoup d'historiens aujourd'hui relèvent la grande dette que les États-Unis auraient dû au moins reconnaître envers Haïti pour leur avoir favorisé l'acquisition de plus du double de leur territoire d'alors en forçant Napoléon à leur vendre la Louisiane pour financer la guerre qu'il menait alors contre les révolutionnaires anti-esclavagistes de Saint-Domingue et contre l'Angleterre.

En fait, l'enlisement de Napoléon à Saint-Domingue d'abord l'empêcha de se rendre à la Louisiane pour rétablir son autorité contre les visées annexionnistes de Thomas Jefferson, le président des États-Unis d'alors. Ensuite, la perte des rentrées que procura la riche colonie, directement occasionnée par la rébellion anti-esclavagiste, plaçait Napoléon dans une situation intenable dans un moment où il avait un grand besoin d'argent pour continuer ses visées impérialistes. Cette petite digression à l'histoire a une grande importance s'il faut bien comprendre le rapport de connexité colonialiste qui existe entre Irak, Cindy Sheehan, Cyclone Katrina, La Nouvelle-Orléans, et aussi Haïti.

Cindy Sheehan, une mère qui a perdu son unique fils, le caporal Casey Sheehan, dans la guerre d'Irak, voyageait de la Californie au Texas pour apparaître cette journée du 6 août 2005, au portail de la retraite du président George W. Bush, à Crawford, demandant un entretien avec lui sur les conditions de la mort de son fils. Elle était particulièrement fâchée ce jour-là, ayant entendu dans les nouvelles que 14 marines étatsuniens venaient d'être tués en Irak suite à des embuscades et batailles sanglantes. Bush refusa de la rencontrer. Elle refusa de partir. Elle mit sur pied un « camp-out » qu'elle appela le Camp Casey, du nom de son fils tué, se disant décidée à exposer le scandale de jeunes hommes et jeunes femmes qui continuent à mourir pour un mensonge. Elle a capturé l'imagination sympathique de beaucoup de gens ce jour-là.

Un mois plus tard, vers la fin du mois d'août et le début de septembre 2005, les ouragans Katrina et Rita prouveront la corrélation structurelle existant entre la guerre, le racisme et la pauvreté. J'ai utilisé le terme « subconscient génocidaire » pour appréhender la totale négligence et indifférence à la souffrance humaine qui caractérisait la réponse initiale des autorités fédérales et locales face à la grande tragédie qui engloutissait les états du Mississipi, de la Georgie et de la Louisiane cet été-là. Bien que le maire de La Nouvelle-Orléans, Ray Nagin, soit lui-même un Noir, il lui a fallu l'emploi d'une injure épicée à la télévision nationale pour que le gouvernement fédéral s'engage sérieusement dans la mission de sauvetage, et là encore on y sentait l'absence d'une urgence nationale.

Tout comme le 11-Septembre, les guerres en Afghanistan, au Moyen-Orient et en Irak ou les Tsunami en Asie du Sud-Est le décembre précédent, l'ouragan Katrina avait causé des pertes humaines à un niveau massif ; cependant on sentait qu'il y avait quelque chose d'autre en mouvement dans la tragédie Katrina. Il y avait une certaine impression que la souffrance d'un certain groupe de gens ne valait pas une considération prioritaire simplement parce qu'ils étaient noirs et pauvres, donc non représentatifs et non importants dans la structure de pouvoir ambiante.

La sorte de racisme du subconscient génocidaire en opération à la Louisiane n'était certainement pas perceptible et palpable à première vue ; il était manifesté de par le résultat final, non du dessein intentionnel. « S'*ils* se sont tous évanouis dans le Néant, ce ne serait pas si mal après tout », semblait être le réflexe opératif. C'est ça le subconscient génocidaire. La bonne conscience du génocideur est sauve, puisque, techniquement parlant, le génocideur n'avait causé le génocide ; c'est la nature qui l'avait causé.

Nous savons que 3 700 soldats de la garde nationale de la Louisiane et 3 000 du Mississipi étaient en service en Irak quand Katrina s'enfonçait sur la rade de La Nouvelle-Orléans et brisait les digues. Ils y avaient emporté avec eux des équipements de transport, des tracteurs-nettoyeurs, des machines à purifier l'eau, etc., soit des équipements qui auraient été cruciaux à l'évacuation et au plan de sauvetage nécessaires pour résister et survivre les dévastations destructives des ouragans.

Observant le déroulement de la tragédie, j'ai remarqué tout d'abord que les sections les plus riches, les plus ethniquement *blanches* de La Nouvelle-Orléans, ont été presque intouchées par les cyclones ; les Blancs avaient bâti leurs maisons sur les hauteurs, dans le sanctuaire élevé, ayant suivi les prédictions des experts quant à la vulnérabilité des rades de La Nouvelle Orléans (la ville est située au-dessous du niveau de la mer).

Au cours des premières heures de la tragédie, la plupart des médias de masse concentraient leur attention sur les actes de pillage, les tirs sur les sinistrés et les attaques contre les stations de police qui eurent lieu. C'était certainement un développement bien insolite et regrettable, mais il y avait d'autres situations autrement urgentes qui exigeaient une attention spéciale : entre autres des centaines de gens qui agonisaient à pleine vue.

Ce qui me fait déduire que la propriété et l'intérêt matériel peuvent constituer des raisons beaucoup plus impérieuses d'agir que la vie humaine et la sûreté face au danger. Les premiers ordres donnés par la police étaient pour protéger les biens, pas la vie. La rationalité présentée : le plan de sauvetage ne peut s'accomplir s'il y a des criminels qui hantent et contrôlent les rues et les eaux. C'est une assertion bien logique, excepté que la perception que des groupes de criminels avaient conquis et contrôlé la ville a été une fabrication pour justifier la focalisation des forces de l'ordre sur la défense des biens, même si il y avait aussi de vrais criminels qui exploitaient la situation de chaos créée par les destructions des ouragans. Cependant, même dans les situations de chaos et de désespoir, les questions de race, de classe et d'étiquette ne disparaissent pas de l'équation.

Au fond, étant donné la rareté des accessoires quotidiens et le contingent sentiment de précarité occasionné par l'ouragan, beaucoup de gens prenaient les choses de par leurs propres mains, qui incluait aussi bien sûr, notamment parmi les pauvres, s'approprier des biens (marchandises, produits de consommation quotidienne, etc.) pour lesquels ils n'avaient pas payé, dans l'intention primale de survivre la tragédie. Était-ce du vol ? En tout cas, beaucoup de ces actes ont été criminalisés par la police, et beaucoup d'hommes et de femmes de couleur et pauvres ont été ainsi perquisitionnés pour avoir essayé de survivre dans une situation catastrophique où ils étaient laissés à eux-mêmes.

J'ai également remarqué que, pareil aux victimes des ouragans, la grande majorité des milliers des soldats étatsuniens reportés tués et blessés dans la guerre en Irak sont des jeunes Noirs et Latinos issus des 'hoods (les quartiers pauvres bondés des minorités raciales), et des Blancs pauvres de partout, qui s'enrôlent dans l'armée non en quête d'aventure ou motivés par la haine de l'ennemi putatif, mais plutôt en quête d'opportunités ; en quête d'aide financière pour s'inscrire à l'université, une option qui devient de plus en plus inaccessible. En quête d'un monde meilleur, d'une vie meilleure, parce que la vie, telle qu'ils l'ont connue aux États-Unis de leur rêve, ressemble de plus en plus à un cauchemar. Pour beaucoup d'entre eux, le choix était entre le chômage, la condition de sans-abri, la prison, la pauvreté ou Irak.

Ils ne savaient pas trop au sujet de Saddam Hussein, ni de son supposé arsenal d'armes de destruction de masse, voire que ces supposés armes et programmes d'armement étaient déjà démantelés par ces mêmes inspecteurs des Nations Unies employés par les puissances occidentales pour ne faire que cela ! Ce détail, bien entendu, était perdu dans la propagande assommante, assourdissante qui soutenait la guerre. Il n'était pas important. La politique du fait accompli. Tout comme ils le répèteront en Haïti, l'accent sera mis désormais sur la démocratie—après que les prétextes des armes de destruction massive et de la défense de l'honneur de l'ONU se seront révélés inefficaces. En réalité, ce qui était en déroulement sur le plan du vécu quotidien, c'était ce que Jürgen Habermas appelle « une grande distorsion de la réalité », un mirage d'envergure pour justifier la continuation de la guerre après que ses supposées déterminants et justifiants se seront évaporés.

Sitôt que Katrina eût frappé La Nouvelle-Orléans, je ne pouvais m'empêcher des réminiscences sur ma visite du lieu trois ans auparavant. Comme le taxi que nous prenions de l'aéroport pour aller au Quartier Français longeait à vitesse ralentie l'autoroute, j'ai remarqué, en un clin d'œil, quelque chose d'inouï, étrange : deux cimetières face à face des deux bords de l'autoroute dans ce qui ressemble à deux mondes diamétralement différents. Dans un cimetière, il y a une très belle verdure, une oasis du vert, des plantes, des arbres, des fleurs, des tombeaux de pierre solides, et un sentiment du calme, de la paix reposante. Dans l'autre cimetière, par contre, les tombeaux étaient dilapidés, des croix tombées à même le sol, totale absence de verdure, un sentiment de l'enfer sur la terre, cette fois l'enfer est incarné dans l'ennui, dans la solitude pathétique.

Après quelques jours à La Nouvelle-Orléans, ma famille et moi prenions encore un taxi pour aller visiter la fameuse côte de la ville ; j'ai observé encore les deux cimetières en passant sur la même autoroute, cette seconde observation a confirmé ce que j'ai déjà appréhendé : Même dans la mort, les conditions *apartheidisées* de la vie sont reproduites dans une franchise physique, observable, incontournable. Les deux conditions d'enterrement sont le produit d'une dualiste, dichotomique habituation de vivre dans une société séparée sur des lignes raciale, ethnique, sociale, économique et culturelle, qui ne coexistent pas toujours sans tension. Une réalité différenciée, résultante d'un long processus historique d'exclusion, d'exploitation et d'infériorisation.

Beaucoup d'observateurs n'ont pas manqué de faire allusion, souvent avec une certaine désolation, aux imageries du tiers-monde que projetaient les États-Unis aux yeux du monde. À un tel point qu'à un certain moment je me demandais lequel bout du dilemme était pire pour les États-Unis : le jugement d'incompétence ou d'indifférence ou bien l'identification au tiers-monde ? En tout cas, la réponse du gouvernement fédéral à la dévastation des ouragans a exposé soit la persistance du racisme institutionnel aux États-Unis, soit son bluff quant à ses véritables *capacités* de superpuissance, ou soit sa flagrante incompétence gouvernementale (ou soit les trois ensemble). La seule chose positive qui émanait de la tragédie, c'était tout de même les signes de solidarité, de profonde empathie et de volonté d'aider manifestés par beaucoup de personnes de la région et d'autres parties du pays, y compris les victimes de la furie des ouragans elles-mêmes.

## 2. Contingence, mauvaise foi et sérialité

Ce que j'ai observé venant des reportages médiatiques sur l'ouragan Katrina du mois d'août 2005 et des témoignages de gens qui avaient vécu ses horreurs, c'était la vérification des concepts sartriens dits « *mauvaise foi* » et « *sérialité* ». Ils étaient apparents dans la plupart des réactions à la fois des autorités, des sinistrés, des évacués et de la population en général, envers les ravages du cyclone en Louisiane et en Mississipi. Les autorités en charge du sauvetage (FEMA), ne montraient pas le niveau d'empathie et d'urgence nécessaire pour faire front aux calamités et sauver des vies ; on dirait comme si elles étaient totalement indifférentes aux malheurs de leurs compatriotes, apparemment parce que ceux-ci étaient dans leur majorité pauvres et noirs.

Un autre facteur était le fait qu'une grande part de la force de travail humaine professionnelle et des équipements de secours dont les Mississippiens et les Louisianais avaient tant besoin pour se prémunir contre l'ouragan était en usage en Irak, au profit d'une guerre illégale. Bref, il y avait de la part de l'administration Bush un manquement délibéré à appréhender l'énormité de la tragédie et à s'acquitter de leur devoir d'assistance à personne en danger—la quintessence de la mauvaise foi.

Quant à la sérialité, je la percevais dans la façon docile, résignée, fataliste, presque défaitiste dont les sinistrés et leurs défenseurs acceptaient de suivre les ordres des autorités même quand ces ordres pouvaient être prévus pour avoir des effets contraires par rapport aux impératifs de la situation, par exemple l'acceptation, en fait, des conditions de vie dans le Convention Center et le Superdrome (même si, il est vrai, il y avait une minorité militante qui les contestait) ; ou encore le refus par la FEMA de laisser parvenir des moyens d'évacuation et de survie comme de la nourriture, de l'eau et des draps chaux aux sinistrés et aussi à beaucoup de malades dans les hôpitaux. Les ordres de FEMA ont été pour la plupart acceptés et suivis comme de droit par les subordonnés, bien que, de toute évidence, la plupart d'entre eux fussent de nature à nuire aux efforts de sauvetage.

Il y avait certes une grande volée de critiques et d'indignations envers l'indifférence, l'incompétence et les maladresses des autorités, particulièrement les autorités fédérales, venant des médias et de la population en général ; toujours est-il, en fait, considérant la colossale ampleur de la tragédie et des manquements des autorités, la réaction a été plutôt docile. Si on excepte certains cas individuels de courage, et des atteintes de contre-pouvoir, malheureusement de nature crimi- nelle, il n'y avait pas des actions contestataires d'envergure, comme des manifestations de masse dans les rues et quartiers non touchés, ni même une demande d'*impeachment* du président (savoir que Bill Clinton a été placé en procès d'impeachment pour une semi-liaison avec une interne !).

Un autre concept favori de Sartre qui était en action dans le désastre Katrina, c'était la *contingence* ; elle était partout, manifestée dans l'imprévisibilité des *happenings,* dans l'insignifiance du vide des malheurs endurés. Contingence mais aussi la peur, la peur du manque, la peur de la furie des éléments, la peur vis-à-vis de l'impératif d'un changement fondamental que la situation a offert, changement à la fois dans les mœurs et dans les structures sociopolitiques existantes.

# Chroniques sur deux siècles pour mémoire

# États-Unis : La guerre des sexes, des classes et des races

## I. La Marche d'un Million d'Hommes

Plus d'un million d'hommes noirs déferlent sur Washington D.C., le 16 octobre 1995, dans ce que les leaders et organisateurs de l'action appellent « La Marche d'un million d'hommes », solennellement convoquée pour faire acte d'« *atonement* », c'est-à-dire se donner en expiation morale pour les manquements, les faiblesses, les faillites de l'homme noir quant au devoir qui lui est incombé en premier chef : celui de pourvoyeur de sa famille et de « participant positif » dans le devenir de la communauté.

Initiée et organisée par La Nation de l'Islam—l'organisation des musulmans noirs—et activement soutenue par la plupart des organisations et personnalités militantes noires, la Marche a pratiquement renversé la métaphore d'expiation du côté des Noirs vers l'*Establishment* blanc dominant, appelant pour une « plus parfaite union », selon l'expression du leader islamique noir, Louis Farrakhan, qui remonte à l'histoire pour rappeler aux manifestants que sur cette place même où ils se tiennent, leurs ancêtres furent « amenés enchaînés pour être vendus en esclavage », dénonçant le premier président étatsunien, George Washington, pour avoir été « un maître d'esclaves ».

En plus de l'*atonement,* la Marche a proclamé la « réconciliation » comme un autre objectif fondamental de sa mise au point ; mais une réconciliation qui doit être bâtie sur la reconnaissance du fait, comme le dit Farrakhan dans son allocution de clôture, citant la conclusion des deux études officielles connues sous le vocable « Rapports Kern », que le fossé de division entre les races (le « *great divide* »), reste aujourd'hui encore, [en 1995], soit trente ans après les grandes conquêtes du mouvement dit des « droits civiques », un élément fondamental des relations interraciales, parce que tout simplement les États-Unis demeurent divisés entre « deux sociétés, l'une blanche l'autre noire, et toujours inégales », une réalité, conclut Farrakhan, activement encouragée par la philosophie de la « suprématie blanche » qui continue d'inspirer et guider à la fois les institutions d'État et la politique gouvernementale, pervertissant ainsi leurs plus nobles proclamations.

Naturellement, la Marche a eu aussi son flot de détracteurs, qui la dénoncent comme non seulement une initiative « sexiste », à cause de son exclusivité masculine, mais surtout comme une entreprise douteuse parce que son initiateur principal, Louis Farrakhan, connu pour ses déclarations franches et *fiévreuses* sur « l'état » des relations raciales, est la force principale derrière sa matérialisation. L'ironie c'est que la principale justification énoncée par certains milieux bien-pensants pour discréditer son bien-fondé, à savoir l'exclusion des femmes de la Marche, n'a pas été vécue comme un problème par les communautés concernées. En fait, à part une poignée d'éléments notables de l'élite politique noire, femmes comme hommes, comme par exemple Roy Wilkson, Angela Davis, Allain Powell ou le comité hiérarchique du NAACP qui dénoncent le « double message » de la Marche, l'initiative a été embrassée avec grande ferveur par l'immense majorité des organisations et personnalités respectables de la communauté noire, y compris le Black Caucus, le FNCC, Rosa Park, Jesse Jackson, Ben Chavis, Gwen Brook, Louis Brown, Joseph Lowerty, Al Sharpton, Betty Shabazz, John Conyers, Charles Rangels, Dr. Fulani, Maya Angelou, Bill Crosby et Stevie Wonder. Bien émouvante a été l'image des femmes noires encourageant et préparant, avec enthousiasme et fierté, leur frères, leurs maris ou leurs fils pour se rendre à la Marche.

Et bien que l'exclusion des femmes ait été une grande source d'inconfort pour nombre de militants qui condamnent tout rapport de domination de l'homme sur la femme, l'esprit et l'objectif de la Marche étaient loin d'être « anti-femmes ». En fait, en dépit de ses sempiternelles références à Dieu, à la famille et à la communauté, la Marche a été une marche essentiellement « politique », posant son accent sur des problèmes politiques spécifiques confrontés par les pauvres et les Noirs. La singularisation même des déboires de « l'homme noir » est compréhensible dans le contexte de la société étatsunienne ; car après tout, dans la problématique générale de l'oppression des Noirs, il y a bien un « problème d'homme noir » en particulier aux États-Unis.

L'affaire O.J. Simpson elle-même, en dépit de son voyeurisme médiatique, a été vécue par la communauté noire comme un signal d'alarme sur une « *systemic pattern* », c'est-à-dire une systématique entreprise de criminalisation et de dévalorisation par les institutions blanches des leaders et idoles noirs américains dans les multiples positions d'autorité, que ce soit dans les arts, dans le sport, dans l'université, dans le gouvernement, dans la politique, ou simplement dans la société en général. Dans les accusations, les inculpations ou les condamnations publiques des figures aussi vénérées telles le maire Maryon Barry, le boxeur Mike Tyson, l'ancien président du NAACP, Ben Chavis, le chanteur Michael Jackson, le Congressman Al Reynolds, l'écrivain en attente d'exécution Mumia Abu-Jamal ou de la vedette sportive et télévisuelle, O.J. Simpson, ils décèlent, non une coïncidence, mais une plus délibérée offensive discriminatoire contre les Noirs. Certains parlent même de politique de « génocide » contre ceux-ci.

Et si on y ajoute le fait, comme le montre un récent rapport public, que un sur chaque trois jeunes hommes noirs est impliqué dans des ennuis judiciaires et que la totale population des prisons est surchargée d'une moyenne de 52% de Noirs, alors que ceux-ci constituent seulement 15% de la population générale. Sans compter les ravages humains causés dans les communautés noires par la prolifération de la drogue et des armes à feu contrôlées par les grands trafiquants d'affaires blancs. Racisme ? Absolument, comment autrement désigner les effets objectifs d'un système d'injustice si racialisé ? Comment mieux déterminer sa perversité si ce n'est dans la mathématique catastrophique des masses de personnes qu'il exclut, dégrade, exploite, déshumanise ou tue au nom de la suprématie d'une race ?

En fin de compte, malgré les controverses—dans les milieux surtout blancs—sur le bien-fondé et la légitimité de la Marche, l'*Establishment* politique, lui, sait de quoi il s'agit : une masse de plus d'un million d'hommes qui descendent dans la rue pour « changer la vie ». La mathématique de cette contestation est en elle-même un facteur incontournable dans le rapport de force, et c'est justement pourquoi les tenants du système avaient tant fait pour la discréditer et compromettre sa réussite.

## 2. La Conférence des Femmes

Il faut dire que cette marche a eu lieu à peine deux ou trois semaines après la triomphante conclusion de la Conférence des Nations Unies sur la condition féminine, tenue à Pékin, où une très musclée délégation étatsunienne, présidée par la femme du président, Hillary Clinton, a pris la vedette pour avoir dénoncé la condition de la femme en Chine, se présentant ainsi comme la championne des droits de la femme aux États-Unis. Entre ces deux événements—la Conférence des femmes et la Marche d'un million d'hommes—, apparemment dissociés, il y a cependant un pont d'identité : des femmes qui dénoncent des « sociétés d'hommes » pour leur mépris des droits de la femme, et des hommes qui récriminent ces mêmes « sociétés d'hommes », y compris eux-mêmes, pour la faillite de l'idéal humain.

La Conférence des femmes a dénoncé avec éloquence la continuelle exploitation des femmes dans la plupart des cultures et sociétés humaines, à l'Est comme à l'Ouest, au Sud comme au Nord. Après avoir démontré que la violence physique sur les femmes par les hommes, comme il est malheureusement courant dans nos sociétés, est un abus systématique des droits de la femme, la Conférence a fait une synthèse judicieuse entre les « droits de la femme » et les « droits humains » plus fondamentalement, énonçant, dans ses résolutions de conclusion, toute une liste de principes universels et de revendications spécifiques, comme par exemple, l'égalité de rémunération pour un même service rendu, qui, en gros, font avancer le champ des objectifs libérationnels poursuivis par les femmes.

Cependant, en dépit de son extensive rhétorique sur les malheurs de la femme dans le monde, la délégation étatsunienne a pratiquement mis en sourdine ou, en tout cas, a failli de porter un accent suffisant sur les conditions de la femme aux États-Unis mêmes où, à l'instant même, un assaut systématique est en cours, venant du gouvernement étatsunien lui-même, contre les femmes, particulièrement contre les femmes pauvres, blanches comme noires : les mères célibataires, les mères mineures qui vivent de l'assistance publique, ou simplement toutes les femmes bénéficiaires—pauvres, moins pauvres ou des classes moyennes—des lois de l'Affirmative Action qui protègent jusqu'ici certains de leurs droits et que le Congrès entend maintenant démolir.

# Vie humaine et chronique d'une fin de siècle

*(dédié à Nelson Mandela, Evens Paul, Jean-Auguste Mezyeux, Patrick Bauchard et Marineau Étienne)*

Les riches de l'Occident, les grands clercs conseillers du prince ainsi que la presse à sensation célèbrent aujourd'hui [1990] « la mort du communisme » et font des pèlerinages à cœur joyeux dans les rues de Berlin pour absoudre et maudire à la fois, dans leur mauvaise conscience ainsi vengée, la destruction du Mur. Le grand Mur de Berlin ! Partout c'est la fête, la joie, la condamnation de l'empire communiste, la satisfaction devant son déclin et son éclatement, et aussi un sentiment de triomphe, triomphe du capitalisme ; venu, enfin, le grand règne de la démocratie !

Pourtant, à y regarder de plus près, au-delà de ces célébrations de l'idéal démocratique par des secteurs qui ont historiquement tout fait pour l'étouffer (l'« endiguer »), c'est bien l'empire de l'argent et de l'individualisme mesquin qui s'annonce, ouvertement et arrogamment cette fois après de longs moments de pudeur moraliste. Le Mur de Berlin n'est plus aujourd'hui, tant mieux, mais il reste partout d'autres murs, il reste partout érigés, plus que jamais imposants, les murs de l'argent, les murs qui empêchent des milliards d'êtres humains de vivre libres, épanouis et égaux entre eux, les murs, enfin, de la haine, de l'aliénation, de l'exploitation de l'humain par l'humain, les murs de la pauvreté.

**Un certain soir à Port-au-Prince, en 1957 :** La radio annonçait en silence, sans emphase, comme si la chute du temps était indéfinie et malgré la sourde complainte des milliers d'enfants sans parents (et de parents sans enfants), que quelques salopards venaient d'être tués. Ils étaient tués comme ça. Et leur sang a séché le lendemain, sans trop attendre. Puis, nous avions eu la venue au pouvoir des Duvalier, et pour trois décennies durant ce sera désormais du sang, du feu, de la terreur et de la paupérisation continuelle chez tout le peuple. C'est dans l'ordre des choses et du temps.

**Soweto, en Afrique du Sud, 1962 :** On a arrêté un jour, à Soweto, un petit salopard. Il passera les vingt-huit prochaines années en prison. Un autre mot d'ordre de tous les peuples du monde a vu le jour après cette arrestation : Libérez Nelson Mandela ! Il est revenu un beau jour en 1990, comme ça et comme si sa longue absence était un fait de la nature. Où était-il pendant tout ce temps-là ? A-t-il vu les grands matchs de football de l'équipe brésilienne, les mondiales, les olympiques ? A-t-il jamais été entendre les Beatles, danser les Fantaisistes ou le disco ? A-t-il jamais été à San Francisco fumer de la marijuana avec des hippies ? Où était-il pendant tout ce temps-là ?

**Un autre jour à Port-au-Prince, à Arcachon 32 plus précisément, 1989 :** On a arrêté trois de mes petits camarades*. Je les ai revus à la télévision, le lendemain, transformés en monstres venus de nulle part. Visages tuméfiés, nez écrasés, mâchoires à motifs irréguliers, bouches enflées, yeux enfoncés, en sang, cheveux sans poils, comme une peau de calebasse. Pourquoi ? Je jure sur ma foi qu'ils étaient très gentils, blagueurs, poètes, bons vivants et amis de tout le monde. Le gouvernement a dit qu'ils étaient des terroristes. Oh ! Ça doit être bon d'être terroriste ! Mes trois petits camarades plus un autre petit soldat qui jouait au soldat-marron ont été jetés en prison, comme ça et comme si leur existence même était une faillite du destin. Et puis, ils sont revenus trois mois plus tard : en béquilles, sans dents, sans reins, avec un seul œil, terriblement difformes. Pourquoi ?

(* Les mots « petits camarades » sont utilisés dans le texte, écrit en 1989, dans une acception élargie, dans le sens de la fraternité collective qui existe dans un parti, un mouvement politique, « un corps d'hommes qui luttent » (Sartre) ; à l'époque les personnalités plus haut nommées étaient toutes des militants de la cause anti-duvaliériste, prosocialiste. Certains d'entre eux se joindront éventuellement à la droite procapitaliste, la réaction duvaliériste et l'impérialisme occidental pour renverser Jean-Bertrand Aristide.)

**À Soweto, en Afrique du Sud, juin 1976 :** Des écoliers comme il faut, visages à peau d'ange, sourires aux lèvres mais la mort dans l'âme, descendirent dans la rue ; ils descendirent dans la rue pour protester contre l'obligation qui leur était faite d'apprendre la langue des oppresseurs à l'école, l'afrikaans ; ou pour seulement dire qu'ils n'étaient pas heureux dans la vie, pas heureux parce qu'on avait emprisonné leurs parents, banni leurs compatriotes, terrorisé leurs professeurs, et parce qu'on les a traités, eux, comme des enfants du diable, de la bête. Ils n'étaient pas heureux et criaient leur malheur. Puis, soudainement, en l'espace d'un éclair de feu, une grande mitraillette s'était braquée sur eux. Et on n'a plus entendu parler d'eux. Des centaines de tués. Pourquoi ?

**À Jean-Rabel, année 1987 :** Une bourgade du nord-ouest d'Haïti. La moitié de la population a été littéralement décimée par l'autre moitié, qui a été payée une pitance par les grands dons de la zone pour accomplir la besogne : des centaines de tués. Tous des paysans pauvres, y compris les exécuteurs. Raison : la première moitié réclamait de la terre qui lui appartient de droit, et l'autre moitié exécutait l'ordre des grands propriétaires fonciers, qui jouaient sur l'ignorance et la misère de celle-ci pour l'aider à refuser de remettre des terres qui leur appartiennent de fait, c'est-à-dire appropriées par rapacité. Résultat : des centaines de tués et le maintien du statu quo.

**À Petit-Goâve, Haïti, février 1990** : Une petite fille de onze ans, Roseline Vaval, a décidé de jouer à l'enfant et d'aller avec ses camarades de classe danser sur la grande place et chanter des chansons du bonheur et de la délivrance. Elle était belle comme un printemps indien, avec une allure d'ange de la terre, innocente et pleine d'une splendeur paysanne, une très belle âme d'enfant. Des militaires du gouvernement de Prosper Avril décidèrent que leur fonction à eux était de tirer, tirer sur tout le monde, sur la foule, sur la fille. Morte raide. Pourquoi ?

**À Philadelphie, aux États-Unis, l'année 1985** : Un groupe de Noirs pauvres décidait d'exercer son droit constitutionnel en créant une commune dans un quartier. S'achetant légalement un immeuble, ils choisissent de vivre dedans comme bon leur semble : même nom de famille, régime nutritif végétarien, sans poubelle, économie communale, propreté rudimentaire, bref, refus de tout luxe conventionnel. Tout ça est sans conséquence. Or, il paraît que les conventionnels du quartier n'aimaient pas l'excentricité des communards, qui leur rappelait trop leur propre aliénation mentale. Démarche : ils appellent la police. Action : une bombe est jetée sur l'immeuble. Résultat : tous les occupants tués. Conclusion : silence. Pourquoi ?

**Atlanta, USA, 1982** : Le Centre de contrôle des maladies (CDC), une agence fédérale étatsunienne, a placé les immigrants haïtiens, contre toute indication scientifique, dans la liste des groupes humains susceptibles d'avoir et de propager le virus du sida. Les Haïtiens ne mirent pas longtemps pour renifler de la poudre raciste dans cette bizarre liste, car la dénomination « Haitian » était la seule catégorie ethno-nationale proprement dite faisant partie de cette liste, les autres groupes étant des catégories essentiellement sociologiques ou médicales : les homosexuels, les prostituées, les toxicomanes et les hémophiles. Racisme et machiavélisme politique : l'administration réactionnaire de Ronald Reagan entendait, par cette désignation, à la fois justifier sa politique de détention en masse des « boat-people » haïtiens et blêmir l'image des Noirs. Les Haïtiens sont en désarroi, ils ne savaient d'abord que faire de cette attaque, ils en ont honte, puis c'est la colère, puis la protestation. Protestation dans toutes les communautés immigrées haïtiennes. Le CDC a finalement « ôté » leur nom de la liste. Mais le stigmate reste. En février 1990, les autorités de l'administration de George Bush récidivent : Le Département des drogues et de l'alimentation (FDA), une autre agence fédérale, a fait circuler une directive, là encore contre toute raison scientifique, défendant aux Haïtiens de donner (et à la Croix rouge étatsunienne d'accepter) du sang. Les Haïtiens crient racisme et provocation. Protestation partout. Dix mille descendent dans la rue, à Miami ; cinq mille à Boston ; des manifestations ont eu lieu à New York, à Washington, partout. En peu de temps, plus de 200 000 Haïtiens auront été dans la rue pour protester contre cet affront national. C'est très bien. Et ça doit continuer, non seulement jusqu'à ce que cette directive soit levée et désavouée, mais aussi jusqu'à ce que les Étatsuniens auront payé cette dette criminelle envers la dignité et l'intégrité des Haïtiens.

Quelques mois plus tard, effectivement, la directive a été levée, désavouée. Victoire totale de l'indignation et de la manifestation de masse, dans la rue, dont un blocage complet du Brooklyn Bridge de New York—qui a poussé les autorités fédérales à réaliser que ces sacrés Haïtiens et leurs supporteurs ne vont pas sitôt se boucler la gueule.

**Afrique du Sud, février 1990 :** Mandela est revenu ; pourtant je l'ai vu encore assis dans sa prison de Robben Island, majestueux comme une nuisance : veston bleu à barres horizontales rouges, mine de rien mais profonde, gesticulant à l'intention de ses dieux, les dieux zulus, les dieux xhosas et Ogoun Feray. Je l'ai vu encore, parfois mine renfrognée, assis dans son coin, paisible, regard lointain et comme inattentif au Destin, ou peut-être cherchant le signifiant ou seulement l'amour, l'amour de sa femme Winnie, la mère de l'Afrique qu'il embrasse dans un geste d'ivresse, d'orgasme d'être. Et d'autres fois, je l'ai vu, sublime comme Dieu au Ciel, fustigeant la misère morale de l'Occident, dénonçant l'exploitation de l'homme par l'homme, de la femme par l'homme, des races dites de couleur par la race dite blanche. Le gouvernement de l'Afrique du Sud a essayé et tout fait pour briser l'homme, la vie, l'espoir et même le rêve d'un peuple depuis plus de trois cents ans. Et puis il est revenu, Mandela, ce salopard empêcheur de danser en rond ; il est revenu comme par un miracle transcendant, et tout comme les quatre estropiés d'Avril, pour redire, rechercher et rechanter le chant du changement, changement d'hommes, de société, de sentiments, d'idéaux ; changement dans le tréfonds du Moi. Changement ! On ne lui avait rien donné à boire, Mandela, pour 27 années. No beer, no spirit, no wine, ni vin, ni whiskey, ni clairin, mais il était toujours saoul, Mandela, saoul de son peuple, saoul de l'espoir, saoul de la victoire de demain, la libération, la rédemption, le regain d'humanité des opprimés d'Afrique du Sud !

**Flash ! Flash ! Août 1990 :** L'Irak de Saddam Hussein a envahi le Koweït et l'annexe comme sa dix-neuvième province—justifiant l'action par des données historiques : L'Irak et le Koweït ayant toujours été depuis l'aube des temps une seule nation, connue d'abord comme la

Mésopotamie, et ensuite dominée comme telle sous l'empire ottoman. Bref, le dictateur iraquien a rectifié la frontière artificielle imposée par le colonialisme anglais pour exploiter les ressources naturelles du pays. Les peuples du Tiers-monde crient « Bravo ! », tandis que les puissances occidentales montrent leurs muscles et crient leur indignation.

Nostradamus a dit un jour, il y a 500 ans, que l'Est et l'Ouest s'acoquineront ensemble pour dominer les autres peuples de la Terre. Je suis loin d'être un fanatique de l'astrologie prophétique, mais je ne peux m'empêcher de reconnaître que cette prédiction est aujourd'hui pleinement réalisée. Non seulement la perestroïka gorbatchévienne, à la mode en Union soviétique, essaie de faire de la lutte des classes, comme par un miracle de l'Entendement et du discours, une sorte de fétiche a-historique, mais elle a voulu en même temps nous faire comprendre— nous, les peuples du Tiers-monde, bien sûr—que l'impérialisme est un malentendu qui peut être rectifié par une simple élévation morale de la discussion politique !

Naturellement, personne n'est dupe. En tout cas pas nous autres qui connaissons l'histoire de la Russie impériale. Bref, la révolution prolétarienne des soviets de 1917 est en train de vivre aujourd'hui sa propre restauration réactionnaire, comme la révolution bourgeoise française de 1789 eut à vivre la sienne. Pourtant, l'Histoire continue de bouger, heureusement ; et cela, malgré tous les jésuitismes des puissances impérialistes.

À l'heure qu'il est [novembre 1990], l'armada la plus complètement sophistiquée, la plus nombreuse et la plus destructrice de l'histoire militaire de l'Humanité se réunit sur les rades irakiennes, dans le Golfe persique, menaçant le pays de la destruction totale. Pourquoi ? Parce que, bien sûr, les puissances impérialistes—étatsunienne, en tête—comprennent bien, elles, l'enjeu de la situation : les mines de pétrole koweïtiennes et saoudiennes. Bien entendu, cette raison fondamentale est cachée sous des flots de beaux discours sur la défense des « droits internationaux », en faisant en sorte d'oublier que ces soi-disant droits sont constamment violés (exemples, Granada, Panama, Haïti, Palestine, Afrique du Sud, etc.) par ceux-là mêmes qui les édictent et les glorifient. Quelle hypocrisie ! Le dictateur irakien est aujourd'hui le héros des peuples de la région : on dirait qu'il est parvenu à une sorte d'examen de conscience qui lui fait voir que la défense des intérêts de son peuple—et par extension, considérant l'ampleur de l'enjeu, ceux des autres peuples de la région—est une plus noble entreprise pour un dictateur qui se respecte.

Et deux mois plus tard, c'était la guerre. Les forces alliées, c'est-à-dire les grandes puissances occidentales, auront envahi l'Irak, y causant l'une des destructions les plus dévastatrices que son histoire ait connues. Le poème qui suit rend compte de cette tragédie.

## Bagdad Soleil

*(dédié à Jill)*

Et quand les tirs s'étaient tus
et que le sang surgissait rouge et réel
les plaintes s'étaient déjà assombries dans l'oubli ;
le spectre des morts, voix de la nuit,
était devenu pages d'histoire. Auréoles.
La décence de vivre s'en allait vers l'Au-delà,
le Rêve d'être et la quête du bonheur dans l'honneur
désobligés comme une date d'ordinateur périmée
retrouvaient les grandes illusions de notre aliénation ;
tout devenait mirage, calculs, animalité, étrangeté
tandis que cent mille morts étaient enregistrés.

Les boum ! boum ! boum ! feux d'artifices célébrants
apparaissaient comme de la magie sur nos écrans de TV
et les jeux étaient faits tout comme au cinéma.
La haute technologie de la splendeur destructrice
avec feux, lumières, laser et une dose d'ignorance
confinent la Terre immense et notre intelligence
dans les ténèbres funèbres de l'oppression totalitaire ;
un monde faux fait d'engins qui tuent sans s'annoncer,
de cris de mort, cris de la bêtise humaine,
un monde de peur, de haine et de malfaisance
prend ainsi jour comme une destinée satanique,
l'art de tuer étant devenu un miracle chimique
une osmose mortuaire entre la Beauté et l'Enfer
la perfection nouvelle vague de la zombification.

Les rubans jaunes comme une épidémie
s'étendaient sur l'immensité de l'espace
mais si vous regardiez assez profondément
derrière les regards méfiants dans le métro
vous verriez sous couvert un hiver triste
un cadavre humain pétri dans la dépression
une routine d'être et de vivre
y régnait désormais le principe de la réalité.

Puis nous avions dormi un soir lumineux
où nous avions réalisé qu'à nos rêves
de merveilles éclatantes et d'espoir
s'étaient substituées l'avarice et l'angoisse,
l'affabulation d'une humanité pervertie.
Si tel est ton émoi de conscience, mon ami,
tu viens d'être appelé à la charge ;
c'est désormais, urgent et exigeant,
le temps pour forcer l'horizon à s'ouvrir
pour composer un poème avec sang et bon sens
le temps pour aller vers la source
pour replanter l'arbre
arroser la semence
jusque dans l'essence de la vérité d'être
à l'épicentre de la géométrie de la quête.
Quête d'être, envol, transcendance de la bête !

Dans l'instant d'une lâcheté,
fuite de l'avant pour cacher nos névroses,
ils avaient bombardé Bassaora, Bagdad, Mossoul
et mille autres villages choisis au grand hasard
parce que les gens n'étaient qu'un emblème.

Pourtant nous étions tous des complices silencieux
de la destruction de l'Irak
et des milliers de villages
et des enfants souffrant
périssant à petits feux
et des orangers atrophiés
tombés en « dommages collatéraux »
beaux mots faits d'innocence !

Les Kurdes ? Quels Kurdes ? Sont-ils
ces dépravés subjugués, humiliés, massacrés
depuis César et Charlemagne et Alexandre le Grand ?
Vous me dites maintenant avec clameur et grâce
huilées dans les kissingeries d'un aimable crocodile
qu'ils sont vos anges du salut et vos lumières !

Avec une stupeur réprimée et un triste sens de perte
je n'avais vu personne pleurer durant la guerre entière
ceux qui avaient pleuré dans les cérémonies
pleuraient pour l'étendard impérial

l'étendard de l'honneur
la gloire de la patrie
et tout était oublié !
Qu'elle fût belle l'Amérique étoilée
belle et heureuse dans une vaste hécatombe !

Merde ! nous disons, réveille-toi
ô pauvre dépravé !
dis-leur ton histoire
secoue ton insomnie
troque ton faux confort pour un fécond réveil !
Dis, damnée que soit la guerre !
Vive le Rêve d'être !
Pas nécessaire de berner ta conscience
pour satisfaire les fauves de la Bourse.
Retourne, retourne sur Terre
et vis une histoire d'amour.

Les cliques d'exploiteurs racistes par vocation
qui déclarent la victoire sur un immense désert,
désert d'os brisés, d'âmes meurtries, résignées
sont tes pires ennemis en dépit du grand toast
à la Pax Americana et la libération du Koweït :
pire perdant qui perd jusque son sens de la perte !

Entre la grande sécheresse qu'on étalait sur l'Iraq
et les vallées de ruines de mort et de solitude
où l'on plongeait le peuple, un homme et une femme
avaient recours à l'amour pour comprendre la pagaille ;
et soudain comme une renaissance magique
le monde des horreurs devenait une semence de vie,
le soleil de Bagdad dans un acte de révolte
avait ré-brillé nos âmes pour défier notre conscience ;
une nouvelle dimension d'être
écho du cri de rêves
réémergeait des cendres de la dégénérée merde ;
la superpuissance égoïste, vaste terre de la peine
et de la haine facile, tu réalisais ahurie,
que ton sort dépendait aussi des autres ;
le principe malfaisant
voix de l'aliénation
aura été chassé, relégué dans les abysses
du lointain stage infantile des âmes emprisonnées.

Et la rose de la liberté est maintenant victorieuse
la vie aura gagné le combat pour la Beauté.
Vive la vie !
Le soleil de Bagdad a brillé encore !
Ô Splendeur !

(Boston, 1991)

# En réfeuilletant l'album :
# La Mort et l'Aurore

Et pour me distraire de cette longue nuit d'insomnie où le temps est sombre, ma chambre chaude-froide, et comme menacé par un cafard fatal, je *réfeuillette* l'album de ma vie. Et des petites larmes d'un Christ pénitent descendent le long de mes joues : j'ai pensé à combien d'autres hommes et femmes—coupables seulement de l'imperfection d'être— n'avons-nous pas autant blessés...

En réfeuilletant l'album, je revois Port-au-Prince, là-bas, où petit enfant délaissé à un destin indifférent, j'essayai de lier ma conscience d'homme précoce à ce grand rêve d'être, d'être en unisson avec la chanson, avec la beauté, avec l'amour. Je revois ma mère et je comprends seulement aujourd'hui comment cette femme n'avait jamais vraiment saisi, prise qu'elle fut dans le tourbillon de la débrouillardise de vivre, le grand piège infernal qu'est la vie d'une femme, pauvre déclassée de surcroît, dans l'Haïti misogyne. Et revient me hanter l'esprit, l'instant d'une songerie fugitive, la pensée de cette autre femme, en pleine grossesse, voilée et fulgurante de mystère, qui était tuée le soir des élections de 1957 : Quel symbole funeste n'a-t-elle pas représenté...

En réfeuilletant l'album, je revois mes amis d'enfance et ceux de mon adolescence : Où sont aujourd'hui les petits garçons et les petites filles, mes premiers compagnons, qui jouaient avec moi dans les jardins, dans les allées ombrageuses, dans les ruisseaux insalubres, qui me taquinaient, qui testaient avec moi ce grand monde neuf où tout était à la fois hostile, inquiétant, excitant ? Sont-ils aussi à l'instant présent dans quelque chambre chaude-froide, solitaires, en exil dans un univers raciste, et pleurant sur la difficulté d'être ? Sont-ils devenus eux aussi, comme les autres, des *adultes,* c'est-à-dire tuant en eux l'enfant qu'ils furent, tuant l'innocence, le rêve, l'espoir et la quête de l'Autre ?

Je revois aussi mes anciens amis-frères, qui deviennent aujourd'hui à moi—dans un monde comme soudain renversé—d'étranges inconnus. Quel miracle de l'Entendement a pu métamorphoser si insidieusement ces beaux gamins et gamines de l'ivresse de vivre en des tombes d'orgueil faites adultes, adultes sérieux jusqu'au mépris et tuant l'enfant, tuant le petit camarade, l'innocence iconoclaste au profit de calculs boursiers, de faux-rires rancuniers, d'ambitions anti-humaines et de rages de réussite sociale ? Pourquoi notre charmante petite amie, cette merveille faite fille avec qui nous jouions à maman-et-papa, cette sœurette de la transcendance familiale, devient-elle aujourd'hui une très hautaine épouse de colonel ou une très aigrie bourgeoise, méprisante, hors-vie, dédaigneuse du petit gavroche ou de n'importe quel autre être humain qui apparaisse devant sa porte sans une Mercedes Benz ou sans l'attrait de la puissance et de la vanité ?

Oui, je revois aujourd'hui avec une triste nostalgie ces temps de ma jeunesse, jeunesse en outre pas trop enviable et à bien des côtés terriblement malheureuse dans l'Haïti de cauchemar, mais qui avait pourtant des petits bons côtés d'amitié, des petits côtés d'excitation, une dimension d'épanchement, un attribut de solidarité collégiale, une quête commune vers l'Émerveillement qui la rendaient agréable, vivable, encourageant. Et tout cela est remplacé aujourd'hui par un gros monsieur que je suis en train de devenir, un gros monsieur qui refuse d'être monsieur, qui veuille qu'on l'appelle encore TontonGuy, beau petit nom familier, TontonGuy, Guyguy, ah ! mon petit frère, viens ici, viens Tonguy ! Oui ! Je ne veux pas devenir un gros monsieur hautain, méprisant, méprisable et haïssant la vie !

En réfeuilletant l'album, je revois la vie que nous avions espérée de vivre, la vie dans une société égalitaire, juste, libérée, sans les carcans de la domination de l'instinct animal sur l'idéal humanitaire ; la vie, sans les banquiers suce-sang, sans le policier abruti à qui l'on apprend la torture et l'assassinat comme on apprend à un gosse son petit catéchisme ; la vie, sans l'hypocrisie, sans un pouvoir d'État corrompu qui oublie que gouverner c'est surtout servir une mission de poésie sociétale, une mission de reconquête de l'Être, contre l'Avoir, contre la Forme, contre le Mirage !

En réfeuilletant l'album, je revois, avec un sentiment de dégoût, de colère et d'aversion assassine, tous ces hommes, toutes ces femmes et tous ces enfants que nous avons laissés mourir d'une mort inutile, non naturelle, inhumaine ; d'une mort que nous avons provoquée par le type d'ordre social anthropophagique que nous avons mis sur pied et laissé subsister. Des morts dues à des maladies qui étaient artificiellement provoquées et qui pouvaient en retour être aisément traitées, comme la mort de mes frères Ernst, Tako, Kodo, Gregory, Harry ou de mes sœurs Isabelle, Lota, Noélia, Marie-Carmelle, Fifi ; comme la mort de mes amis Michel Gilles, Tony Romain, Jean-Robert Marcellus ; tous morts par notre égoïsme, par notre lâcheté, par notre démission. Morts socio-politiques ! Morts économiques ! Morts politiques !

En réfeuilletant l'album, je revois mes amours, les femmes que j'ai aimées et qui m'ont aimé. Je les revois, certaines difficiles, acariâtres, tueuses d'hommes, et d'autres tendres, caressantes, maternelles, mais toutes belles et des fois sublimes, éclatantes de grâce. Où sont aujourd'hui ces visages autrefois si chers ? Où est allée s'engloutir cette intimité de jadis dans des bras si chaleureux, si charnels, si voluptueux ? Qu'a-t-on

Poetica Agwe

fait de l'amour ? Et, oui, je les aimais fort passionnément ces belles fugitives ! Et à cause justement de mon romantisme tellurique et de mes défauts d'homme réel, héritier de cent mille ans de phallocratie masculine, ces femmes réelles, vivant dans un monde réel, ne pouvaient vraisemblablement pas aimer un poète solitaire, de surcroît rebelle, et malade de l'aliénation ambiante...

*«...Car, la femme, vivant malgré elle dans un monde contrôlé et dominé par les hommes, vit l'aventure humaine dans un état continuel de combat, de défense, d'esquive, de furtivité. Elle croit volontiers à l'amour et veut toujours lui donner sa chance, comme la petite fille qu'elle fut ; mais on en dirait qu'en perdant son innocence virginale (ce petit démon de chair érotique sacralisée et fétichisée par les hommes), elle perd également une certaine bénédiction divine qui l'a rendue femme, c'est-à-dire une déesse déchue, une intruse, un « mal nécessaire ». Si, dans ces conditions, un homme veut l'aimer, elle exige que l'union lui restitue cette petite part du Moi si ingratement volée. Elle exige surtout le respect pour n'être plus l'objet : bref, elle fait mon admiration et ma perte. Mais comme le monde d'homme est un monde régi par la violence ontologique de la lutte des classes et de la loi du plus fort, où le crime, l'exploitation de l'homme par l'homme, le mépris de la personne humaine sont monnaie courante, la femme (qui a le droit d'égalité avec l'homme mais dont la constitution physique met en désavantage dans la force brute physique), doit dès lors développer tout un arsenal d'artifices et de mécanismes de défense pour survivre. Bien entendu, en « survivant » elle assimile en même temps pour son compte tous les petits défauts de la vie aliénée créée par les hommes : tricheries, cachotteries, médisances, la peur de l'Autre, la haine de soi, l'avarice, l'arrogance, le cynisme, la cruauté, bref tout un arsenal d'artifices qui participe de la mystification de la vie, par le procès d'internalisation qui fait que l'apparente victime devienne elle aussi complice dans la reproduction de la* malvie. » (TontonGuy in « De la Caucasienne et de la Sexualité », texte inédit).

En refeuilletant l'album je récapitule à la fois mon histoire personnelle, celle de mon pays et la longue route de damnation qu'ont sillonnée les peuples du Tiers-monde, pris dans le piège du darwinisme historique. J'y revois une longue odyssée de David en proie à des Goliath terriblement destructeurs. J'y revois la Traite des Noirs, ces négoces inégaux entre un Occident diaboliquement mercantile et une Afrique asservie et corrompue fournissant des bêtes de somme à un Nouveau Monde à la fois jouisseur, sadique, pieux ! J'y revois la faillite de l'Homme, le triomphe de la bête, le règne de l'Absurde ! Je réalise comment nous sommes tous des menteurs, des hypocrites, des voleurs, bref la personnification collective de Méphisto !

Et sur cette volée de réminiscences de l'horreur, je revois l'univers duvaliériste, le règne de Papa Doc, de Bébé Doc et de leurs valets. Je revois ce temps du mariage incroyable entre le froid sibérien et le feu prométhéen—cette époque qui paraît lointaine mais qui était vécue comme un présent éternel sous l'ombre omniprésente du tyran. Je revois la radio et les journaux qui prétendaient voir autre chose même si c'était leur chose, notre chose. Ce temps où la peur tous nous rongeait, où la contrainte nous taisait, où la misère nous ravageait et où les Duvalier régnaient. Je vous le jure, mes amis, ah ! que c'était terrible ! Des millions de parents, qui n'ont pas eu de rang, traversaient les faubourgs, les plaines et les montagnes dans le fol espoir vain de trouver du pain, ou simplement de la tranquillité. Sur nos pas débiles marchaient des légions de *Macoutes*, le terrible nom de guerre de ceux qui, par la peur, par le vol, par l'épée, gouvernaient Haïti. Nous pleurions de douleur et d'indignation quand nous voyions nos sœurs, nos femmes et nos filles vendre la séduction au marché de la prostitution pour seulement pouvoir vivre comme une personne humaine !

Je vous le jure, mes amis, c'était ainsi qu'on vivait—et qu'on vit encore, hélas !—dans notre belle Haïti ; une nation qui vivait comme une mendiante maudite dans une foire de larrons, dans un environnement truffé de canailles qui n'avaient d'humain que la paresse et dans la place du cœur que l'emblème de la sécheresse ! Et l'étranger, complice, nous riait au nez et se taisait alors même qu'il nous subjuguait, volait, opprimait. Même l'Histoire nous méprisait, nous reléguant au rang inférieur des proscrits oubliés. L'Occident hypocrite courtisait Duvalier comme un amant jaloux, c'est-à-dire à la fois sensible, coquin et cynique. Oui, je revois tout cela avec un sentiment de répulsion ; et je me dis—comme un humble petit vœu—que les hommes et les femmes qui ont vécu toute cette tyrannie ne doivent jamais oublier, ni pardonner. Qu'ils passent à leurs enfants et à leurs petits enfants ces mots, riches d'une vigilance rédemptrice, des rescapés du pogrome fasciste d'Hitler : Jamais, plus jamais encore !

En réfeuilletant l'album, je revois aussi, et très heureusement, l'autre dimension de l'aventure existentielle, que j'ai toujours imperturbablement poursuivie et que nous avons trop souvent négligée : les petits moments sans pompe, sans extravagance, sans prétention. Des petits moments simples, comme le sourire d'un nourrisson, comme un beau plat de riz avec du jus d'orange ; des moments délicieux, sans astuces, comme mes petites promenades nocturnes à Paris, mes rêveries orgasmiques sur la place Saint-André à Reims, ou une douce petite parole d'une gonzesse aimée. Des petits moments qui surgissent de partout et jaillissent n'importe où, transcendant à la fois l'esprit de sérieux, la *malvie* ambiante et la mégalomanie bourgeoise, comme une camaraderie ébriétesque avec des inconnus de passage ou une soirée d'amour sous la belle étoile avec une beauté fugitive, ou simplement un été tout près du Charles River, à Cambridge, contemplant la beauté originale de cette ville. Ou encore, un petit moment de relaxation après un beau travail accompli, sentiment d'autant plus réjouissant que le travail est un travail pour le bien-être des autres, pour la vie ; des petits moments simples, dis-je, c'est-à-dire une richesse sans prix dans une vie sans fard.

Et ayant fini de réfeuilleter l'album, charriant le cafard menaçant, posant un dernier regard circulaire autour de la chambre chaude-froide, et refusant à la fois l'abîme du désespoir et les sollicitations de l'aigreur ossifiante, je me dis, avec une sorte d'exhortation d'oracle, que nous devons lutter jusqu'à la dernière goutte de sang pour prévenir et dispenser à nos enfants l'expérience d'une vie si fantomatique. Que ne disparaissions-nous dans le néant supérieur de l'inexistence si nous devons composer avec ce grand vide d'être ! Que n'avouions-nous d'être une collective hypostase de Satan, avec au moins l'honnêteté de vivre dans l'unité maléfique, sans faire semblant ! Sans des discours trompeurs sur la fraternité, sur l'amour, sur la justice, sur le bonheur de vivre, etc. ; quand au fond tout ce que nous faisons, dans la pratique, c'est d'annihiler l'espèce, polluer l'oxygène de vie, avilir l'Humain...

Puis, fermant l'album, j'oriente mon regard vers le lointain de la condition humaine, et je me dis, déprimé, mais avec un profond sentiment d'une régénération future, que tous ces hommes et ces femmes, que tout ce monde de rêves brisés, de cauchemars triomphants et de pleurs quotidiens doivent pour de bon disparaître de l'Entendement de l'Humain, pour faire place à l'innocence ininterrompue, pour refleurir l'Exis et lui restituer les charmes si douloureusement manqués, c'est-à-dire un simple bon petit goût d'être.

(Novembre 1989)

# Ti-Gérard ou l'éclipse de la mémoire

L'histoire de Gérard Richard, communément connu sous le sobriquet « Ti-Gérard l'artiste », devra un jour être écrite, ne serait-ce que pour l'immense potentialité d'enseignement que recèle sa vie. Je l'ai rencontré dès mon arrivée en 1977 à Cambridge, Massachusetts, une municipalité du Greater Boston (États-Unis). La communauté haïtienne de Cambridge d'alors était très squelettique, avec quelques deux ou trois douzaines de familles éparpillées, éloignées les unes des autres. Ti-Gérard, qui avait déjà vécu plus de dix années à Cambridge, me frappait comme une sorte d'historien du lieu. Il aimait raconter, à nous autres nouveaux venus, l'histoire particulière de chacune des familles, l'histoire proprement politique de la zone, les succès passés de l'âge d'or du mouvement maoïste de Boston, les grandes protestations d'étudiants et de travailleurs pour les droits civiques, l'idéalisme existentiel du mouvement hippie, etc.

En fait, à première vue, Ti-Gérard donnait l'impression d'être un ancien hippie qui n'avait pas vu le temps passer, à cause de sa façon excentrique de se vêtir : jeans délabré, puncho mexicain, savates paysannes, etc. Cuisinier de profession et peintre de vocation, ses travaux artistiques reflétaient à la fois les odyssées de la classe laborieuse et ses rêves de libération. Bien qu'il utilisât les techniques éprouvées du socialisme-réalisme, on sentait dans ses peintures le déroulement d'un drame collectif vivant et poignant, et une angoisse personnelle devant l'étranglement de l'oppression ambiante. Ti-Gérard fut, à proprement parler, un véritable *griot,* le dépositaire d'une sagesse atemporelle ; et même sa névrose individuelle inspirait du respect, car elle était vécue comme une négation chevaleresque des valeurs bourgeoises dominantes.

Il fut un grand ami de John Barnes, un blanc étatsunien, ancien diplômé de l'Université Harvard, qui, après un séjour en Haïti, adoptait la communauté haïtienne comme sa famille naturelle, se liant de suite avec deux Haïtiennes, engendrant des enfants haïtiano-étatsuniens et ne fréquentant que les activités haïtiennes. Ce Blanc inspirait de la curiosité et de l'affection à cause de son parfait parler du créole haïtien et pour son dévouement, avec sa femme Josiane Hudicourt, au mouvement d'éducation bilingue—en haïtien et en anglais en l'occurrence—à Boston.

L'attachement et l'assimilation de John Barnes à la communauté haïtienne de Boston furent à temps si complets que certains soupçonnaient qu'il était un agent de la CIA. C'était bien sûr une fausse suspicion, car John Barnes était—et demeurera—trop « haïtien » pour qu'il ait eu d'autre loyauté que son affection pour le peuple et les grands services qu'il procurait à la communauté en sa qualité d'éducateur et d'activiste pour l'avancement du créole haïtien. Je ne doutais point de la loyauté et de l'amour de Barnes envers la communauté haïtienne, j'appréciais particulièrement le fait qu'il reste jusqu'à la fin un bon ami pour Ti-Gérard, qu'il continuait à visiter jusqu'à la fin. Plus tard, quand une autre compatriote et activiste de la communauté haïtienne, Marie Lagone (nom inventé mais personne réelle), se précipitait dans la démence, John Barnes était disponible pour l'aider. Ça dit déjà beaucoup sur ses valeurs humanistes.

Ti-Gérard vous réciterait l'histoire compliquée de Cambridge avec la même aisance et profondeur que sa connaissance de l'art haïtien et des cellules gauchistes de Port-au-Prince. Il se considérait comme plutôt maoïste, parce que Mao, pour lui, personnifiait à la fois la bravoure révolutionnaire du combattant et la finesse de l'artiste—un impossible mélange dans un même individu. À part ses travaux de peinture, il composait aussi des poèmes lyriques engagés, et jouait du tambour avec un brio ti-roroesque dans les multiples activités culturelles de la communauté. Il fut le seul Haïtien que je connaisse qui fut conséquent avec ses principes, les vivant comme une réalité exemplaire dans une unité d'être, de réfléchir, d'agir et de sentir.

La mort de Ti-Gérard demeure aujourd'hui encore voilée dans un quasi-mystère dans la communauté. Personne ne semble savoir, en dehors de sa proche famille, ni les détails spécifiques, ni les circonstances de son trépas. On sait qu'il était interné pour un long temps à l'hôpital Jewish Memorial de Roxbury, à Boston, souffrant des symptômes de démence et d'affaiblissement physique, et trépassé aux alentours de 1990, mais l'exacte cause de sa mort reste à être révélée. Idi Jawarakim et son frère Simon le visitaient à l'hôpital avec deux gros tambours africains, qu'ils jouaient pour lui durant plusieurs heures. Il répondait souriant, tapant avec ses doigts. On dirait que l'éclipse de sa mort réaffirmait la marginalité qu'il avait délibérément choisie de vivre de son vivant. Il y a aussi une certaine éclipse de la mémoire dans la communauté haïtienne, ce qui dit aussi grand-chose sur l'évanescence et la relativité de l'être même dans une communauté progressiste qui prône l'élévation de l'existence. La vie de Ti-Gérard illustrera pour les générations futures l'odyssée d'un peuple confronté à l'incontournable aliénation dans une réalité (dans l'exil ou dans le milieu d'origine) qui contredise journellement ses rêves et ses aspirations. Tout comme sa vie de bohémien rebelle, sa mort repose la question de la *qualité* de l'existence face à la déshumanisation et à la réification générales engendrées par le global bazar du capitalisme dit néo-libéral. Sa vie fut un défi—ainsi que sa mort.

En employant le tableau sans titre de Ti-Gérard comme *background* de la couverture du présent livre, je veux rendre hommage à une personnalité exemplaire des arts haïtiens, un guru, un griot de la transcendance rebelle, qui croit à la beauté et à la révolution socialiste humaniste. Naturellement, le présent hommage est aussi destiné à la veuve de Ti-Gérard, Nancy Basley, et à sa fille Amanda, qui ont été à ses côtés tout au long de son odyssée et qui resteront jusqu'à la fin les piliers de soutien quotidien qui l'aideront dans ses jours si prématurément comptés.

Ti-Gérard Richard a surtout vécu sa vie conformément à sa sensibilité et en harmonie avec sa croyance qu'il existe dans la vie d'autres choses que la consommation matérialiste et la zombification. Ceci n'est certainement qu'un profil, car, comme je le dis plus haut, l'histoire, l'œuvre et la vie de ce grand, multi-talentueux, artiste, restent à être écrites.

# Hommage à Jean Dominique

Au matin du 3 avril 2000 : Comme il descendait de sa voiture et traversait la cour du local de la Radio Haïti Inter pour aller commencer son émission quotidienne, un ou plusieurs truands attaquaient Jean Dominique et son compagnon, Jean-Claude Louissaint, par une rafale de bals mitraillette, les tuant sur le champ. J'étais profondément peiné quand m'était parvenue la nouvelle du lâche assassinat de cet homme exemplaire, qui avait choisi la route du bien et de la générosité contre celle du mal et de la vanité.

Je me rappelle encore du temps où, adolescent, j'écoutais à la radio ses éditoriaux à mots couverts, baignés dans des sentiments d'élévation, mais compris par tout le monde comme étant des « points critiques » à l'égard d'une quelconque décision ou action de répression du régime de Papa Doc. Ces tirades n'étaient pas assez directes et dévoilées pour lui valoir l'interpellation, l'arrestation ou, pire, l'assassinat par le régime, mais c'était assez pour susciter la méfiance du tyran. Et, malgré ses précautions de style, une chose était claire : cet homme-là était un courageux patriote qui entendait sacrifier son propre confort existentiel, voire sa vie, pour la cause de la démocratie et de la justice sociale en Haïti.

Jean Dominique et sa station de radio étaient la plus singulière force motrice derrière le mouvement de revendication pour la liberté de la presse et la relève démocratique qui commençait à s'affirmer après la mort de François Duvalier en 1971, et qui arrivait tant à miner le régime de Jean-Claude Duvalier qu'il était éventuellement coincé dans une position intenable où il n'avait le choix qu'entre la répression sauvage, qui dévoilera sa vraie nature, ou l'alternative démocratique. Naturellement le régime avait choisi la répression, et nous connaissons le reste : le 28 novembre 1980, Bébé Doc ordonnait une rafle où les éléments les plus représentatifs du mouvement dit la « presse indépendante » (notamment Jean Dominique, Konpè Filo, Konpè Plim, Marcuse Garcia, Pierre Clitandre, Richard Brisson) furent arrêtés ou forcés à l'exil, tandis que d'autres moins connus ou moins chanceux furent tout simplement tués.

Jean Dominique s'exila à New York, mais la sève de l'espoir démocratique qu'il avait semée continuera tout au long des subséquentes années, fructifiant le grand mouvement de contestation populaire qui aboutira à la chute du régime jeanclaudiste le 7 février 1986.

Dans l'Haïti de mon adolescence, Jean Dominique était déjà un défunt, qui ne survivait que grâce à son exemplaire intelligence dialectique à manœuvrer dans le rapport de force, alors inégal, entre l'omniprésent pouvoir macoutiste et l'aspiration populaire. Il était déjà prêt à mourir pour ce qu'il croyait. Le miracle c'est qu'il aura mis près de trente ans aux forces de la déchéance pour le tuer. Il était un véritable *nèg mawon*, qui savait flatter quand tactiquement nécessaire l'orgueil inconscient du maître-oppresseur, sans compromettre les principes et sans diminuer sa vigilance critique et son ardeur combative. Militant respecté de la résistance démocratique, il soutenait à cœur ouvert le mouvement populaire lavalas qui propulsait Jean-Bertrand Aristide au pouvoir en 1990 ; mais il maintenait son esprit critique et son grand sens de la « trans-historicité » ou « trans-conjoncturalité » de la réalité politique. Il n'entendait servir aucun maître, qu'il provienne de la droite proto-macoute ou du Lavalas. Il était une personnalité hors du commun qui pouvait être respecté par à la fois Papa Doc (qui le trouvait trop éloquent pour l'éliminer) Aristide, Castro, Clinton, Mitterrand et Chirac.

Durant ma jeunesse, Radio Haïti Inter était située sur la grand'rue, au centre-ville de Port-au-Prince. Moins de deux ou trois années après son ouverture, cette station de radio se trouvait à l'avant-garde de presque toutes les modes musicales ou culturelles qui traversaient Port-au-Prince à l'époque, comme le jeu de correspondance entre potentiels amoureux, le hit-parade ou le mini-jazz. Graduellement, la radio devenait une sorte de voix officieuse de la résistance démocratique, spécialement durant et après la transition jeanclaudiste du pouvoir. L'une des caractéristiques singulières de Jean Dominique, c'était non seulement le fait qu'il puisait l'essentiel des contenus et sujets de ses programmes radiophoniques de l'expérience populaire, mais surtout qu'il avait un flair spécial pour détecter les voix de la jeunesse contestataire et les procurer un organe. Ainsi avait-il fait de sa station de radio « un forum » pour faire articuler et entendre un « discours autre », un autre son de cloche, pour une invitation à aller l'autre côté. Il avait embrassé Konpè Filo, tout comme Marcuse Garcia, Ezéquiel Abellard ou Emmanuel Charlemagne. Il encourageait Richard Brisson à prononcer des profils sur des chansonniers-poètes inconnus comme Marco Jeanty et Manno Charlemagne.

Dix ans après la mort de Jean Dominique les circonstances de son assassinat ne sont pas encore totalement éclaircies, ni les responsables appréhendés. De toute façon, quels que puissent être ceux-ci, nous espérons que la postérité restitue l'ensemble de l'émerveillement qu'a été la vie de cet homme, et que de génération en génération l'on gardera en exemple à émuler la mémoire de courage et de dépassement de soi qu'il nous a laissée.

# Un festival gede à Boston :

## Hommage à la spiritualité haïtienne

Durant deux jours, le 31 octobre et le 1er novembre 1997, s'est tenu à Boston un grand festival Gede sous le thème : « Un Festival Gede : Pour Célébrer la Culture et la Spiritualité Haïtiennes ». Organisé par un comité de « conseillers » composé de différentes personnalités haïtiennes et étatsuniennes, sous la supervision de Charlot Lucien et Susan Hartnett et sous l'auspice du Centre des Arts de Boston, une respectable institution culturelle étatsunienne, le festival a voulu à la fois contrer les stéréotypes et préjugés traditionnels vis-à-vis du vodou, et affirmer sa légitimité en tant qu'expression fondamentale de la culture et de la spiritualité haïtiennes.

C'est très significatif que parmi les organisateurs eux-mêmes il y avait un très animé débat quant au mérite de titrer ouvertement le festival un « Festival Gede » ou « Vodou ». Certains avaient voulu cacher cette appellation derrière des euphémismes beaucoup plus inoffensifs, et plus acceptables aux bien-pensants de l'establishment anti-vodou. Mais, heureusement, d'autres avaient perçu le piège inhérent à une telle tactique ; car ça signifierait qu'on accepte les préconceptions, les clichés et les prémisses qui veulent faire croire qu'il y a quelque chose intrinsèquement répréhensible au vodou dont il faut masquer la laideur au public. Le consensus parmi les organisateurs fut que le vodou en a assez d'être « une culture en marronnage » et qu'il est temps de le placer (et l'affirmer) sur un plan *egal-ego,* comparativement equi-valorisable, avec les autres religions et cultures.

Ce n'est pas la première fois qu'il y a eu un festival Gede à Boston. Gerdès Fleurant, houngan de vocation et [ancien] professeur de musicologie à l'Université Wellesley, avait commencé la tradition depuis bientôt six ans [année 1997], invitant chaque année la communauté haïtienne et le grand public de Boston à venir participer à une danse Gede, ce rituel de la fête des morts spécifiquement haïtien. Cependant, c'est la première fois que la thématique et l'objectif du festival ont été si explicitement définis et exposés à un si grand public. Plus de quatre cents lycéens haïtiens et étatsuniens ont participé au festival, et la communauté haïtienne venait en un nombre respectable (malgré une pluie torrentielle) y prendre part.

Les participants du festival, qui regroupaient des artistes, des activistes communautaires, des intellectuels et des enseignants, convergeaient tous pour mettre en relief l'influence du vodou dans leurs œuvres et leur conscience identitaire. Certains venaient de différentes parties de l'hémisphère, comme Kiki Wainwright, Paul Noël et Carole Demesmin de la Floride, Emmanuel Pierre-Charles de Montréal, Guy Maximilien, Paula Péan et Emérante de Pradines d'Haïti. Le festival fut ouvert par une exposition de peinture et de sculpture par des créateurs haïtiens de premier plan, dont Fritz Ducheine, Emmanuel Pierre-Charles, William Dessilien, Raymond Cajuste, Ludger Chickel, Frantz Delva, Masse Mansour, Lelio Fils Nicolas, Marilène Phipps, Jean-Claude Sainté, Fontenelle Pointjour, etc. Une imposante sculpture de William Dessilien, dénommée « Kwa Legba », a d'autant plus suscité l'intérêt du public qu'elle reproduit la chose réelle avec une fidèle exactitude.

La première journée du festival a été consacrée à l'éducation du public sur ce qui est le vodou, le Gede, et le rituel des loa. La poétesse Anna Wexler animait un atelier d'apprentissage sur la fabrication des drapeaux vodou et leur signification dans l'observance du rite. Les jeunes lycéens montraient beaucoup d'enthousiasme à apprendre ce quoi est le vodou, ses particularités, sa profonde sagesse, exhibant une ouverture d'esprit et un intérêt intellectuel qui feraient honte aux préjugés absurdes et retranchés de leurs aînés.

La partie de la soirée a débuté avec une performance de Kiki Wainwright, poète-musicien, grand troubadour de la poésie de la libération, qui venait justement de sortir un nouvel album de musique intitulé « Rara Libération » ; suivie par une lecture de poèmes par la peintre et poétesse Marilène Phipps, qui marie dans ses œuvres, comme l'illustre son tableau « Haïti Pastorale », la poésie et la peinture [elle renoncera éventuellement le vodou, après s'être convertie à une religion protestante—un parcours pas totalement étonnant dans la réalité haïtienne].

Ensuite a pris place un panel de discussion composé d'Emérante de Pradines Morse, danseuse, artiste et anthropologue, qui enregistre et publie plusieurs disques de chansons vodou et folkloriques ; de Lesly Desmangles, anthropologue et professeur de religion, auteur du livre *Faces of the Gods : Vodou and Roman Catholicism in Haiti* ; de Guy Maximilien, ancien directeur de l'Institut Français à Port-au-Prince et auteur du *Dictionnaire encyclopédique d'Haïti* [qui périra tristement dans le tremblement de terre du 12 janvier 2010] ; et du professeur Gerdès Fleurant, houngan et musicologue. La première journée (soirée) a terminé par une lecture par l'auteur de ce reportage des passages de son bilingue poème épique, « Rejwisans Lwa Yo / The Vodou Gods' Joy », une série de réminiscences du temps où il vivait, enfant, dans un perestil vodou ; il a été accompagné au tambour par le professeur Gerdès Fleurant.

Les panélistes ont tous attiré l'attention sur la propriété du vodou comme une religion légitime ; mais le leitmotiv essentiel qui ressortait de leurs respectives présentations, c'est la mise en valeur de la qualité unique du vodou en tant qu'expression fondamentale du senti et du vécu des Haïtiens, la grille de référence par excellence de leurs particularités nationales, philosophiques et culturelles. Sur ce point-là, le festival fut un grand succès, car, pour une rare fois, le vodou n'était pas sur la défensive comme une croyance (et pratique) ésotérique répréhensible dont il faut se prémunir, mais comme affirmation positive de la personnalité du peuple, un acquis de fierté de son existence historique. La présentation d'Emérante de Pradines a été en cela très éclairante : au lieu de réciter une apologie intellectualiste du vodou, comme on s'y attendait d'une invitée spéciale vénérable, elle ne fait que raconter son expérience personnelle avec un loa, un monsieur sympathique mais une présence furtive, invisible aux autres, avec qui elle a eu, des années durant, une intime relation mystique.

La deuxième journée et soirée a présenté des performances de Kiki Wainwright, du groupe musical « Batwèl », un des rares groupes de la diaspora utilisant le rythme « rasin ginen » dans une perspective progressiste ; du musicien en vogue Gifrants, performant dans un style Ti-Paris ; et de la troupe de danse de Patrick Lacroix, un danseur et chanteur de renom qui marie le riche patrimoine des « danse loa » avec la danse classique européenne et nord-américaine.

La cérémonie Gede elle-même, la finale climatique du festival, a très parfaitement déroulé. L'assemblage de la scène, de l'imposant poteau-mitan entouré de chaises basses ; la performance rituelle des hounsi-kanzo, dirigés par le houngan et la mambo et exécutant le rituel du bienvenu, les *vèvè*, les bâtons-gede noir et blanc, le kwi de bananes grillées et de poisson salé, les bouteilles de clairin mélangé avec du piment et d'autres condiments médicinaux, les chapeaux de paille, les proférations de jurons sexuels et, surtout, l'expression de véridique crédulité sur le visage de l'assistance, tout cela a donné à la cérémonie une aura d'authenticité. C'était comme si un oumfò Gede était transposé au beau milieu de Boston ! Le houngan, Paul Noël, et la mambo, Carole Demesmin, dit Carole Mawoule, invités d'honneur venant de la Floride, menaient la cérémonie avec grande compétence ; chanteuse à succès, c'était intéressant de voir Carole Mawoule dans ce nouveau rôle.

## Paradoxes et Hypocrisie

L'un des paradoxes du vodou, c'est son altérité d'être à la fois une culture clandestine historiquement réprimée et démonisée, et le dépositaire de plusieurs siècles d'existence de l'entité haïtienne, jouant une influence d'autant plus organique et profonde qu'elle est secrète et indéfinie, déniée par les plus fervents « serviteurs » eux-mêmes. Comme le dit l'adage, 90% des Haïtiens sont catholiques et protestants, mais ils sont 100% vodouisants. À la surface le déni est total, vu que la pratique du rite est considérée généralement de « basse classe », mais loin des salons bourgeois, c'est une tout autre histoire...

En fait, l'influence du vodou imprègne si profondément le moi et l'émoi collectifs des Haïtiens qu'ils ne l'aperçoivent même pas, agissant particulièrement au niveau des réflexes superstitieux et de la croyance qu'on finira toujours par payer pour le mal commis, ou encore dans la quasi-sacralisation des décédés, qui deviennent automatiquement des figures mystiques, des « défunts » vénérables.

Comme on le sait, la problématique du vodou dans sa relation avec l'affirmation identitaire et la résistance nationale des Haïtiens est une longue histoire parcourue d'incessantes répressions sauvages par les multiples régimes coloniaux et bourgeois qui redoutaient sa potentialité révolutionnaire, et pour lesquels la mythologie grecque, les classiques français et les films d'Hollywood ont beaucoup plus d'attrait et servent davantage leur projet anti-populaire, encourageant ainsi la déculturation de la population. Naturellement, le vodou est un vaste sujet dont il ne nous est pas possible de couvrir dans un reportage circonstanciel, mais quelques lieux communs et points essentiels peuvent être indiqués ici :

1) D'abord, en dépit de la tentative du duvaliérisme pour le dévier et le coopter comme idéologie justificatrice des malignités de sa dicta-ture, le vodou est bien une religion fondamentalement démocratique et respectueuse des droits du groupe et de l'individu. Elle est la seule institution haïtienne où la femme est reconnue des droits égaux avec l'homme, et l'une des rares religions où elle peut remplir des fonctions sacerdotales officielles, égales à celles des hommes.

2) En tant que système de croyance organisé, il servait comme le principal organe et force motrice de la résistance et de la mobilisation des esclaves contre à la fois le système colonial et les subséquentes tentatives d'acculturation, de domination et de zombification de l'identité cultu-relle haïtienne. En outre, il est la seule institution haïtienne (comparée avec l'armée, la famille, l'école, etc.) à demeurer « pure » en dépit des persécutions et perturbations historiques.

3) Le vodou est peut-être sinon l'unique, en tout cas l'une des rares religions du monde où la figure de Satan et la configuration de l'enfer ne sont pas assimilées à un « Autre » ou un « Au-delà » abstraits ; le mal et l'ennemi ne sont pas désignés par les préjugés racistes et ethniques, mais attribués à des circonstances et expériences pratiques dans la vie. Pour paraphraser Jean-Paul Sartre, dans le vodou l'enfer c'est bien l'autre,

un autre réel avec qui l'expérience de la vie est une source de désastres et traumas, ressentie sur le plan à la fois pratique, mystique et psychique.

4) Le vodou (avec la langue créole) est l'expression fondamentale de l'identité culturelle haïtienne. Sa réputation comme pratique diabolique est la continuité de la propagande esclavagiste, qui démonisait la résistance culturelle des esclaves pour mieux les vaincre. C'est bien pénible que cette propagande fût éventuellement internalisée par les descendants des esclaves eux-mêmes, vivant leur culture dans la honte, l'auto-dévalorisation, le marronnage.*

## Conclusion

À vrai dire, la programmation et la logistique du festival pouvaient être arrangées différemment, par exemple la composition du panel de discussion a été trop uniforme, les quatre professeurs alignés ont certes fait un beau travail, mais le panel aurait été beaucoup plus représentatif si on en ajoutait quelques vrais éléments du peuple, pratiquants du rite.

Évidemment, le vodou n'avait pas besoin du patronage des clercs pour continuer d'exister si longtemps ; loin de là. Mais étant donné les barrages répressifs, les lieux communs et les dénaturations de toute sorte qui continuent de l'accabler, toute entreprise d'éducation pour le définir dans sa véracité est bien judicieuse. En cela le festival a été un grand succès, car c'est seulement par l'éducation et une délibérée praxis militante de revalorisation que cette culture reprendra sa place légitime et respectable en tant que la quintessence de l'identité haïtienne.

(Novembre 1997)

* Bien que la révolution anti-esclavagiste haïtienne ait commencé dans une cérémonie vodou dans la nuit du 14 août 1791, les premiers dirigeants haïtiens pré et post-indépendance, tels Toussaint Louverture, Jean-Jacques Dessalines et Alexandre Pétion ont été tous contre sa pratique.

## Glossaire des mots et expressions vodou

- **Agasou :** Désigne le prince africain, Agasu, considéré comme l'ancêtre des Dahoméens ; un loa ou esprit qui n'a aucun trait particulier ; ce loa a une réputation de méchant.

- **Agoe** ou **Agwe :** Loa ou esprit (ou « mystère ») de la mer, du voyage, de l'exil.

- **Aida Wèdo** ou **Aidawèdo :** Loa considérée comme la femme de Danmbala ; une expression utilisée par les pratiquants pour montrer l'admiration pour la grâce de Aidawèdo, et également pour Danmbala, leur demandant d'apporter de la grâce face aux calamités de la vie.

- **Anvalou/yanvalou :** Un rythme de danse vodou.
- **Ason :** Cliquette cérémonielle faite d'une calebasse sèche servant dans la plupart des rituels.
- **Asòtò :** Le plus grand des trois tambours de cérémonie du vodou.
- **Ayibobo :** Salutation aux esprits ; expression utilisée pour exprimer la bienvenue.
- **Baka :** Un loa peu gradé dans le panthéon du vodou ; il a une réputation de délibérément effrayer les personnes rencontrées pour seulement se donner un beau rire.
- **Baron Samdi :** Loa consacré gardien des cimetières. Il est généralement la première personne enterrée dans un cimetière ; un important associé de Gede.
- **Bòkò :** Un sorcier ou houngan maléfique.
- **Dambalah** ou **Danmbala :** Loa dahoméen représentant le ciel, l'espace ou l'arc-en-ciel ; il est représenté sous la forme d'un serpent. Considéré comme le mari d'Aidawèdo.
- **Dosou :** Un enfant né après des jumeaux ; on dit qu'il a un pouvoir spécial capable, dans les moments critiques, de neutraliser même le pouvoir spécial des jumeaux.
- **Erzulie** ou **Èzili Dantò :** Loa rada de l'amour, de la coquetterie, de la sagesse.
- **Èzili-Je-Wouj :** Loa petro de la témérité, de l'amour, du génie féminin.
- **Gede Nibo:** Le surnom affectif de Gede, le loa de la mort, mais qui représente également la libido, l'ouverture sexuelle. Il aime proférer des injures.
- **Kouzen Zaka** ou simplement **Kouzen :** Loa qui représente le paysan, l'agriculture, la semence. Les pratiquants font appel à son pouvoir pour apporter la fertilité dans les moments de sécheresse ou pour célébrer la générosité de la Mère Nature. Kouzen a une réputation d'un loa à puissance tranquille, plein de sagesse, bien qu'il soit parfois un peu rustique.
- **Laso** ou **frètkach :** Lanière de pite tressée ou de cuir tressé servant au rite dans certaines cérémonies vodou.

- **Legba :** Loa qui garde la clé des oumfò ou temples vodou, donc l'accès à tous les autres loa ; par extension il garde la clé de tout voyage, de toute opportunité, de toute recherche, du bonheur existentiel.

- **Lenglensou :** Loa du rite petro, il a une réputation de méchant, aime la vengeance, à tempérament diabolique.

- **Lwa** ou **loa :** Esprit ou « mystère » dans la religion vodou ; il/elle est considéré (e) le messager intermédiaire entre le Grand Papa ou Bondye (Dieu) et les humains. *

- **Maldyòk :** Qui porte mauvais sort, la malchance.

- **Manbo** ou **Mambo :** Grande prêtresse vodou, à égal pouvoir avec le houngan.

- **Marasa :** Soeurs ou frères jumeaux ; ont la réputation d'avoir un grand pouvoir spirituel.

- **Mèt Minwi** ou **Maître Minuit :** L'esprit redoutable qui aime marcher la nuit, exactement à minuit. Vous serez mort ou attraperez un mauvais sort s'il vous croise sur son chemin. On le confond parfois avec Baron Samdi, quoique Mèt Minwi ait un caractère plus redoutable.

- **Nanm** ou **Ti-bonnanj :** Tibonnanj signifie *nanm,* âme, mais il a une acception plus complexe qui veut dire à la fois conscience, esprit, clairvoyance, vigilance, faculté cognitive. Souvent on réfère à lui comme étant l'« essence » de l'individu. Un zombie ou zonbi est quelqu'un qui a perdu son tibonnanj.

- **Ogatwa :** Un autel domestique où l'on fait un culte aux loa ; il est souvent un petit cabinet que le pratiquant garde chez lui.

- **Ogoun Balagi :** Un autre nom de Ogoun ; on réfère parfois à lui comme le frère de Ogoun Feray.

- **Ogoun Feray :** L'esprit dahoméen du fer et du feu ; on le représente accompagné de sa machette ou de son épée. Il est servi souvent comme métaphore de l'esprit révolutionnaire du paysan.

- **Ounfò :** Peristil ou temple du vodou.

- **Oungan** ou **Houngan :** Grand prêtre vodou, à égal pouvoir avec la manbo.

- **Ounsi** ou **Hounsi :** Initié(e), membre important du rituel vodou dans la personne duquel le loa se manifeste.

- **Papa Dòk** ou **Papa Doc :** Le surnom du dictateur François Duvalier, en référence à sa profession de médecin avant son accession à la présidence d'Haïti (1957-1971).

- **Pè Savann :** Un prêtre non officiellement ordonné, moitié catholique, moitié vodouisant dont une des fonctions principales est de chanter la messe d'adieu—lè libera—des morts au cimetière.

- **Petro :** Un des deux rites vodou originaire du Congo, le nom provient d'un houngan qui s'appelait Don Pedro et vivait dans la zone sud d'Haïti ; il est considéré comme le côté « chaud » du vodou ; associé au feu, au pouvoir de contrecarrer les forces adverses.

- **Poto-mitan :** Le poteau se trouvant au centre d'un péristyle (temple vodou) ; il a une signification spéciale en tant que lieu de ralliement des loa.

- **Rada :** L'autre rite du vodou, originaire d'un village dahoméen nommé Arada ; il est considéré comme le côté « mou », « *cool* » du vodou.

- **Rivyè Sous Pyant :** Une rivière en Haïti qui est très nauséabonde (son nom vient du français « source puante ») ; cette place est fameuse à cause de son réputé pouvoir de traiter les malades ; chaque année des milliers de pratiquants font le pèlerinage au lieu. L'odeur putride de la rivière renforce aux yeux des croyants sa puissance magique ; on dit qu'elle porte de la chance de s'y baigner.

- **Samba :** Un rythme musical vodou ; c'est possible que son nom vienne du nom que les Indiens précolombiens désignaient les poètes et musiciens en Ayiti.

- **Sèvitè :** Serviteur, croyant, adhérent, pratiquant du vodou.

- **Shango** ou **Chango :** Loa, mystère qui représente l'orage dans le rite petro du vodou ; elle/il a une réputation de violent.

- **Ti-Jean Dantò** ou **Ti-Jean Petro :** Ce loa est associé à la bonne chance ; il a la réputation d'un loa qui aime la justice, mais qui peut faire montre de la fermeté. Il est représenté à la fois dans le rite petro et le rite rada du vodou.

- **Vèvè :** Graphique ou dessin rituels pour exprimer la bienvenue aux loa ; souvent on voit le vèvè étalé sur le sol du oumfò, de préférence près du potomitan.

- **Wanga** ou **Ouanga** : Un fétiche, talisman ou mélange magique spécifiquement préparé par un bòkò pour punir une personne ciblée ou pour attirer la bonne chance.

- **Zombie, Zombi** ou **Zonbi** : Une personne supposée être morte par le wanga du vodou. Le bòkò qui a « tué » la personne la ressuscitera et maintiendra dans un état semi-conscient, moitié mort, moitié en vie qui l'amène à se plier aux ordres du bòkò. Pourtant, si le zombie vient à goûter du sel, il/elle reprendra conscience et, souvent, se battra contre le bòkò.

\* La majorité des noms des loa sont à caractère masculin, mais très souvent les loa n'exhibent pas une identité sexuelle en particulier. Les loa à caractère féminin telles Èzili et Aidawèdo ont une puissance comparable aux loa à caractère masculin tels Danmbala et Ogoun.

# Épilogue

Le 12 janvier 2010, un terrible tremblement de terre mesurant une magnitude de 7.3 à l'échelle de Richter a bouleversé Haïti, détruisant une grande partie de Port-au-Prince, Pétionville, Carrefour, Léogane, Ti-Goâve, Jacmel et beaucoup d'autres localités situant dans le sud-ouest d'Haïti. Les grands monuments historiques tels la Cathédrale de Port-au-Prince et le Palais National ont été démantelés, et seulement une poignée des ministères publics a été épargnée, handicapant davantage un gouvernement qui était déjà non responsif avant le séisme. On a estimé que plus de 200 000 personnes y ont perdu leur vie, et des milliers de blessés et infirmes pour la vie. Plus d'un million de personnes se sont trouvées sans-abri.

Les effets combinés des dégâts endurés par le gouvernement, son manque d'infrastructure de secours d'urgence, la surpopulation de Port-au-Prince et d'autres municipalités, l'absence de code de construction réglementaire, l'abjecte pauvreté et le sous-développement du pays ont tous ensemble exacerbé la vulnérabilité des zones affectées, augmentant le niveau de victimisation d'un séisme qui, autrement, aurait été moins destructeur et moins meurtrier. Naturellement, ces conditions ont aussi exacerbé la dépendance envers le sauvetage et l'assistance de l'étranger—tout comme a été par ailleurs la récente histoire du pays, avant le tremblement de terre. Pourquoi ces conditions existent-elles en Haïti ? Je réponds à cette question dans mon essai en anglais et en haïtien intitulé « *Utopia as Possibility / Itopi kou Posiblite* » (« Utopie comme possibilité »).

L'empathie, la réceptivité et la solidarité internationales ont été formidables. Des gens, y compris les secouristes de premiers soins, les infirmiers/ères, les docteurs, les sapeurs-pompiers, les maçons, les missionnaires religieux, les reporters, les célébrités/vedettes concernés, les politiciens, etc., sont venus de partout dans le monde pour aider et donner du réconfort aux Haïtiens victimes, sauvant ainsi beaucoup de vies. C'était bien revigorant de voir cette « humanité en action » comme je l'appelle dans un de mes poèmes.

D'aucuns ont questionné comme inappropriés certains réflexes de puissance dans la situation, comme par exemple le contrôle par les militaires étatsuniens de l'espace et des ports haïtiens ; mais quand certains le dénoncent comme une invasion impérialiste sous la guise de secours humanitaire, d'autres ont vu la mission étatsunienne comme une mission essentiellement humanitaire qui, en l'absence d'un État haïtien fonctionnel, a rempli un vide qui devait être rempli.

Sur le plan politique, le tremblement de terre doit être appréhendé dans le contexte de la géopolitique globale où les États-Unis sont préoccupés avec deux guerres, mais ne veulent pas être accusés d'indifférence, après Katrina, dans un pays voisin en crise qu'ils considèrent comme part de leur sphère d'influence, ni concéder la guerre de propagande aux Cubains, Vénézuéliens, Français et Israéliens. Barack Obama a trouvé l'accent approprié pour rendre compte de la bonne disposition des États-Unis et expédie des aides réelles au pays. Mais la suspicion reste vive quant aux intentions étatsuniennes—et de celles de Bill Clinton qui en quelque sorte s'est comporté comme proconsul d'Haïti.

C'est bien de ses droits que le peuple haïtien se méfie de l'incompétence du gouvernement en place dans un pays qui a une longue tradition de corruption gouvernementale et de pratiques prédatrices. Mais, un pays ne renonce pas sa souveraineté du fait qu'il est frappé par un cataclysme naturel. Une tutelle américaine ou onusienne est inacceptable. Haïti a certainement grand besoin du soutien des États-Unis pour sa reconstruction, mais la discussion doit rester dans ce paramètre, qui est la norme dans les relations internationales. Le peuple haïtien est très reconnaissant de l'intervention humanitaire des États-Unis, mais n'en déplaise à ceux qui appellent pour l'annexion pure et simple d'Haïti par les États-Unis, le peuple haïtien dans sa grande majorité demeure très nationaliste et est très méfiant des intentions étatsuniennes même s'il apprécie leur aide dans la gérance des infrastructures portuaires/aéroportuaires et des centres de distribution de l'aide dans un moment d'horreur infernale. Et je ne me doute pas que le peuple se constituera résistant pour barrer la route au vol d'Haïti que manigancent plus d'un. Cette rapine, cette *magouille* ne passera pas. L'issue de la tragédie du séisme du 12 janvier 2010 ne doit pas être davantage de contrôle impérialiste et de dépendance du pays envers la charité internationale, mais, au contraire, une plus grande solidarité à son projet de libération nationale et un rejet irrémédiable du paradigme qui a abouti à l'impuissance de l'État haïtien à aider dans un moment de crise grave.

J'essaie d'exprimer dans cet épilogue le processus de mes propres pensées et sentiments sur le séisme. Comme dans le reste du livre, je le fais à la fois en poésie et en prose. À part cette introduction à l'épilogue qui est traduite dans toutes les trois langues, ou l'essai anglais « Utopie comme possibilité » qui est traduit en haïtien, l'essai français « La Katrina d'Haïti » n'est pas traduit, ni les poèmes—bien que tous ces textes se penchent sur la même problématique et expriment la même émotion.

# La Katrina d'Haïti (Quand la furie de la nature et la faillite humaine contribuent à la catastrophe)

Le tremblement de terre du 12 janvier 2010 a causé en Haïti des dégâts d'une proportion apocalyptique, particulièrement à Port-au-Prince, à Léogane, à Petit-Goâve, à Jacmel et dans la région sud-ouest. Pour un pays qui était déjà en proie à une multitude de handicaps, ce coup du destin a été particulièrement anéantissant. Pourtant il a tenu le coup, le pays, malgré le flot de sang et de pleurs, malgré les os brisés sous les décombres, malgré la squelettisation de la majestueuse cathédrale de Port-au-Prince dont l'ombre spectrale, enfant, attendrissait tant mon émoi, son odeur de bougie brûlée agrandissant sa mystique.

Comme les quatre cyclones qui ravageaient Haïti en automne 2008, ou encore Katrina, le cyclone qui frappait les États-Unis en été 2005, le séisme du 12 janvier a démontré l'ampleur que peuvent prendre les désastres naturels quand ils se combinent avec la négligence, l'incompétence, la corruption et la mauvaise foi des humains.

Naturellement, il faut faire la différence entre la science sismologique qui a identifié les *patterns* géologiques et le mouvement des plaques tectoniques qui causent et aggravent le tremblement de terre, et l'action (ou l'inaction) des humains et du système socio-politique haïtiens quant à la mise en place des paravents, sinon de prévention, du moins de réduction des dégâts envisageables dans une crise séismique. C'est la différence entre un État fonctionnel comme celui de Cuba qui affrontait à peu près les mêmes cyclones qu'Haïti en 2008 avec considérablement moindres dégâts, et l'État dysfonctionnel d'Haïti, historiquement au service de la bourgeoisie prédatrice, qui ne s'est jamais souscrit à la notion de l'État comme protecteur du bien-être général et des moins privilégiés.

## Un système inhumain et des conditions sub-humaines

La tragédie séismique qui engloutit Port-au-Prince et le sud-ouest d'Haïti en ce jour de janvier 2010 changera à coup sûr la physionomie des villes et régions affectées, mais espérons que changeront aussi à la fois la conception et les pratiques de fonctionnement de l'État comme une poule aux œufs qu'on déplume à volonté. Espérons qu'engloutisse avec les piliers des bâtisses et des monuments, avec les blocs de béton jadis protégeant les refuges, avec les cadavres jetés dans les fosses communes comme des immondices anonymes, tout le système socio-politique pourri d'Haïti qui considère le prochain comme un pallier et un pion malléable à merci, un système qui n'a cure que des gens vivent au milieu de la crasse et de la misère la plus horrible si l'automobile tout terrain du bourgeois est assez robuste pour y circuler à grande vitesse ; un système inhumain qui accepte que des gens vivent dans des conditions sub-humaines pour perpétuer le statu quo ; un système de perdition qui intimide par la terreur étatique et l'invasion étrangère, par l'exclusion et la répression, par l'exploitation et la subjugation de l'humain par l'humain.

Je pleure les gens qui meurent, parents, amis et connaissances, à l'instant d'un soupir et d'autres après une longue agonie ; je pleure ces gémissements et bourdonnements qui émanent de la profondeur des hécatombes sérielles, ces morts de la malchance et de la contingence dont la survie dépendait de la faillite d'une conjonction de facteurs à la fois arbitraires et prédéterminés mais qui tous témoignent de la démission relative d'une partie importante de la société : son propre État national.

Je pleure les enfants de l'oubli, ces disparus à peine parus dans notre monde de faux-semblants dont la ténacité vitale de la petite Jeanne, sauvée des décombres, a témoigné l'existence. Je pleure le grand vide d'être et les espaces dilapidés ; je pleure la furie destructive de la nature et le sang et les pleurs qu'elle a fait couler, sa violence mortelle contre les membranes de la terre, contre le corps sacré des humains. Je pleure cette massive manifestation de l'existence de l'horreur ; je pleure ses victimes innocentes.

Je me réjouis, toutefois, de voir au milieu des laideurs de la tragédie, cette immense manifestation de solidarité provenant des quatre coins du globe pour aider Haïti à s'en remettre, pour l'aider à survivre les coups. Pourtant je ne peux m'empêcher de revoir le spectre de Katrina, revivre l'abandon de La Nouvelle-Orléans seulement quelques mois après que les larmes de crocodiles eurent été versées. Haïti connaîtra-t-elle le même destin de *ré-statuquosation* que La Nouvelle-Orléans quatre années après Katrina ?

En effet, il serait condamnable de ne pas nous souvenir de Katrina dans le contexte du tremblement de terre en Haïti. L'éclairage, la vigilance, les apports de solidarité, les incriminations dans les médias nationaux et internationaux, les cris pour le changement étaient presque les mêmes qu'en Haïti aujourd'hui, mais seulement quelques mois plus tard les choses étaient retournées dans l'ordinaire de leur mondanité. Les morts étaient morts pour toujours ; on n'avait pas à en questionner les causes ni gaspiller les ressources pour en redresser les dégâts. Katrina n'était plus un scandale et la misère humaine, même exposée sur les écrans de télévision et d'ordinateur, n'était plus part de l'urgence et encore moins des priorités.

## Faussecompréhensionbaséesurunefausseprémisse

Nous accueillons avec indulgence ceux-là qui, face à la passivité démissionnaire de l'État haïtien durant les premiers jours cruciaux du tremblement de terre, émettent le vœu que les choses soient prises en main par les étrangers, particulièrement par les Étatsuniens. C'est un désir suscité par la frustration, mais c'est une fausse compréhension des choses basée sur la fausse prémisse que les étrangers auraient les intérêts haïtiens à cœur plus que les Haïtiens eux-mêmes. La solidarité étrangère à Haïti est jusqu'ici formidable, les forces humanitaires de sauvetage et d'aide à la survivance, les secours médicaux et d'autres ont accompli un travail extraordinaire qui a sauvé beaucoup de vies dans une situation générale de chaos et de destruction. Mais leur travail de secours aura sitôt pris fin, et ils plieront bagages. Le peuple haïtien restera confronté aux mêmes problèmes : l'exploitation, l'inégalité, l'exclusion sociale, la détresse économique, la victimisation par les circonstances et les contingences.

La solution n'est certainement pas, loin de là, dans la recolonisation d'Haïti comme le préconisent carrément plus d'un ou plus implicitement dans le vœu que les étrangers prennent charge d'Haïti. En fait, l'ironie bien amusante de cette assertion c'est qu'elle ignore ou passe de l'éponge sur le fait qu'Haïti ait vécu justement, avant le tremblement de terre, sous le paradigme de la charité étrangère et de l'ajustement structurel promus par le Fond monétaire international et la Banque interaméricaine de développement qui sévissent en Haïti comme des succursales de l'impérialisme.

## La responsabilité de la colonisation et de l'oppression postcoloniale

Comme le rappelle Peter Hallward dans un article dans *The Guardian* du 13 janvier 2010, « les décennies de politique néolibérale 'd'ajustement' et d'intervention néo-impériale ont dépouillé le gouvernement d'Haïti de toute capacité significative d'investir dans son peuple ou d'organiser son économie. (...) Haïti est couramment désigné comme 'le pays le plus pauvre de l'hémisphère occidental'. Cette pauvreté est l'héritage direct possiblement du système colonial d'exploitation le plus brutal dans l'histoire du monde, aggravé par des décennies d'oppression systéma-tique postcoloniale ». Hallward est correct d'attribuer aux conditions socio-économiques existant en Haïti une part de responsabilité dans les dégâts causés par le séisme : « C'est cette pauvreté et l'impuissance qui expliquent l'énorme échelle d'horreurs à Port-au-Prince aujourd'hui. » Hallward conclut l'article avec le vœu qu'en plus de l'aide d'urgence envoyée par la communauté internationale qu'elle réfléchisse sur ce qu'elle peut faire « pour faciliter l'auto-responsabilisation du peuple d'Haïti et des institutions publiques. Si nous sommes sérieux dans notre volonté d'aider, il faut nous défaire de nos velléités de contrôler le gouvernement d'Haïti, de pacifier ses citoyens et d'exploiter son économie. Et puis nous devons aussi commencer à payer au moins quelques-uns des dommages que nous avons déjà causés » [notre traduction de l'anglais]. À la lueur du blocus illégal par États-Unis des ports et de l'aéroport de Port-au-Prince, la mise en garde de Hallward est bien judicieuse.

C'est en effet difficile de voir ceux-là mêmes comme Bill Clinton, George W. Bush et Nicolas Sarkozy, cet héritier du revanchisme français, dont les décisions politiques sont en une grande partie responsables des malheurs d'Haïti maintenant se métamorphoser en champions de son bien-être. Le paradigme de la charité, de la dépendance et de la prise en charge, c'est celui-là même que l'impérialisme bien-pensant (ou son pendant le néocolonialisme globaliste) avait déjà imposé sur le reste du tiers-monde, Haïti servant comme laboratoire. Il faut rejeter catégoriquement cette voie-là.

## Une opportunité de repartir à neuf

Ce qu'en outre les forces progressistes doivent avancer dans le grand débat d'idées qui se mène en cet instant, c'est que le tremblement de terre et la réponse passive de l'État à son égard témoignent non seulement de la faillite du système politique, mais ils rendent possible en même temps l'opportunité de chambarder tout le système pourri et le remplacer par un nouveau système rebâti sur des bases plus solides, plus bénéfiques aux intérêts du peuple.

En effet, Haïti n'était pas, loin de là, un paradis terrestre quand le séisme fonçait sa furie sur son centre névralgique. Haïti et Port-au-Prince en particulier vivaient, avant le tremblement de terre, dans des conditions quasiment séismiques, dans une situation terrible de sous-développement qui amène à son sillon la misère, la corruption de l'État, la nocivité de l'environnement, l'abjection de la vie ou simplement la laideur de la contingence. Haïti était en désolation avant le tremblement de terre, la désolation est maintenant amplifiée par les horreurs en série que vit journellement la population.

Cependant, malgré ses horreurs, le tremblement de terre présente pour nous une rare occasion de repartir à neuf, repartir à partir du projet original de libération nationale, d'indépendance et de solidarité avec les autres peuples qui combattent l'oppression ; repartir vers la création de la société de droit et de justice sociale, vers une vie décente faite de dignité et de fraternité solidaritaire. Au lieu qu'elle nous engouffre davantage dans l'impasse de la sub-humanité, cette catastrophe nationale, contrairement à l'humiliation de février 2004, doit nous faire avancer vers l'avant, non pas en terme de la conception productiviste du progrès, mais en terme de la réalisation du projet humanitaire vers la transcendance, vers la réalisation de la justice sociale, la dignité de l'individu, la sécurité et le bien-être de la collectivité.

Il n'y a aucune raison pour qu'Haïti demeure une singularité de l'abject, un superlatif de la pauvreté, ni un cas particulier qu'illustre la conception raciste de développement de l'humain.

Oui, même pétri dans le chagrin par la mort des gens que j'aime et je respecte, même vivant la mort dans l'âme l'horrible cauchemar de destruction de Port-au-Prince de mon enfance, je me réjouis de la solidarité universelle que manifeste cette collectivité de nations et de peuples envers la souffrance de mon peuple. Je m'en réjouis, car c'est la récompense de la raison contre l'ignorance et contre l'inhumanité de la notion qu'on puisse bâtir une éthique de vie sur l'exclusion, l'avarice et l'apparence. Dans ce présent moment de chaos, de confusion et de priorité de la survivance et du chacun pour soi, c'est bien réjouissant de voir ces images de solidarité et d'abnégation de soi. Même si on voit dans certains moments de la tragédie la manifestation *animale* de la contingence, il y a encore l'espoir de reformuler ou de réaffirmer le grand besoin de transcendance, de civisme et de sacrifice de l'ego pour arriver à un nouveau paradigme de réinvention de l'être comme à la fois liberté et solidarité avec l'Autre, une nouvelle éthique de vivre ensemble.

La grande tragédie où s'engouffre aujourd'hui le peuple haïtien est bien douloureuse mais je reste confiant qu'il la surmontera avec courage ; les jours qui viendront seront assurément jalonnés d'épreuves, mais à la fin le pays reprendra sa force car, tout comme le bistouri du chirurgien blesse pour la guérison, cette présente tragédie peut être une opportunité de rebâtir un demain meilleur. Haïti ne mourra pas. Loin de là.

(Publié pour la première fois dans *Tanbou,* en janvier 2010)

# L'holocaustesque Vide et le projet de l'Être*

*(dédié aux victimes du tremblement de terre du 12 janvier 2010)*

Imagination dépassée
comble de malheur
Indélébile douleur
l'holocaustesque Vide.

C'était aussi vrai, la lente agonie
les briques de ciment s'agitant
éperdues comme des fous asilés ;
les disparus sous les décombres
la mère qui cherche son enfant
l'enfant qui cherche depuis dix jours
le père qui n'a jamais connu l'angoisse
gémissant au-devant des débris anonymes.

J'ai pleuré même de loin
au-delà des mers bleues charriant ce destin
de marronnés de la terreur intarissable
marronnés de la nature s'adonnant à la démence
s'en foutant des détresses causées.

J'ai pleuré les horreurs de l'instant
le règne inexorable de la *Malsité* ;
ceux qui vont et qui ne reviendront plus
les enfants qui ne connaîtront pas l'enfance.

J'ai pleuré la peur des lendemains incertains
le désarroi face au torrent de pluie qui s'annonce
l'appréhension sous les grippes de la mort
le retour à l'animalité du corps
exposé à la nudité de la contingence.

J'ai pleuré la désacralisation du corps
cette esthétique violée par la démence,
ô incontrôlable nature endiablée et furieuse !

J'ai pleuré l'absence de la silhouette mystérieuse
de la majestueuse cathédrale de Port-au-Prince
enfouie dans la pénombre du temps, expulsée
de l'espace, dénudée, exposée à l'évanescence ;
elle fut la mère nourricière du Bel-Air
le haut lieu pour les grands Te-Deum

comme pour les conjurations de l'ennemi
le carrefour des sacrifices innommables.

J'ai pleuré les victimes innocentes
celles qui ne se la coulaient pas douce
les trépassés d'un mardi de malheur.

J'ai pleuré, et aussi gardé l'espoir
même englouti dans l'hécatombe
quand la souffrance semble infinitésimale
au-devant du grand Vide fait d'horreurs
qu'un jour la vie s'humanisera, on l'a vu,
là-bas, un instant même dans le pleur et la peur ;
oui la vie s'humanisera comme on l'a vu
se présenter tels des joyaux de souvenirs
dans le surgissement de l'humanité en action.

Et si le tout et tout le temps
après des bouffées de malheur
après que des os furent craqués
sous des coups d'un destin malmenant
après la plongée dans l'averse de la nature
en ébullition et en chute libre
hors de son axe d'équilibre,
n'étaient que les rêves de la fable
la route sans guide et sans destination
le haut lieu de la mort sans avertissement
la contingence en crise de nerfs
Freud et Méphisto
Jésus et Moïse
Boukman et Fatima
Mohamed et Bouddha
les Taliban et les évangélistes
en fusion dans la terreur de survivre
complices dans les péchés du Néant ?

Ils ne reviendront plus, les disparus
sacrifiés par la mesquinerie de l'avarice
rejetés par l'humain accablé
dans les tréfonds nauséabonds de la crasse
dans la bêtise animalière de l'instinct
celui-là qui fait mépriser l'être
qui dégrade et exploite à merveille

qui cultive le bluff de l'ordre parfait
de l'assurance contre la *Malchance*
malgré la preuve criante de la merde.

Et si le tout et tout le temps
n'étaient que cet anéantissement soudain
dans un instant sous les débris impénétrables ?
Un cadavre pour la fosse commune
sans nom et sans même un numéro ?
Et si le tout et tout le temps
au fond n'étaient qu'un pleur de plus
la matière et l'absence se combinant
pour pétrifier l'émoi dans l'angoisse ?

Pourtant, Haïti est la famille
même quand elle semble venir de loin
elle a jadis fait la gloire et la richesse
des grandes plantations et des gros exploiteurs
des grandes cours d'Occident et d'Orient.
Jadis elle bâtissait des états-nations florissants
qui font encore la fierté des peuples victorieux
beaucoup y sont venus au grand rendez-vous
pour l'achèvement du rêve d'être d'Haïti.

Aujourd'hui avec joie elle accueille
venant des quatre coins de la terre
pour sauver la vie et honorer l'humain
vous autres qui soulagez nos peines
et partagez notre rêve d'un monde ré-imaginé !
Elle dit bravo ! bravo aux âmes solidaires !
Bravo aux docteurs, aux infirmières et infirmiers
qui se sont mobilisés pour sauver des vies !
Bravo à tous ceux qui défient la censure
pour prendre témoignage de l'inconcevable !
Bravo aux bâtisseurs secoureurs de tout bord,
champions de la décence de vivre !

Haïti est aussi l'éclaireur
qui montre du doigt le chemin
et la lumière qui éclaire dans le noir
elle a besoin de défenseurs
et non des envahisseurs empereurs ;
Haïti est le projet de l'être

la promesse de 1789 et de 1791
l'espoir de 1776 et de 1804
le fondement du possible
la réalisation de l'impossible
les corps qui deviendront des cadavres
les montagnes qui recouvrent leur plateau
même quand elles grondent de colère.
Haïti est le non-signifiant du signe
et la signalisation de l'insigne
un être de duale incarnation ;
elle est notre angoisse et notre damnation
et notre mauvaise foi éternelle
le moyen de notre rédemption ;
elle hante notre fausse quiétude
elle est notre passé et notre futur
Haïti est le projet de l'être.

—*Tontongi* Boston, © mars 2010

* Ce poème est aussi publié dans le livre collectif *Haïti je t'aime, Ayiti mwen renmen ou,* édité par Lysette Brochu, Jean Malavoy et Claire-Marie Bannier, éd. Vermillon, Ontario, Canada, 2010.

# Profil biblio-bio de l'auteur

**Tontongi** est le nom de plume d'Eddy Toussaint. Né à Port-au-Prince, Haïti, il a immigré aux États-Unis en 1976, après un séjour en France. Poète, critique et essayiste, l'auteur écrit en haïtien, en français et en anglais. Tontongi a utilisé son séjour en France et, plus tard, aux États-Unis pour appréhender les fondements de l'oppression à l'Ouest/Nord, se servant, dans sa poésie et ses mémoires, de la perspective critique méthodologique qu'il a nommée *l'anthropologie reversée* (le *regard* inversé de l'Autre, l'opprimé, sur l'oppresseur, un retournement critique du Sud au Nord, non plus du Nord au Sud comme ça a toujours été avant). Parmi ses œuvres publiées se trouvent les recueils de poèmes, *Cri de rêve* (français, haïtien, 1986) ; *The Dream of Being* (anglais, co-rédigé avec Gary Hicks, 1992) ; *The Vodou Gods' Joy / Rejwisans lwa yo* (un poème épique bilingue, anglais, haïtien, 1997). Son plus récent ouvrage, *Critique de la francophonie haïtienne* (français, haïtien, 2008), est un essai sociolinguistique qui traite de la relation de pouvoir entre le créole haïtien et le français en Haïti. Tontongi a édité l'anthologie trilingue, *Les Voix du Soleil : l'anthologie des écrivains haïtiens publiés dans la revue Tanbou* (anglais, haïtien, français, 2009). L'auteur a contribué à plusieurs revues, journaux et anthologies publiés en Haïti et dans la diaspora haïtienne, entre autres *Nouvelle Stratégie, Haïti Progrès, Haïti en Marche, Haïti Liberté* ; les anthologies *Révolte, subversion et développement chez Jacques Roumain* (français, haïtien, 2009) ; *Poets Against the Killing Fields,* (anglais, 2007) ; *Revolution / Revolisyon / Révolution: An Artistic Commemoration of the Haitian Revolution* (anglais, français, haïtien, 2004); *Vodou : Visions and Voices of Haiti,* (anglais, 1998) ; *Open Gate : Anthology of Haitian Creole Poetry,* (anglais, haïtien, 2001) ; *Anthologie des poètes haïtiens du Massachusetts* (français, anglais, haïtien, 1998). Tontongi est l'éditeur en chef du journal trilingue *Tanbou* (www. tanbou.com, sur Internet).

## Pwofil Biblio-bio Otè a

**Tontongi** se non ekriti Eddy Toussaint. Li fèt nan Pòtoprens, Ayiti, e li imigre Ozetazini an 1976, apre yon sejou an Frans. Antanke powèt, kritik e eseyis, otè a ekri ann ayisyen, an fransè e ann anglè. Tontongi itilize sejou li an Frans, e apre sa, nan Etazini pou l chache byen konprann fondasyon opresyon nan peyi oksidantal yo, li sèvi nan pwezi li ak memwa l yo ak pèspektiv metodoloji kritik li rele *antwopoloji revèse* a (yon sòt kale-je anrevè Zòt, oprime a, voye sou opresè a, yon retounenman kritik ki soti fwa sa a de Sid ale nan Nò, e non pa de Nò an Sid kou sa te toujou ye anvan). Pami zèv li pibliye, genyen rekèy powèm, *Cri de rêve* (fransè, ayisyen, 1986) ; *The Dream of Being* (anglè, ko-ekri avèk Gary Hicks, 1992) ; *The Vodou Gods' Joy / Rejwisans lwa yo* (yon powèm epik bileng, anglè, ayisyen, 1997). Dènye liv li, *Critique de la francophonie haïtienne* (fransè, ayisyen, 2008), se yon esè sosyolengwistik ki trete de relasyon pouvwa ki genyen ant kreyòl ayisyen e fransè. Misye edite yon antoloji trileng *Vwa Solèy Pale : Antoloji powèt ayisyen ki pibliye nan Revi Tanbou* (anglè, fransè, ayisyen, 2009). Otè a kontribye nan plizyè revi, jounal e antoloji ki pibliye ann Ayiti e nan Dyaspora ayisyen an, pami yo : *Nouvelle Stratégie, Haïti Progrès, Haïti en Marche, Haïti Liberté* ; antoloji *Révolte, subversion et développement chez Jacques Roumain* (fransè, ayisyen, 2009); *Poets Against the Killing Fields,* (anglè, 2007) ; *Revolution / Revolisyon / Révolution: An Artistic Commemoration of the Haitian Revolution* (anglè, fransè, ayisyen, 2004); *Open Gate : Anthology of Haitian Creole Poetry,* (anglè, ayisyen, 2001) ; *Vodou : Visions and Voices of Haiti,* (anglè, 1998) ; *Anthologie des poètes haïtiens du Massachusetts* (fransè, anglè, ayisyen, 1998). Tontongi se editè-anchèf revi trileng *Tanbou* (www. tanbou.com, sou entènèt).

## Biblio-bio-profile of the author

**Tontongi (aka Eddy Toussaint)** was born in Port-au-Prince, Haiti, and has been in the USA since 1976 following a sojourn in France. Poet, critic and essayist, he writes in Haitian, in French and in English. Tontongi used his stay in Europe, and later, in the United States, to comprehend the fundamentals of oppression in the North/West, using in his poems and memoirs a critical, methodological perspective that he coins the *reverse anthropology* (the reverse gaze of the Other, the oppressed, on the oppressor, a critical reversal from the South to the North, no longer from the North to the South as it's always been the case before). The author has published, among others, the poetry books *Cri de Rêve,* (French, Haitian, 1986); *The Dream of Being* (English, co-authored with Gary Hicks, 1992); *The Vodou Gods' Joy / Rejwisans lwa yo* (an epic, bilingual poem, English, Haitian, 1997). His latest book, *Critique de la francophonie haïtienne* (French, Haitian, 2008), is a sociolinguistic essay about the relation of power between French and Haitian Creole in Haiti. He has edited the trilingual anthology *Voices of the Sun : The Anthology of Haitian Writers Published in the Review Tanbou* (English, French, Haitian, 2009). The author has contributed to many reviews, journals and anthologies published in Haiti and in the Haitian Diaspora, among them: *Nouvelle Stratégie, Haïti Progrès, Haïti en Marche, Haïti Liberté* ; the anthologies *Révolte, subversion et développement chez Jacques Roumain* (French, Haitian, 2009); *Poets Against the Killing Fields,* (English, 2007); *Revolution / Revolisyon / Révolution: An Artistic Commemoration of the Haitian Revolution* (English, Haitian, French, 2004); *Open Gate: Anthology of Haitian Creole Poetry* (English, Haitian, 2001); *Vodou: Visions and Voices of Haiti* (English, 1998); *Anthology of Haitian Poets in Massachusetts* (French, English, Haitian, 1998). Tontongi is the editor of the trilingual politico-literary journal *Tanbou:* (online: www.tanbou.com).

www.ingramcontent.com/pod-product-compliance
Lightning Source LLC
Chambersburg PA
CBHW062152270326
41930CB00009B/1506

*9780974582139*